AF666654

WÖRTERBUCH

BAND II

K - P

Erläuterungen zu Begriffen aus den Bereichen
Physik, Chemie, Biologie, Psychologie, NLP,
Psychotherapie, systemische Arbeit, Religion
u.e.m.

zusammengestellt von
Thomas A. M. Windelschmidt

WÖRTERBUCH

BAND II
K - P

Erläuterungen zu Begriffen aus den Bereichen
Physik, Chemie, Biologie, Psychologie, NLP,
Psychotherapie, systemische Arbeit, Religion
u.e.m.

zusammengestellt von
Thomas A. M. Windelschmidt

Impressum

Umwelthinweis

Dieses Buch und der Schutzumschlag wurden auf chlorfrei gebleichtem Papier gedruckt. Die Einschrumpffolie zum Schutz vor Verschmutzung ist aus umweltfreundlichem und recyclingfähigem PE-Material.

Bibliografische Information der Deutschen Nationalbibliothek

Die Deutsche Nationalbibliothek verzeichnet diese Publikation in der Deutschen Nationalbibliografie; detaillierte bibliografische Daten sind im Internet über www.dnb.de abrufbar.

Copyright

Das Werk einschließlich aller Teile ist urheberrechtlich geschützt. Jede Verwendung außerhalb der engen Grenzen des Urheberrechtsgesetzes ist ohne Zustimmung des Verlags unzulässig und strafbar. Das gilt insbesondere für Vervielfältigungen, Übersetzungen, Mikroverfilmungen und die Einspeicherung und Verarbeitung in elektronischen Systemen.

Autor:

Thomas A. M. Windelschmidt

www.omniatherapie.de / www.omniavision.de

Verlag

Deutscher Verlag für Bildung, Wissenschaft und Forschung, Eppingen

Umschlagfoto: © Pixabay

Erstauflage 2019

Alle Rechte vorbehalten.

Printed in Germany

ISBN Hardcover 978-3-96565-048-0
ISBN Paperback 978-3-96565-049-7
ISBN Epub 978-3-96565-050-3
ISBN Mobi 978-3-96565-051-0

Dieses Wörterbuch wurde nur für Sie zusammengestellt.

Inhaltsverzeichnis Band II

Liebe Leserin, lieber Leser,

meine Bücherreihe ist von mir in möglichst einfachen Worten formuliert worden, damit man den Inhalt auch ohne medizinische Ausbildung oder Heilpraktiker-Kenntnisse verstehen und nachvollziehen kann. Leider muss man aber an einigen Stellen auf Fachbegriffe zurückgreifen, für die es z.T. keine simple Alternative gibt. Dazu erscheint es mir sinnvoll, Begriffe, die man eventuell für eindeutig erachtet, die aber aus verschiedenen Blickwinkeln betrachtet und gedeutet werden können, zu definieren oder zumindest die gemeinte Bedeutung zu erläutern.

Das nachfolgende Buch ist auf vielfachen Wunsch entstanden und lediglich als Anhang zu meiner Bücherreihe gedacht. Es beinhaltet Begriffe und Definitionen, die in meinen Büchern Verwendung finden. Der Anhang wird voraussichtlich mit der Veröffentlichung weiterer Büchern eine Ergänzung erhalten. Darum steht Ihnen immer eine aktuelle Variante kostenlos als pdf-Datei zum Download auf allen dazugehörenden Webseiten zur Verfügung. Eine Druckversion ist nur als „Ausweg" für diejenigen gedacht, die keine pdf-Datei ausdrucken können oder sich den Aufwand sparen möchten, nach Erläuterungen für die Begriffe, z.B. im Internet, zu suchen.

Die Definitionen und Erläuterungen werden z.g.T. aus der medizinischen Fachliteratur oder anderen Veröffentlichungen, z.B. Wikipedia, übernommen. Dies ist in diesen Fällen jeweils als Fußnote vermerkt, u.a. damit ein Prüfen der Inhalte oder das Vertiefen in die Inhalte und ergänzende Erläuterungen leicht möglich ist.

Die Erläuterungen und Beschreibungen müssen sich nicht mit meiner Meinung und Einschätzung decken. Ich habe ganz bewusst auf Umformulierungen oder Bemerkungen verzichtet, damit die Erläuterungen möglichst neutral gehalten bleiben. An einigen Stellen habe ich umgekehrt Meinungen und Bewertungen von Verfassern außen vorgelassen.

Ich wünsche Ihnen viel Spaß beim informativen Lesen und freue mich auf Ihre Anregungen und Fragen.

Herzlichst Ihr
Thomas A. M. Windelschmidt

11 Buchstabe K

11.1 Karma

Karma (n., Sanskrit: कर्म karman, Pali: kamma „Wirken, Tat") bezeichnet ein spirituelles Konzept, nach dem jede Handlung – physisch wie geistig – unweigerlich eine Folge hat. Diese Folge muss nicht unbedingt im gegenwärtigen Leben wirksam werden, sondern sie kann sich möglicherweise erst in einem zukünftigen Leben manifestieren.

In den indischen Religionen ist die Lehre des Karma eng mit dem Glauben an Samsara, den Kreislauf der Wiedergeburten, verbunden und damit an die Gültigkeit des Ursache-Wirkungs-Prinzips auf geistiger Ebene auch über mehrere Lebensspannen hinweg. Im Hinduismus, Buddhismus und Jainismus bezeichnet der Begriff die Folge jeder Tat, die Wirkungen von Handlungen und Gedanken in jeder Hinsicht, insbesondere die Rückwirkungen auf den Akteur selbst. Karma entsteht demnach durch eine Gesetzmäßigkeit und nicht wegen einer Beurteilung durch einen Weltenrichter oder Gott: Es geht nicht um „Göttliche Gnade" oder „Strafe". Nicht nur „schlechtes" Karma erzeugt den Kreislauf der Wiedergeburten, sondern gleichermaßen das „Gute". Letztes Ziel ist es, überhaupt kein Karma mehr zu erzeugen.

In mitteleuropäischen spirituellen Lehren kommt der Begriff in der Anthroposophie Rudolf Steiners vor, dort ebenfalls in Verbindung mit der Reinkarnation.

Hinduismus

Die Vorstellungen von Karma und Samsara wurden etwa ab dem 6. Jh. v. Chr. in den Schriften nachgewiesen und bilden die Basis für den Hinduismus. Die Idee ist, den ewigen Kreislauf der Wiedergeburten, Samsara, zu überwinden. In den Upanishaden gelingt dies über die spirituelle Erkenntnis, dass die Individualseele Atman mit Brahman (Weltseele) in ihrem Wesenskern identisch sei.

Jeder Mensch hat demnach seinen eigenen Dharma (einerseits kosmisches, andererseits soziales Gesetz), den es zu erfüllen gilt, und die Erfüllung ist ausschlaggebend dafür, ob Taten gutes oder schlechtes Karma bewirken. Es gibt im Hinduismus einerseits den allgemein gültigen sadharanadharma, der die Pflichten eines jeden Individuums beinhaltet wie etwa Gewaltlosigkeit (ahimsa), Wahrhaftigkeit (satya), Geduld (ksanti), Selbstkontrolle (dama), Mildtätigkeit (danam), Gastfreundschaft (ahithi). Diese Tugenden gelten für alle Menschen gleichermaßen, jedoch gibt es keinen einheitlichen Kodex dafür.

Der svahdharma dagegen, der die Pflichten der verschiedenen Gesellschaftsschichten vorschreibt, ist für jeweils eine bestimmte Gruppe maßgeblich. Demnach etwa ist der Dharma eines Kriegers (Kshatriya-Kaste), im Anlassfall Krieg zu zeigen und notfalls auch zu töten. Muss ein Krieger einen Feind töten, bewirkt dies möglicherweise kein schlechtes Karma, da er seinen Dharma, seine ihm auferlegte Aufgabe, erfüllt hat. Tötet jedoch jemand aus anderen, egoistischen Beweggründen, kann dies sehr wohl schlechtes Karma zur

Folge haben. Die Verknüpfung der Karma- mit der Dharma-Vorstellung beinhaltet eine sehr starke ethisch-moralische Komponente. Die Theorie von Karma erklärt u.a. auch das Rätsel von anscheinend unverschuldetem Leid und gesellschaftlicher Ungleichheit.

Zu der Frage, in welchem Zusammenhang Tat und Wirkung stehen, gibt es im Mahabharata mehrere Erklärungen. Eine weit verbreitete Überzeugung besteht darin, dass die Werke ihre Wirkung automatisch erzeugen. Es gibt jedoch auch differenzierte Darlegungen: Zwei Ursachen für die Bindung der Seele, nämlich Nichtwissen (avidya) und Begierde (lobha), bewirken, dass die Tätigkeit der Sinnesorgane Unruhe und Trübung der Erkenntnis verursacht. Dies verhindert die erlösende Einsicht. Die Werke heften sich an das Denkorgan (manas), stören die erlösende Erkenntnis und bedingen die Beschaffenheit der Verkörperungen (Mbh. 12).

Zu der Frage, wie sich die Früchte der Taten realisieren, gibt es mehrere Auffassungen: (1) die Seele verlässt nach dem Tod den Körper und wird in einem neuen, durch Karma bedingten Leib neu geboren. (2) Die Vergeltung findet teils im Jenseits, teils in der neuen Existenz statt. (3) Gutes Karma kann eine zeitlich begrenzte Seligkeit im „Himmel" erwirken, schlechtes Karma dagegen einen Aufenthalt in der „Hölle", jedoch nicht als endgültiger Zustand, sondern z.B. im Wechsel mit der Tiergeburt. Alle guten Werke können religiöse Verdienste (punya) schaffen, die Karma abbauen. Solche besonderen Verdienste erwarten sich Gläubige etwa von religiösen Riten, Fasten, Wallfahrten oder Geschenke an Brahmanen sowie allgemeine Mildtätigkeit (danam) und Tempelbauten.

Der Mensch ist dabei frei und für sein Karma unbedingt selbst verantwortlich. Aber obwohl Karma ein Gesetz von „Ursache und Wirkung" bedeutet, vertrauen besonders Gläubige der Bhakti-Richtungen auch auf die bedingungslose Gnade Gottes, welche die Wirkung von Karma vernichten und den Menschen erretten kann.

Wichtig ist, dass selbst eine vordergründig „schlechte" Tat eine gute Wirkung zur Folge haben kann, wenn die Beweggründe rein und ohne Selbstnutz waren. Die geschilderten Ansätze gehören zum Standpunkt der „Werktätigkeit" (pravritti): Man tut etwas, um eine gute Wirkung zu erzielen. Die gegensätzliche Strömung besteht in der „Nichttätigkeit" (nivritti). Hier besteht der Weg darin, sich aus der Welt zurückzuziehen. Als Ursache des leidvollen Zustands gilt der Lebensdurst, d. h. der Wille zum Leben, Wiedergeburt bringt nur eine neue vergängliche Existenz. Durch Werk würde man gebunden, durch Wissen (vidya) und Nichttätigkeit (nivritti) dagegen erlöst. Auf dem Verzicht aller auf Erfolg gerichteten Handlungen beruht das Ideal des Gleichmuts.

Beide Strömungen, pravritti (Werktätigkeit) und nivritti (Nichttätigkeit), sind im Mahabharata vertreten und werden in der Bhagavad Gita genannt. Dabei gibt Krishna in der Gita dem Yoga der Tat den Vorzug. So lautet die Antwort Krishnas auf die entsprechende Frage von Arjuna:

> Vollzieh das notwend'ge Werk, denn Tun ist besser als nichts tun; selbst die Verrichtungen des Leibs auf einer Tätigkeit beruhn.
>
> Ans Dasein bindet jedes Tun, das nicht geschieht aus Opferpflicht; vollbringe darum zwar ein Werk, doch hänge an demselben nicht.
> (Bhagavad Gita 3. 8 - 9)

Buddhismus

Zum Verständnis der buddhistischen Karmalehre sind die Begriffe „Nicht-Selbst" (p.: Anatta, skt.: Anātman) und „Bedingtes Entstehen" (p. Paṭiccasamuppāda, skt. Pratītyasamutpāda) von Bedeutung. Gemäß der buddhistischen Lehre (Dharma) ist die Vorstellung, es gäbe ein „Ich", eine abgegrenzte Person, also ein Selbst bzw. eine Seele, bereits eine grundlegende Täuschung über das Wesen der Wirklichkeit. Was Menschen als ihr Selbst oder ihre Seele bezeichnen, ist vielmehr ein ständig im Wandel begriffenes Zusammenspiel der fünf Daseins- oder Aneignungsgruppen (Skandhas): des materiellen Körpers mit seinen Sinnesorganen, der Empfindungen, der Wahrnehmung der Welt, der Geistesformationen (Interessen, Willensregungen, Sehnsüchte und Tatabsichten) und letztlich des Bewusstseins. Aus diesem ständigen Wandel ergibt sich die Gesetzmäßigkeit des „bedingten Entstehens": jede Handlung gestaltet demnach die Welt neu, auf der materiellen wie auch auf der geistigen Ebene.

Karma, an dessen Stelle buddhistische Autoren auch die Begriffe „Prägungen" oder „Samen" verwenden, bezieht sich in diesem Sinn auf das sinnliche Begehren und das Anhaften an den Erscheinungen der Welt und die daraus folgenden Gedanken und Taten. Alles Handeln und Denken bewirkt Karma und führt somit zu weiteren Verstrickungen in der Welt. Ziel der buddhistischen Praxis ist es, kein Karma mehr zu erzeugen und somit diesen Kreislauf (vgl. Samsara) hinter sich zu lassen. Der erste Schritt dazu ist zu erkennen, dass die Ursache dieses Anhaftens in den Drei Geistesgiften liegt: Anhaftung oder Gier (Lobha), Zorn oder Hass (Dosa) und Unwissenheit oder Verwirrung (Moha). Die drei Wege zu positivem Karma sind demnach Bescheidenheit (Nicht-Anhaften), Güte und Einsicht.

Entscheidend für die bei einer Handlung erzeugte karmische Prägung ist die der Handlung zugrundeliegende Absicht (Cetana). Gemäß der buddhistischen Lehre ist hierbei das Denken als Handlungsform den körperlichen Handlungen und der Rede übergeordnet. In Hinsicht auf die Zeit des Eintritts der Wirkung (Vipaka) können drei unterschiedliche Arten von Karma differenziert werden:

- Zu Lebzeiten reifendes Karma (Pali: Ditthadhamma-vedaniya-kamma)
- Im nächsten Leben reifendes Karma (Pali: Upapajja-vedaniya-kamma)
- In späteren Leben reifendes Karma (Pali: Aparapariya-vedaniya-kamma)

Manche Taten oder Haltungen können auch ohne Karmawirkung bleiben, falls die zum Eintritt der Wirkung erforderlichen Umstände fehlen oder sie infolge von zu geringer Intensität durch das Übergewicht von entgegenwirkenden Tendenzen keine Wirkung erzeugen können (z.B. wenn positive Absicht negative Auswirkung übertrifft). In diesem Falle wird von wirkungslosem Karma (Pali: Ahosi-kamma) gesprochen.

In den Auswirkungen wird unterschieden zwischen:

- Wiedergeburt-erzeugendem Karma (Pali: Janaka-kamma), das bei der Wiedergeburt (vgl. Reinkarnation) und während des Lebensfortganges die Daseinsgruppen bedingt,
- unterstützendem Karma (Pali: Upatthambhaka), das keine Karmawirkung erzeugt, sondern diese bloß in Gange hält,
- unterdrückendem Karma (Pali: Upapilaka), das die Karmawirkungen unterdrückt, sowie
- zerstörendem Karma (Pali: Upaghataka), das andere Karmawirkungen übertrifft und nur selbst zur Wirkung kommt.

„Absichtsloses Handeln" erfolgt ohne Planung: je weniger Hintergedanken einer Handlung zu Grunde liegen, desto weniger Karma wird dabei angesammelt. Ohne Absicht erzeugtes Leid bleibt dennoch nicht ganz ohne karmische Folgen, weil hier das Geistesgift der Unwissenheit oder Gleichgültigkeit zugrunde liegt.

Jainismus

Die Karmalehre des Jainismus weist im Vergleich mit anderen Religionen indischen Ursprungs eine Besonderheit auf: Karma wird hier nicht nur als eine auf Handlung basierende Gesetzmäßigkeit von Ursache und Wirkung verstanden, sondern zudem als etwas Substanzielles aufgefasst. Jains sprechen in diesem Zusammenhang von feinstofflichen, nicht wahrnehmbaren „Karma-Partikeln" (karma vargana) oder auch von „karmischer Materie" (karma pudgala), und unterscheiden zwischen insgesamt 148 Arten, die zwei Hauptkategorien zugeordnet werden.

Diese umfassende Typologie wird besonders ausführlich in der zentralen Lehre von den „Neun Wirklichkeiten" (nava tattvani) auseinandergesetzt, einem Leitfaden, dessen Zweck darin liegt, dem Schüler ein theoretisches Verständnis zu vermitteln, das eine notwendige Voraussetzung für das erfolgreiche Beschreiten des jainistischen Praxisweges darstellt. In aufeinander folgenden Schritten wird der Praktizierende darüber aufgeklärt, wie der zur Bindung führende Karmaeinfluss zustande kommt, und welche Mittel ihm zur Verfügung stehen, diesen Karmaeinfluss aufzuhalten sowie das vorhandene Karma abzubauen, um dadurch die endgültige Befreiung vom Kreislauf der Wiedergeburten (moksha) zu erlangen.

Ausgangspunkt der „Neun Wirklichkeiten" ist die Darstellung der zwei fundamentalen Substanzen (dravya), aus denen im jainistischen Denken der gesamte Kosmos besteht:

- Bewusstes (jiva), das sich aus einer unendlichen Anzahl individueller Seelen zusammensetzt

- Nicht-Bewusstes (ajiva), das in fünf Kategorien aufgefächert wird: (1) Materie (pudgala), zu der auch das Karma zählt, (2) Raum (akasha), (3) Bewegungsmedium (dharmastikaya), (4) Ruhemedium (adharmastikaya), und (5) Zeit (kala).

Ein zwischen der karmischen Materie und den Seelen herrschendes Spannungsverhältnis hält gemäß dieser Darstellung den Kreislauf der Wiedergeburten (samsara) in Gang. Unzählige Karmapartikel, die seit anfangsloser Zeit das Universum durchdringen, werden von den Seelen durch Handlungen angezogen, die sie aus Unwissenheit heraus begehen. Das Karma sammelt sich infolgedessen im Kausalkörper jeder einzelnen Seele an – einer feinstofflichen Hülle, die sie umschließt und in zwei weitere Hüllen mit graduell zunehmendem Dichtegrad eingebunden ist.

Der Begriff der „Unwissenheit" (mithyatva) bezieht sich in diesem Kontext darauf, dass die einzelne Seele durch die Verstrickung in Samsara, der sie von jeher unterworfen ist, ihre wahre Identität vergessen hat. Die aus der Karmabindung resultierende Identifikation mit dem Nicht-Bewussten, insbesondere mit dem Körper und dessen Funktionen, verschleiert die ihr innewohnenden Eigenschaften: unbegrenzte Wahrnehmung (anant darshan), Allwissenheit (ananta jnana), unendliche Energie (ananta virya) und ewige Glückseligkeit (ananta sukha). Werden diese Attribute freigesetzt, führt dies zu einem graduellen Erlöschen der Unwissenheit und letztlich zu einer Loslösung von den Fesseln des Karma.

Um die zwei möglichen Erscheinungsweisen der Seele voneinander abzuheben, unterscheidet der Jainismus in dieser Hinsicht zwischen den Merkmalen „gebunden" (samsari) und „befreit" (mukta). In ihrem gebundenen Zustand sind die Seelen zur ständigen Wiederkehr in die vier Daseinsbereiche (gatis) gezwungen: das Reich der Menschen (manushya), das Reich der Pflanzen und Tiere (tiryancha), den himmlischen Aufenthaltsort der Götter (devaloka) und die sieben Höllen (naraki). Selbst Berge, Felsen, Hügel, Flüsse, Wiesen, Gräser, Windböen und Stürme sind von unzähligen Seelen bevölkert, die ihr Durchwandern des Samsara nach jainistischer Auffassung ausschließlich in menschlicher Gestalt beenden können, da der Mensch als einziges Wesen die Voraussetzungen für die vollständige Erlösung mit sich bringt.

Die befreiten Seelen, die sich allen Karmas entledigt haben, werden „Siddhas" genannt. Sie haben ihre natürlichen Eigenschaften restlos zurückgewonnen und verweilen in ewiger, vollkommener Harmonie in „Siddhashila", dem höchsten Bereich des Kosmos, der jenseits des Samsara liegt und von der Wirkkraft des Karma unberührt ist. Die Seelen bestehen in dieser formlosen Existenz aus reiner Bewusstheit, und sind frei von jeglicher Gedankenaktivität, Empfindung, Körperlichkeit oder Willensimpulsen.

Es gilt für den praktizierenden Jain, die Substanzen, aus denen sich das Weltgeschehen zusammensetzt, voneinander unterscheiden zu lernen, um eine Abkehr von allem Nicht-Bewussten einzuleiten und sich dem gereinigten, natürlichen Zustand anzunähern, der in letzter Konsequenz völlige Unabhängigkeit (kaivalya) von allem Materiellen bedeutet. Dazu ist es erforderlich, die Ursachen für die Karmabindung zu erkennen, um sie künftig vermeiden zu können. Neben der Unwissenheit zählen zu diesen Ursachen fehlende Selbstkontrolle (avirati), Unachtsamkeit (pramada), Leidenschaften (kasaya) wie Gier, Zorn und Hochmut, sowie die Tätigkeiten von Körper, Rede und Geist (yoga).

Auch die diversen Karmaarten gilt es zu unterscheiden, um ihnen gezielt entgegenzuwirken. Die zwei Hauptgruppen sind

- Schädliches Karma (ghati karma), dazu gehören Jnana-varaniya karma, das die Allwissenheit der Seele trübt, Darshana-varaniya karma, das die unbegrenzte Wahrnehmung der Seele verdunkelt, Mohniya karma, das die Fähigkeit zu Rechter Wahrnehmung und Rechtem Verhalten vermindert und dazu führt, dass sich die Seele mit anderen Substanzen identifiziert, sowie Antaraya karma, das die unendliche Energie der Seele schwächt und zudem das Vollbringen guter Taten verhindert.

- Unschädliches Karma (ahgati karma), dazu zählen Vedniya karma, das Freude und Leid erzeugt und dadurch die ewige Glückseligkeit der Seele verdunkelt, Nama karma, das Körperlichkeit erzeugt und dadurch die formlose Existenz der Seele verschleiert, Gotra karma, das den Gleichmut der Seele trübt und Kastenzugehörigkeit, Familie, soziale Stellung und Persönlichkeit bestimmt, sowie Ayu karma, das die Lebenszeit bestimmt und damit die Unsterblichkeit der Seele verschleiert.

Nur das schädliche Karma, das sich ausschließlich auf die Seele auswirkt, kann zu Lebzeiten abgebaut werden. Gelingt dies, erreicht der Praktizierende „Kevala jnana" (Allwissenheit). Er wird in diesem Zustand „Kevali" (Allwissender), „Arihanta" (Heiliger) oder „Jaina" (Sieger) genannt. Das unschädliche Karma hält die Funktionen des Körpers aufrecht und wird daher bis zum physischen Tod weiterhin benötigt. Erst im Sterbeprozess des „Kevali" wird es vollständig abgeworfen. Dies ist die Phase, in der sich die Seele komplett von der Wiederverkörperung loslöst und zum „Siddha" wird.

Wenn die karmische Materie von der unerlösten Seele angezogen wurde, dauert es einen gewissen Zeitraum, bis die Handlung, die für diesen Vorgang verantwortlich war, eine Wirkung hervorgebracht hat. Solange bleiben die Karmapartikel an der Seele haften und fallen erst dann wieder von ihr ab, wenn die Handlung zur Reife gelangt und eine ihr entsprechende Wirkung zeitigt. Das kann nach kurzer Zeit geschehen, oder erst weit in der Zukunft in einer späteren Wiedergeburt.

Der Prozess des Austausches, bei dem ständig frische Partikel einströmen und zur Reife gelangte Partikel wieder abfallen, vollzieht sich an der unerlösten Seele in einem permanenten Wechsel und verwickelt sie dadurch weiter in die weltlichen Angelegenheiten. Wie lange die karmische Materie an der Seele anhaftet und wie viele Karmapartikel in ihren Kausalkörper einströmen, hängt von der Absicht ab, die hinter der jeweiligen Handlung steht. Je zorniger, je gieriger die Motivation, umso mehr Karma zieht die Seele auf sich. Entwickelt die Seele hingegen Gleichmut (madhyastha) und Mitgefühl (karuna) hinsichtlich ihrer Handlungen, werden entsprechend weniger Partikel von ihr angezogen.

Ziel ist es also zunächst, durch Reinigung der Handlungen den Einfluss neuen Karmas zu stoppen. Zu diesem Zweck sieht der Jainismus die Einhaltung diverser ethischer Verhaltensregeln und meditativer Praktiken vor. Dazu gehören

- die „Fünf Achtsamkeiten" (samiti), die dem Schüler vorgeben, beim Gehen, Sprechen, Almosensammeln, im Umgang mit jedwedem Objekt und bei der Entsorgung von Abfällen achtsam zu sein, um keinem Wesen zu schaden.

- die „Drei Einschränkungen" (gupti), die mit der Kontrolle von Körper, Rede und Geist einhergehen

- die „Zehn Tugenden" (yati dharma): Nachsicht, Bescheidenheit, Aufrichtigkeit, Genügsamkeit, Wahrhaftigkeit, Selbstkontrolle, Askese, Entsagung, Gleichmut und Enthaltsamkeit

- die „Zwölf Betrachtungen" (bhavna): Unbeständigkeit, Schutzlosigkeit, Wiedergeburt, die Einsamkeit der Seele, Getrenntheit von Bewusstem und Nicht-Bewusstem, die Unreinheit des Körpers, Karmaeinfluss, Aufhalten des Karmaeinflusses, Karmaabbau, Vergänglichkeit der Welt, die Schwierigkeit im Verwirklichen der Drei Juwelen (die Seltenheit der Erleuchtung), die Schwierigkeit im Auffinden der richtigen Lehre.

Wurde der Einfluss neuen Karmas zum Stillstand gebracht, muss zudem das bereits angesammelte Karma beseitigt werden. Dies wird durch die Einhaltung strenger Askese (tapas) bewerkstelligt. Es gibt im Jainismus zwei Arten von Askese:

- Die äußerliche Askese (bahya tapas) diszipliniert den Körper gegen das Aufkommen von Begierden. Zu den entsprechenden Praktiken gehören: regelmäßiges Fasten, völlige Abstinenz von Essen und Trinken für einen vorgeschriebenen Zeitraum (anashana), weniger zu essen als das Hungergefühl vorgibt (unodari), Einschränkung der Nahrungsaufnahme und des Gebrauchs von materiellen Dingen (vrtti-parisankhyana), völlige Abstinenz von Butter, Milch, Tee, Süßspeisen, Gebratenem, scharfer Nahrung und Säften (rasa-parityaga), gewolltes Aushalten von körperlichen Schmerzen, z.B. barfüßiges Umherwandern in extremer Hitze oder Kälte, oder das Ausreißen von Haaren mit der bloßen Hand (kaya-klesha), Sitzen an einem einsamen Ort in ruhiger Körperhaltung, die Sinne nach innen gewandt (sanlinata).

- Die innerliche Askese (abhyantara tapas) reinigt die Seele. Dazu gehören: das Bereuen schlechter Taten (prayashchitta), Demut gegenüber Mönchen, Nonnen, Lehrern und älteren Menschen (vinaya), selbstloser Dienst an Mönchen, Nonnen, älteren Menschen und Leidenden (vaiyavrata), Studieren der Schriften und aufmerksames Zuhören bei Vorträgen (svadhyaya), Meditation (dhyana), Zurücknehmen der Aktivitäten von Körper, Rede, Geist (kayotsarga).

Wurden durch kontinuierliche Praxis die vier schädlichen Karmaarten beseitigt, tritt der Praktizierende in das Stadium der Allwissenheit (kevala jnana) ein. Wenn zum Zeitpunkt des Todes auch die vier unschädlichen Karmaarten von der Seele abfallen, so erreicht sie „Moksha" („Nirvana"), die endgültige Befreiung von erneuter Wiedergeburt. Sie steigt auf in den obersten Bereich am Scheitelpunkt des Kosmos, um dort für immer in ruhiger Seligkeit zu verharren, und kehrt nie wieder in den Kreislauf des Samsara zurück.[96]

11.2 Katalepsie

Katalepsie (griechisch κατάληψις, katálēpsis ‚das Besetzen', ‚Festhalten'; deutsch auch Starrsucht, auch stupor vigilans) ist eine neurologische Störung. Sie äußert sich darin, dass aktiv oder passiv eingenommene Körperhaltungen übermäßig lange beibehalten werden. Wird zum Beispiel ein Bein

[96] https://de.wikipedia.org/wiki/Karma

passiv von der Unterlage abgehoben, bleibt dieses nach dem Loslassen in der Luft.

Die Störung tritt vor allem bei schizophrenen Erkrankungen auf, aber zum Teil auch bei organischen Hirnerkrankungen. Die Katalepsie ist von der Kataplexie zu unterscheiden.

Die Katalepsie ist oft vergesellschaftet mit einer starken psychomotorischen Verlangsamung und einer ausgeprägten Störung des Antriebs, ein Zustand, der als Stupor bezeichnet wird. Von einer Katalepsie Betroffene weisen nicht selten eine wächserne Erhöhung des Muskeltonus bei passiven Bewegungen auf, die sogenannte Flexibilitas cerea, das heißt, die Gelenke lassen sich mit geringer Mühe passiv beugen und behalten die gegebene Stellung bei.

Neben der krankhaften Form kann die Katalepsie auch bei einer hypnotischen Trance als eines der sogenannten hypnotischen Phänomene auftreten oder gezielt der in Trance befindlichen Person vom Hypnotiseur suggeriert werden.[97]

11.3 Kontemplation

Kontemplation (von lateinisch contemplatio „Richten des Blickes nach etwas", „Anschauung", „Betrachtung") ist in philosophischen und religiösen Texten die Bezeichnung für ein konzentriertes Betrachten. Dies entspricht ungefähr dem Begriff θεωρία (theōría) in der griechischen Philosophie. In

[97] https://de.wikipedia.org/wiki/Katalepsie

erster Linie geht es dabei um Betrachtung eines geistigen, ungegenständlichen Objekts, in das man sich vertieft, um darüber Erkenntnis zu gewinnen. Im religiösen Kontext ist das Objekt oft eine Gottheit oder deren Wirken. Kontemplation präsentiert sich als intuitive Alternative oder weiterführende Ergänzung zum diskursiven Bemühen um Erkenntnis.

Wenn im menschlichen Leben die Betrachtung eine dominierende Rolle spielt, spricht man von einer theoretischen oder kontemplativen Lebensform oder -phase (lateinisch vita contemplativa) im Gegensatz zur „praktischen" Lebensweise, dem auf äußere Aktivität ausgerichteten „tätigen" Leben (vita activa).

Das Spannungsverhältnis und die Rangordnung zwischen Betrachtung und Aktivität zählt seit der Antike zu den am intensivsten diskutierten Themen der philosophischen und religiösen Ethik. In der Antike und im Mittelalter herrschte in tonangebenden intellektuellen Kreisen die Auffassung vor, dass die Beschaulichkeit die beste Daseinsform sei, da sie die wertvollsten Früchte erbringe. Dies änderte sich jedoch in der Neuzeit, vor allem in der Moderne; die herkömmliche Überzeugung, dass kontemplative Reflexion einen privilegierten Zugang zu besonders wichtigen Einsichten biete, stieß auf zunehmende Skepsis.

Kontemplationskonzepte wurden zuerst in antiken Philosophenschulen ausgearbeitet. Im Christentum wird die Kontemplation seit der Zeit der Kirchenväter als Ausrichtung auf Gott geschätzt, gepflegt und in spiritueller Literatur eingehend erörtert. Für große Teile der christlichen Welt bildet die kontemplative Betrachtung der Werke Gottes und eine auf Gott selbst gerichtete Kontemplation traditionell einen Kernbestandteil des religiösen Lebens der Frommen. Dies gilt vor allem für das katholische und das orthodoxe Eremiten- und Mönchtum, aber auch für eine weit verbreitete Laienfrömmigkeit.

Oft wird von der Kontemplation eine Erfahrung von Gottes Gegenwart oder sogar eine Gottesschau erhofft. Die geistlichen Autoren pflegen aber seit jeher zu betonen, dass solche Schau ein göttlicher Gnadenakt sei und vom Menschen nicht aus eigener Kraft herbeigeführt werden könne.

Auch im Islam, Hinduismus und Buddhismus sind kontemplative Praktiken verbreitet.[98]

11.4 Konversionsstörung

Konversionsstörungen sind eine Gruppe neurotischer Störungen. In der internationalen Klassifikation psychischer Störungen ICD-10 werden sie synonym als dissoziative Störungen bezeichnet. Typische Symptome sind ein Verlust des Identitätsbewusstseins, Erinnerungsstörungen und eine mangelnde Kontrolle über Körperbewegungen. Patienten nehmen neurologische Symptome wie Taubheit, Blindheit, Lähmung, ungewollte Muskelkontraktionen oder Anfälle wahr, für die keine neurologische Ursache zu finden ist. Es wird derzeit vermutet, dass diese Probleme in Reaktion auf

[98] https://de.wikipedia.org/wiki/Kontemplation

Schwierigkeiten im Leben des Patienten entstehen. Im US-amerikanischen Klassifikationssystem DSM-IV wird die Konversionsstörung als somatoforme Störung verstanden.

Historisch stammt der Begriff Konversion aus der Psychoanalyse nach Sigmund Freud. Hier hatte er eine umfassendere Bedeutung als heute. Freud bezog den Begriff generell auf die Übertragung von Affekten wie Angst, Aggression, Wut, Ärger, Schuld, sexuelle Triebwünsche usw. auf Organe. Nicht nur Symptome wie beispielsweise Erektionsstörungen, Ohnmacht, Kopfschmerzen bzw. Migräne, Magen-Darm-Störungen, sondern auch allgemeine körperliche Reaktionen wie Erröten ließen sich ihm zufolge als psychosomatische Krankheiten einordnen. Dabei geht es um das Verdrängen von unerträglichen psychischen Zuständen auf die körperliche Ebene. Eine besondere Form der Konversion ist das Affektäquivalent, eine Abwehrreaktion des Körpers, die durch bestimmte Emotionen ausgelöst wird.

Der Vorgang der Verschiebung von der Psyche in das Soma (Körper) ist ein Abwehrmechanismus. Er soll unangenehme, unerträgliche Konflikte vom Ich-Bewusstsein fernhalten. Dem Unbewussten erscheint es unmöglich, sich dem Konflikt zu stellen und ihm adäquat zu begegnen. Die Konversion ist eine naheliegende Schutzfunktion des Ichs, die wegen der körperlichen Leiden, die dadurch ausgelöst werden, pathogen ist.[99]

[99] https://de.wikipedia.org/wiki/Konversionsst%C3%B6rung

11.5 Körperreise

Neuere Forschungen aus dem Bereich der Psychoneuroimmunologie und Neurobiologie bestätigen die positive Wirkung und Heilkraft von inneren Bildern. Das Ziel einer Körperreise ist es, mit Hilfe von bildhafter Vorstellung Kontakt zu seinem inneren Arzt/Heiler zu bekommen, um diesen für die Gesundwerdung nutzen zu können.

Eine Körperreise ist eine Therapiemethode und eignet sich bei allen körperlichen Störungen und Beschwerden genauso wie zur Gesundheitsvorsorge. Unabhängig von einer Diagnose reisen Sie in Form einer Visualisierung direkt an den Ort Ihrer Beschwerden. Dabei wird eine Art Kommunikation zwischen Ihnen und Ihrem Körper aufgebaut. Eine Körperreise ist eine einfache Methode, Ihren Körper und Ihre Organe aus einer anderen Perspektive zu betrachten und kennenzulernen.

Eine Körperreise eignet sich, um

- das eigene Immunsystem zu stärken und zu kräftigen
- chronische Schmerzen zu lindern
- bei Beschwerden mehr Informationen über Ursache der Symptome und der dahinter liegenden Bedürfnisse zu erfahren
- die Motivation zur Bewältigung einer medizinisch diagnostizierten Krankheit zu beleben

- die Selbstheilungskräfte optimal zur Genesung einzusetzen
- Entspannung, Erleichterung und ein inneres Gleichgewicht zu erfahren

Eine Körperreise kann begleitend und unterstützend eingesetzt werden. Sie ersetzt jedoch bei akuten körperlichen Beschwerden nicht den Besuch eines Arztes bzw. den Einsatz von medizinischer Betreuung.[100]

11.6 Kortisol

Kortisol bzw. Cortisol (auch Hydro-cortison) ist ein Stresshormon, das katabole (= abbauende) Stoffwechselvorgänge aktiviert und so dem Körper energiereiche Verbindungen zur Verfügung stellt. Seine dämpfende Wirkung auf das Immunsystem wird in der Medizin häufig genutzt, um überschießende Reaktionen zu unterdrücken und Entzündungen zu hemmen.

Cortisol wird zur Gruppe der Glucocorticoide gerechnet. Seine Bildung in der Zona fasciculata der Nebennierenrinde wird durch das sogenannte adrenocorticotrope Hormon (ACTH) aus dem Hypophysenvorderlappen stimuliert (adreno-cortico-trop = auf die Neben-nieren-rinde gerichtet). Eine Überfunktion führt zum klinischen Bild des Morbus Cushing, eine Unterfunktion wird Morbus Addison genannt.

[100] http://www.uschwarzmann.de/korperreisen/

Cortisol besitzt ein sehr breites Wirkungsspektrum und hat im Stoffwechsel vor allem Effekte auf den Kohlenhydrathaushalt (Förderung der Glukoneogenese in der Leber), den Fettstoffwechsel (Förderung der lipolytischen Wirkung von Adrenalin und Noradrenalin) und den Proteinumsatz (katabol). Cortisol hat eine ähnliche Wirkung wie Aldosteron und wird deshalb in Niere, Darm und einigen anderen Geweben zu Cortison oxidiert, das nicht an den Mineralcorticoid-Rezeptor bindet und daher keinen antidiuretischen Effekt besitzt, d. h., es behindert nicht die Ausscheidung giftiger Stoffe über den Harn. Bei einem Mangel an funktionstüchtigem Nebennierenrindengewebe (Morbus Addison) muss Cortisol substituiert werden.

Cortisol ist für den Menschen und höhere Tiere lebensnotwendig. Es ist neben den Katecholaminen ein wichtiges Stresshormon. Das Cortisolsystem reagiert aber träger als das Katecholaminsystem, da es anders als Katecholamine und Glucagon nicht über G-Protein-gekoppelte Rezeptoren, sondern über eine Regulation der Genexpression wirkt. Hierbei bindet Cortisol an den nukleären Glucocorticoidrezeptor. Dieser wird dadurch in seiner Eigenschaft als Transkriptionsfaktor aktiviert und führt zur Expression verschiedener Zielgene, z.B. von Enzymen der Gluconeogenese oder auch von β2-Adrenozeptoren. So erklären sich die Wirkungen von Cortisol auf den Stoffwechsel. Daneben kann der cortisolgebundene Glucocorticoidrezeptor auch direkte Wechselwirkungen mit anderen Transkriptionsfaktoren (z.B. NF-κB) eingehen, dieser Mechanismus spielt für die Wirkung auf das Immunsystem eine Rolle.

Die höheren Instanzen der Cortisolsausschüttung sind der Hypothalamus über die Hypophyse. Der Hypothalamus setzt hierbei das CRH (Corticotropin-releasing Hormone) frei, das in der Adenohypophyse (Hypophysenvorderlappen) zur Freisetzung des adrenocorticotropen Hormons (ACTH) führt. Bemerkenswert bei diesen Hormonen ist eine pulsatile Freisetzung, das heißt, sie werden in regelmäßigen Schüben (7–10 pro Tag) ausgeschüttet.

Die Cortisolwerte im Blutserum liegen normal am Morgen bei 165–690 nmol/l (Cortisol total) bzw. bei 5–23 nmol/l (freies Cortisol) und weisen eine typische Schwankung im Tagesverlauf auf (circadiane Rhythmik). Der höchste Wert wird morgens kurz nach dem Aufwachen erreicht (Cortisol Awakening Response, CAR). Wegen der starken circadianen Schwankung ist die einmalige Messung von Cortisol nicht sinnvoll. Für die Überprüfung der Nebennierenrindenfunktion ist daher die Bestimmung eines Cortisoltagesprofils notwendig.[101]

11.7 Krankheit

Krankheit (mittelhochdeutsch krancheit, krankeit, synonym zu Schwäche, Leiden, Not) ist die Störung der normalen Funktion eines Organs, der Psyche oder des gesamten Organismus.

[101] https://de.wikipedia.org/wiki/Cortisol

Krankheit wird oft im Gegensatz zu Gesundheit definiert. Allerdings wurde Gesundheit auch schon als idealer Zustand optimalen Wohlbefindens definiert, und Krankheit ist nicht die einzige mögliche Ursache für mangelhafte Gesundheit. Die Übergänge zwischen „Gesundheit" und „Krankheit" sind fließend. Vieles mag letztlich einfach eine Frage der Sichtweise sein. So hat sich der Begriff Befindlichkeitsstörung für Einschränkungen des leiblichen oder seelischen Wohlbefindens ohne objektivierbaren medizinischen Krankheitswert eingebürgert. Andererseits können als krankhaft definierbare Zustände auch ohne subjektiven Leidensdruck vorliegen.

Die normale Funktion ergibt sich aus der Regelhaftigkeit der Lebensvorgänge; in unterschiedlichem Ausmaß beinhaltet sie die Fähigkeit zur Anpassung an veränderte innere und äußere Bedingungen. Ihre Beurteilung durch Menschen weist auch Abhängigkeit von deren Normvorstellungen auf.

Als Funktionsstörung kann Krankheit verschiedene Bereiche lebendigen Seins betreffen und sich in deren Wechselwirkungen entwickeln. Physiologische Funktionen sind wesentliche Eigenschaft des Lebens. Organismen existieren in komplexen Umwelten und erhalten, erneuern und verändern sich durch beständigen stofflichen und energetischen Austausch. Viele Arten von Organismen leben in sozialen Zusammenhängen. Zu den Funktionen des Lebens gehört auch Verhalten. Sog. höhere Organismen weisen emotionale Funktionen auf. Die Personalität und Sozialität von Menschen funktioniert auch in Abhängigkeit von ihrer kulturellen Welt.

Die Zuordnung von Erkrankungen eines konkreten Lebewesens zu abstrakten „Krankheiten" gilt als wichtig im Zusammenhang mit der Entwicklung von therapeutischen Ansätzen und ihren administrativen und ökonomischen Rahmenbedingungen. Eine Systematik ist die Internationale statistische Klassifikation der Krankheiten und verwandter Gesundheitsprobleme (ICD10). Ob es allerdings abstrakte Krankheiten in einem ontologischen Sinn gibt, ist umstritten.

Seit Jahrhunderten ist die Medizin bestrebt, den allgemeinen Begriff Krankheit eindeutig zu definieren und abzugrenzen. Dabei hat sie sich mit verschiedenartigen Krankheitsbildern und konkreten Erkrankungen auseinanderzusetzen.

Hat ein Mensch das Gefühl, „krank" zu sein, oder ist bei jemandem eine Krankheit bereits erkannt worden, spricht man in der Medizin von einem Patienten.

Einzelne Beschwerden eines Patienten können Symptome definierbarer Krankheiten sein. Mehrere typischerweise gleichzeitig auftretende Symptome werden als Syndrom (Symptomkomplex) bezeichnet. Symptome oder Symptomenkomplexe, die auf eine gemeinsame Ursache (Ätiologie) zurückführbar sind, lassen die Bestimmung einer spezifischen Krankheit (Morbus) im Sinne der modernen Medizin zu (→ Hauptartikel Pathogenese). Eindeutig scheint dies, wenn notwendige oder hinreichende Krankheitsursachen feststellbar sind.

Für definierte Infektionskrankheiten sind z.B. spezifische Krankheitserreger notwendig; manche angeborene Krankheiten treten zwingend bei bestimmten molekulargenetischen Veränderungen auf. Oftmals sind Krankheiten aber auch nicht eindeutig auf nachweisbare Ursachen zurückzuführen. Mitunter werden sie dann durch regelhaft vorliegende strukturelle bzw. funktionelle Erscheinungen definiert. Die Gesamtheit aller für eine Krankheit typischen Erscheinungen ist das Krankheitsbild (Syn. Entität), das in mehr oder weniger unterschiedlichen Ausformungen beobachtet werden kann. Die Lehre von den Krankheiten ist die Pathologie.

Zur Erkennung von Krankheiten bei individuellen Patienten bedarf es entsprechender Untersuchungen (Diagnostik). Damit werden Befunde erhoben, welche der Erstellung einer Diagnose dienen können.[102]

11.8 Krebs

Krebs bezeichnet in der Medizin eine bösartige Gewebeneubildung (maligne Neoplasie) bzw. einen malignen (bösartigen) Tumor (Krebsgeschwulst, syn. Malignom). Im engeren Sinn sind die malignen epithelialen Tumoren (Karzinome), dann auch die malignen mesenchymalen Tumoren (Sarkome) gemeint. Im weiteren Sinne werden auch die bösartigen Hämoblastosen als Krebs bezeichnet, wie beispielsweise Leukämie als „Blutkrebs".

[102] https://de.wikipedia.org/wiki/Krankheit

Alle sonstigen Tumoren, zu denen auch benigne (gutartige) Neoplasien zählen, sind kein „gutartiger Krebs" oder Krebs irgendeiner Form. Diese sind Gewebsvermehrungen oder Raumforderungen im Körper, die keine Metastasen bilden. Das betrifft sowohl die Schwellung bei einer Entzündung als auch gutartige Neoplasien (Neubildungen von Körpergewebe durch Fehlregulationen des Zellwachstums).

Gutartige Tumoren wie Muttermale und Fettgeschwülste (Lipome) werden in der Fachsprache nicht als Krebs bezeichnet, aber sie können trotzdem gefährlich werden, da sie entarten können oder lebenswichtige Organe in deren Funktion beeinträchtigen (etwa der Kleinhirn-Brückenwinkeltumor). Krebs ist im allgemeinen Sprachgebrauch ein Sammelbegriff für eine Vielzahl verwandter Krankheiten, bei denen Körperzellen unkontrolliert wachsen, sich teilen und gesundes Gewebe verdrängen und zerstören können. Krebs hat unterschiedliche Auslöser, die letztlich alle zu einer Störung des genetisch geregelten Gleichgewichts zwischen Zellzyklus (Wachstum und Teilung) und Zelltod (Apoptose) führen.

Die sich dem Krebs widmende medizinische Fachdisziplin ist die Onkologie.

Prinzipiell kann jedes Organ des menschlichen Körpers von Krebs befallen werden. Es gibt jedoch erhebliche Häufigkeitsunterschiede nach Alter, Geschlecht, kollektiver Zugehörigkeit, geographischer Region, Ernährungsgewohnheiten und ähnlichen Faktoren. In Deutschland treten Krebserkrankungen gehäuft in Organen wie Brustdrüse (Frauen), Prostata (Männer), Lunge und Dickdarm auf.

Krebs ist in Deutschland nach den Herz-Kreislauferkrankungen die zweithäufigste Todesursache. Dennoch ist nicht jeder Krebsverlauf tödlich, falls rechtzeitig eine Therapie begonnen wird oder ein langsam wachsender Krebs erst in so hohem Lebensalter auftritt, dass der Patient an einer anderen Todesursache verstirbt. Die aktuellen von der Gesellschaft der epidemiologischen Krebsregister in Deutschland e.V. (GEKID) 2012 veröffentlichten relativen 5-Jahres-Überlebensraten über alle Krebsarten beziehen sich auf Patienten, die 2007 und 2008 erkrankten. Für Frauen lag der Wert bei 64%, für Männer bei 59%. In nordeuropäischen Ländern gibt es noch günstigere Werte. In Finnland lagen beispielsweise die 5-Jahres-Überlebensraten von Frauen und Männern, die 2007–2009 erkrankten, bei 65% bzw. 62%.

Als geheilt wird in der Onkologie ein Patient bezeichnet, der mindestens fünf Jahre lang ohne Rückfall (Rezidiv) überlebt. Diese Definition von „geheilt" ist problematisch, weil viele Rückfälle erst zu einem späteren Zeitpunkt erfolgen. Es fließen mithin Patienten in die Krebs-Erfolgsstatistik ein, die später an Krebs sterben. Allerdings nähert sich bei den meisten Krebsarten nach rezidivfrei überlebten fünf Jahren die durchschnittliche Lebenserwartung derjenigen von Gleichaltrigen an.

Eine Krebserkrankung äußert sich in verschiedenen Ausprägungen und Krankheitsbildern. Aus diesem Grund können keine generellen Aussagen bezüglich Lebenserwartung und Heilungschancen getroffen werden. Es sind gegenwärtig etwa 100 verschiedene Krebserkrankungen bekannt, die sich in Überlebenschance, Behandlungsmöglichkeiten und der Neigung zur Bildung von Metastasen teilweise stark unterscheiden.

Die Häufigkeit der meisten Krebserkrankungen nimmt mit dem Alter deutlich zu, so dass man Krebs auch als eine Alterserkrankung des Zellwachstums ansehen kann. Daneben sind das Rauchen, andere karzinogene Noxen, familiäre Disposition (Veranlagung) und Virusinfektionen die Hauptursachen für Krebserkrankungen. Der Nobelpreisträger Harald zur Hausen führt gut 20 Prozent aller Krebserkrankungen auf Infektionen zurück (Humane Papillomviren (HPV), Hepatitis B und C, Helicobacter pylori, EBV, Humanes Herpesvirus 8 (HHV-8), Humanes T-lymphotropes Virus 1 (HTLV-1), bestimmte Parasiten (Blasenkrebs im Nildelta) und Merkelzell-Polyoma-Virus). In Deutschland und den Vereinigten Staaten wird dieser Anteil als deutlich geringer eingeschätzt und mit etwa 5% angenommen.

Durch Krebsvorbeugung und Früherkennung kann das Krebsrisiko unter bestimmten Umständen (abhängig vom Diagnosezeitpunkt, der Krebsart und einem dafür optimalen Alter des Patienten) deutlich verringert werden.

Krebs ist keinesfalls eine Erkrankung der Neuzeit. Es ist eine evolutionsgeschichtlich gesehen sehr alte Erkrankung, die prinzipiell zumindest alle Säugetiere betreffen kann. Krebs kommt im humanmedizinischen Sinne bei anderen Organismengruppen wie Pflanzen oder Reptilien (die ältesten Tumorbefunde liefern Saurierknochen) wahrscheinlich nicht vor; Gewebswucherungen sind hier eher als benigne Tumoren anzusprechen. Auch die unmittelbaren Vorfahren des

Menschen (Homo), wie beispielsweise der Australopithecus (vor 2 bis 4,2 Millionen Jahren), hatten Krebs. Krebserkrankungen haben die Menschheit während der gesamten Evolution begleitet. Im Papyrus Ebers aus der Zeit 1550 vor Christus werden Krebserkrankungen erwähnt.

Die deutsche Bezeichnung von bestimmten Tumoren und Geschwüren mit „Krebs" stammt aus dem Altgriechischen, wo durch karkínos (καρκίνος) ebenfalls sowohl das Tier (Krebs bzw. Krabbe) als auch die Krankheit (Krebsgeschwür, Karzinom) benannt wurde. Als Bezeichnung für Geschwüre taucht der Name zuerst im Corpus Hippocraticum auf. Im 2. Jahrhundert n. Chr. erläutert Galenos die Herkunft des Namens nach der Ähnlichkeit von geschwollenen Adern eines äußerlichen Tumors mit Krebsbeinen:

> „... und an der Brust sahen wir häufig Tumoren, die der Gestalt eines Krebses sehr ähnlich waren. So wie die Beine des Tieres an beiden Seiten des Körpers liegen, so verlassen die Venen den Tumor, der seiner Form nach dem Krebskörper gleicht."
>
> (Galenos von Pergamon)

Aristoteles bezeichnete als Krebs oberflächlich feststellbare, in benachbarte Organe infiltrierende und einwachsende Geschwüre (etwa fortgeschrittener Hautkrebs oder Brustkrebs).

Die Bezeichnung „Krebs" (lateinisch cancer) findet sich beispielsweise auch für Geschwüre bei Geschlechtskrankheiten („Schanker") und im Wort „Wasserkrebs" für Noma.

Im Mittelalter galt der Brustbereich dem Tierkreiszeichen Krebs zugehörig (vgl. Homo signorum).

In einem gesunden Organismus werden die Zelltypen, aus denen sich die verschiedenen Gewebe der Organe aufbauen, in einem ausgewogenen artspezifischen Gleichgewicht gebildet und regeneriert, was als Homöostase bezeichnet wird. In diesem Zustand der Homöostase gibt es ein Gleichgewicht zwischen der Vermehrung von Zellen (Zellproliferation) und dem Zelltod. Der Hauptanteil des Absterbens von Zellen erfolgt dabei durch Apoptose, bei der die Zellen „Selbstmord" begehen. In pathologischen Situationen kann dieses Absterben auch durch Nekrose geschehen. Bei Krebs ist dieses Gleichgewicht zu Gunsten des Zellwachstums verändert. Die Krebszellen wachsen dabei ungehindert, da hemmende Signale nicht erkannt oder nicht ausgeführt werden. Der Grund liegt in Defekten des benötigten genetischen Codes, die durch Mutationen im Genom entstanden sind. Weitere Beispiele einer Deregulation der Homöostase sind mit zu viel Zellwachstum Autoimmunerkrankungen und mit zu viel Zelltod AIDS, Hepatitis B und neurodegenerative Erkrankungen.

Etwa 5.000 der insgesamt 25.000 Gene des Menschen sind für die sichere Erhaltung des genetischen Codes von einer Zellgeneration zur nächsten zuständig. Diese sogenannten Tumorsuppressorgene überwachen die korrekte Abfolge der Basenpaare in der DNA nach jeder Reduplikation, entscheiden über die Notwendigkeit von Reparaturvorgängen, halten den Zellzyklus an, bis die Reparaturen ausgeführt sind, und veranlassen gegebenenfalls einen programmierten Zelltod (Apoptose), falls die Reparatur nicht zum Erfolg führt. Daneben sind die Protoonkogene zuständig für die Einleitung oder den Unterhalt der Proliferation der Zelle und ihrer anschließenden Entwicklung zu einem bestimmten Zelltyp (Differenzierung).

Nach der heute als plausibel geltenden Theorie der Krebsentstehung (Karzinogenese) ist das primäre Krankheitsereignis eine Veränderung in einem dieser Wächtergene – entweder durch einen Kopierfehler oder seltener durch eine angeborene Mutation. Dieses Gen kann dann den von ihm überwachten Teilschritt nicht mehr korrekt begleiten, so dass es in der nächsten Zellgeneration zu weiteren Defekten kommen kann. Ist ein zweites Wächtergen betroffen, so potenziert sich der Effekt fortlaufend. Wenn auch Apoptose-Gene (z.B. p53) betroffen sind, die in einer solchen Situation den programmierten Zelltod auslösen müssten, werden diese Zellen potentiell unsterblich. Durch die Aktivierung der Protoonkogene wird ein Krebs zum Wachstum angeregt, was in einer Raumforderung und in Folge zu auftretenden Schmerzen führen kann. Zur Krebsentstehung sind mehrere solcher Mutationen notwendig (engl. multiple hit model). Hierbei hat sich die Annahme von Peter Nowell bestätigt, dass zur Entstehung eines malignen Tumors mindestens sechs bis sieben Mutationen nötig sind.

Die Proliferation einer in den relevanten Genen veränderten Zelle zu einem Zellhaufen vergrößert dabei entscheidend die Wahrscheinlichkeit für eine weitere relevante genetische Veränderung im Rahmen des Mehrschrittprozesses, da bei jedem Kopiervorgang der DNA Fehler entstehen können. Solche Veränderungen können auch durch äußere Einflüsse (z.B. krebserregende Stoffe, Onkoviren) induziert werden, oder durch eine genetische Instabilität der veränderten Zellpopulation zustande kommen. Irritierende Reize können durch Erhöhung der Proliferation diesen Prozess beschleunigen. Während bei einigen Tumoren eine oder zwei Mutationen ausreichen können, gibt es auch Tumoren, bei welchen bis zu zehn verschiedene Mutationen erfolgt sein müssen.

Einige dieser notwendigen Mutationen können vererbt werden, was erklärt, dass auch sehr kleine Kinder an Krebs erkranken können und dass Krebs in sogenannten „Krebsfamilien" gehäuft auftreten kann. Ein typisches Beispiel dafür ist das vererbbare Xeroderma pigmentosum. Bei nahen Verwandten von Patientinnen mit Brustkrebs ist die Wahrscheinlichkeit, Brustkrebs zu bekommen, doppelt so hoch wie in der übrigen Bevölkerung. In den dazwischenliegenden Schritten der Tumorentstehung (Promotion und Progression) spielen nicht genotoxische Prozesse eine große Rolle, was Beobachter dazu verleiten könnte, diese Einflüsse als eigentliche „Krebserreger" einzustufen.

Durch weitere Veränderungen der DNA kann die Zelle zusätzliche Eigenschaften ausbilden, die eine Behandlung der Krebserkrankung erschweren, darunter die Fähigkeit, unter Sauerstoffmangel zu überleben, eine eigene Blutversorgung aufzubauen (Angiogenese) oder aus dem Verband auszuwandern und sich in fremden Geweben wie Knochen (Knochenmetastase), Lunge (Lungenmetastase), Leber (Lebermetastase) oder Gehirn (Hirnmetastase) anzusiedeln (Metastasierung). Erst durch diese Fähigkeit gewinnt der Krebs seine tödliche Potenz: 90 % aller Krebspatienten, bei denen die Krankheit tödlich ausgeht, sterben nicht am Primärtumor, sondern an den Folgekrankheiten der Metastasierung.

Das Immunsystem versucht grundsätzlich, die unkontrolliert wachsenden Zellen aufzuspüren und zu bekämpfen (engl. immune surveillance). Erste Vermutungen, dass Tumore durch eine Immunreaktion schrumpfen oder verschwinden können, sind von Louis Pasteur aufgestellt worden, eine genauere Beschreibung erfolgte jedoch erst 1957 durch Thomas und Burnet. Da diese aber in vielerlei Hinsicht normalen Körperzellen gleichen, sind die Unterschiede und damit die Abwehrmaßnahmen meist nicht ausreichend, um den Tumor zu kontrollieren.

Krebszellen sind häufig aneuploid, das heißt, sie haben dann eine veränderte Chromosomenzahl. Es wird momentan untersucht, ob die Aneuploidie von Krebszellen Ursache oder Folge der Erkrankung ist. Damit verbunden ist die Theorie, wonach die Entstehung von Krebs nicht oder nicht nur auf die Mutation einzelner Gene, sondern vor allem auf die Veränderung des kompletten Chromosomensatzes zurückgeht. Diese Unterschiede in den Chromosomensätzen entarteter Zellen führte auch zur Betrachtung mancher Krebsarten als einer jeweils neuen Spezies.[103]

[103] https://de.wikipedia.org/wiki/Krebs_(Medizin)

12 Buchstabe L

12.1 Leukämie

Leukämien (griechisch λευχαιμία leuchaimia, von λευκός leukós „weiß" und αἷμα haima „das Blut"), umgangssprachlich auch als Blutkrebs bezeichnet, sind maligne Erkrankungen des blutbildenden oder des lymphatischen Systems und gehören im weiteren Sinne zu den Krebserkrankungen. Ein anderer früher verwendeter Ausdruck für diese Erkrankungen ist Leukose.

Leukämien zeichnen sich durch stark vermehrte Bildung von funktionsuntüchtigen Vorläuferzellen der weißen Blutzellen aus. Diese werden auch Leukämiezellen genannt. Sie breiten sich im Knochenmark aus, verdrängen dort die übliche Blutbildung und treten in der Regel auch stark vermehrt im peripheren Blut auf. Sie können Leber, Milz, Lymphknoten und weitere Organe infiltrieren und dadurch ihre Funktion beeinträchtigen. Die Störung der Blutbildung vermindert die normalen Blutbestandteile. Es entsteht eine Anämie durch Mangel an Sauerstoff transportierenden roten Blutkörperchen, ein Mangel an blutungsstillenden Blutplättchen und ein Mangel an reifen funktionstüchtigen weißen Blutzellen.

Je nach Verlauf unterscheidet man akute und chronische Leukämien (vgl. Krankheitsverlauf). Akute Leukämien sind lebensbedrohliche Erkrankungen, die unbehandelt in wenigen Wochen bis Monaten zum Tode führen. Chronische Leukämien verlaufen meist über mehrere Jahre und sind im Anfangsstadium häufig symptomarm.

Chronische Leukämien werden oft zufällig durch eine Routineuntersuchung festgestellt und beginnen meist schleichend. Als erste Anzeichen können allgemeine Krankheitssymptome wie Unwohlsein und Ermüdung, Leistungsminderung, aber auch Fieber, Nachtschweiß und Gewichtsverlust genannt werden. Auftreten können weiterhin Milz- und Lymphknotenschwellungen sowie Juckreiz, Ausschläge und Infektionen.

Es gibt sehr vielfältige Symptome für eine akute Leukämie. Oft können diese aus völliger Gesundheit heraus entstehen und äußern sich wie ein schweres Krankheitsbild, z.B. treten Blässe, Schwäche, Blutungsneigung mit spontanen blauen Flecken oder nach Bagatelltraumen und Petechien auf. Eine Anfälligkeit für Infektionen mit Fieber sowie geschwollene Lymphknoten, Milz- und Lebervergrößerung und manchmal Knochenschmerzen sind ebenfalls charakteristisch. In vielen Fällen klagen die Patienten auch über gehäuftes Nasenbluten und Gingivitis. Weitere Symptome sind Gewichts- und Appetitverlust, Müdigkeit und Nachtschweiß.

Die Klassifikation und Diagnostik der Leukämien basiert auf morphologischen und immunologischen Eigenschaften der Leukämiezellen. In den letzten Jahren gewinnen auch zunehmend zytogenetische und molekularbiologische Merkmale an Bedeutung.

Je nach beteiligtem Zelltyp unterscheidet man zunächst myeloische von lymphatischen Leukämien. Myeloische Leukämien gehen von den Vorläuferzellen der Granulozyten, im weiteren Sinne auch der Erythrozyten und Thrombozyten aus, lymphatische Leukämien betreffen die Lymphozyten und ihre Vorläuferzellen.

Des Weiteren unterscheidet man anhand des Grades der Unreife der im Knochenmark und im Blut vorkommenden Leukämiezellen zwischen akuten und chronischen Leukämien. Bei den akuten Leukämien finden sich vor allem Zellen in einem sehr frühen, unreifen Stadium, die nahezu funktionslos sind. Bei den chronischen Leukämien kann man vermehrt Leukämiezellen beobachten, die deutlich weiterentwickelt sind und bereits den reifen Blutzellen ähneln, jedoch noch nicht vollständig funktionstüchtig sind.

Im Unterschied zu anderen Krebsarten, die bereits Galenus im Altertum beschrieben hatte, wurde der Blutkrebs erst im 19. Jahrhundert erkannt und untersucht. Die starke Vermehrung weißer Blutzellen beschrieb erstmals 1845 der schottische Arzt John Bennett. Er bezeichnete das Phänomen als vereitertes Blut und vermutete eine Infektion als Ursache. Etwa zur selben Zeit beobachtete Rudolf Virchow bei einer Patientin ebenfalls stark vermehrte weiße Blutzellen, diagnostizierte „weißes Blut" und führte 1847 das medizinische Fachwort „Leukämie" ein.

Der erste Fall von akuter lymphatischer Leukämie bei einem Kind wurde 1860 von Michael Anton Biermer, einem Schüler Virchows, beschrieben.

Ende des 19. Jahrhunderts bezeichneten Pathologen die Leukämie als Neoplasie der weißen Blutzellen; danach konnte man mehrere Erscheinungsformen der Leukämie unterscheiden.

Eine Chemotherapie mit Aminopterin gelang 1947 erstmals Sidney Farber, einem pädiatrischen Pathologen. Allerdings hielten die erzielten Remissionen nicht lange an. In den folgenden Jahren wurden über das US-amerikanische National Cancer Institute (NCI) in Studien an Kindern mit akuter Leukämie (ALL) Kombinationstherapien untersucht, insbesondere in den 1960er Jahren VAMP (Vincristin, Amethopterin, Mercaptopurin, Prednison). Zunächst zeichneten sich länger dauernde Remissionen ab, doch dann traten in der Mehrzahl schwerwiegende Rückfälle auf unter Befall des zentralen Nervensystems. Im weiteren Verlauf kombinierte man die VAMP-Therapie mit einer Strahlentherapie.

Eine erste Auswertung an 278 Patienten im Jahr 1979 zeigte, dass diese Kombination, als „totale Therapie" verstanden, zu deutlich länger andauernden Remissionen führte. Hiermit wurde der erste erfolgversprechende Durchbruch erzielt.[104]

12.2 Luzides Träumen

Ein Klartraum, auch luzider Traum (von lateinisch lux, lūcis „Licht"), ist ein Traum, in dem der Träumer sich dessen bewusst ist, dass er träumt. Paul Tholey, der bedeutendste deutsche Klartraumforscher, formulierte dies folgendermaßen: „Klarträume sind solche Träume, in denen man völlige

[104] https://de.wikipedia.org/wiki/Leuk%C3%A4mie

Klarheit darüber besitzt, daß man träumt und nach eigenem Entschluß handeln kann."

Bei dieser Definition stützte sich Tholey auf die Philosophin Celia Green und den Psychologen Charles Tart. Tholey und der US-amerikanische Psychologe Stephen LaBerge sind die beiden zentralen Pioniere auf dem Gebiet der modernen Klartraumforschung. Die Fähigkeit, Klarträume zu erleben, hat vermutlich jeder Mensch, und man kann lernen, diese Form des Träumens herbeizuführen. Ein Mensch, der gezielt Klarträume erleben kann, wird auch Oneironaut genannt (von gr. oneiros „Traum" und nautēs „Seefahrer").

Die Definition des Begriffs „Klartraum" ist nicht einheitlich. So schlug Celia Green 1968 folgende Beschreibung vor: „Ein luzider Traum ist ein Traum, in dem sich der Träumende seines Traumes bewusst ist." Diese Mindestvoraussetzung wird heute allgemein akzeptiert, jedoch fordern andere Autoren zusätzliche Merkmale.

Tholey präzisierte den Unterschied zwischen gewöhnlichen Träumen und Klarträumen anhand von sieben Klarheitskriterien:

1. Klarheit über den Bewusstheitszustand: darüber, dass man träumt.

2. Klarheit über die eigene Entscheidungsfreiheit: darüber, ob man z.B. vor einer Alptraumfigur Reißaus nimmt oder sich mit ihr anzufreunden versucht.

3. Klarheit des Bewusstseins: im Gegensatz zum Trübungs-, Verwirrtheits- oder Dämmerungszustand.

4. Klarheit über das Wachleben: darüber, wer man ist und was man sich für diesen Traum vorgenommen hat.

5. Klarheit der Wahrnehmung: dessen, was man sieht, hört, riecht, schmeckt und fühlt.

6. Klarheit über den Sinn des Traums.

7. Klarheit über die Erinnerung an den Traum: Man beachte, dass sich dieser Klarheitsbegriff im Gegensatz zu den anderen nur indirekt auf den Traumzustand bezieht".

Die Erfüllung dieser Klarheitskriterien eins bis vier ist für Tholey notwendig, wenn von einem Klartraum gesprochen werden soll, die Kriterien fünf bis sieben können zusätzlich ebenfalls erfüllt sein. Der Aspekt, dass der Träumer Klarheit über den Sinn des Traumes hat, stellt für Tholey den wirklichen „Königsweg" zum Unbewussten dar – in Anspielung auf Sigmund Freuds Traumdeutung. Wenn erste Ansätze von Klarheit vorhanden sind, diese jedoch nicht vollständig den ersten vier Kriterien genügen, kann man von einem präluziden Traum sprechen. So kann ein Träumer sich durchaus die Frage stellen, ob er denn träume, ohne jedoch zur Erkenntnis des Traumzustandes zu gelangen – und der Ansatz der Klarheit verschwindet.

Durch das Erkennen des eigenen Traumzustands ist es möglich, in bestimmten Grenzen in den Traum einzugreifen und planvoll im Traumgeschehen zu handeln. Dabei sind dann nicht nur die eigenen Handlungen möglich, sondern auch – zumindest innerhalb meist enger Grenzen – eine gewisse Beeinflussung der Traumumgebung und der Traumfiguren. Meist werden Traumfiguren durch sprachliche Kommunikation und Handlungen des Träumers innerhalb des Traumgeschehens beeinflusst. Die Wahrnehmung der Traumhandlung reicht dabei von verschwommen und unzusammenhängend über realistische Wahrnehmung bis hin zu „hyperrealistischer Wahrnehmung", bei der das Geschehen „realistischer als die Realität selbst" wirkt.

Ähnlich wirken durch Halluzinogene verstärkte Sinneseindrücke. Die kognitiven Fähigkeiten im Traumzustand sind verändert. So kann beispielsweise der Träumer oft keine komplizierten Rechenaufgaben lösen. Ob derartige Beschränkungen überwindbar sind, wird derzeit erforscht. Die Existenz von Klarträumen wurde jedoch bereits wissenschaftlich exakt nachgewiesen.

Das Wissen um das luzide Träumen ist noch wenig verbreitet. Die meisten Menschen sind davon überzeugt, dass sie nicht in ihre Träume handelnd eingreifen können. Manche Menschen erleben allerdings spontan Klarträume. Andere bedienen sich verschiedener Techniken, jedoch gibt es trotz intensiver Forschung bis heute keine reproduzierbare Methode, um Klarträume sicher hervorzurufen. Auch ist der Zeitraum zwischen Beginn des Einübens von entsprechenden Techniken der Erzeugung von Klarträumen und den ersten Erfolgen individuell sehr unterschiedlich. So berichtet Tholey von schnellen Erfolgen beim Erreichen erster Klarträume innerhalb weniger Tage nach dem Beginn des Übens, aber auch von langwierigen Übungsphasen.[105]

[105] https://de.wikipedia.org/wiki/Klartraum

13 Buchstabe M

13.1 Manie

Eine Manie (von altgriechisch μανία maniā ‚Raserei', ‚Wut', ‚Wahnsinn') ist eine affektive Störung, die meist phasenweise verläuft. Antrieb und Stimmung sind in einer Manie weit über dem Normalniveau.

Die Manie ist in ihrer Entstehung und Aufrechterhaltung multifaktoriell bedingt. Hereditäre und psychosoziale Belastungen, Störungen im Serotonin-, Katecholamin- und GABA-Stoffwechsel werden als Faktoren angeführt. In einer Manie reduziert sich der Schlaf, und es kommt zu einer Überanstrengung von Gehirnbereichen, wodurch dann, wenn es nicht zu einer Behandlung kommt, psychotische Symptome ausgelöst werden können. Eine abgeschwächte Verlaufsform einer Manie, die allerdings immer noch deutlich über den Normalschwankungen liegt, bezeichnet man als Hypomanie.

In vielerlei Hinsicht kann man eine Manie als das „Gegenteil einer Depression" bezeichnen. Die Symptome zeigen sich in praktisch allen Wahrnehmungs- und Lebensbereichen.

Das Gesamtbild einer Manie unterscheidet sich von Fall zu Fall, oft auch von Episode zu Episode bei einem einzigen Patienten. Man kann zwischen der klassischen Manie (mit einer im Vordergrund stehenden Antriebssteigerung und gehobener Stimmung) und der gereizten Manie (mit zornig-gereizter Stimmung) unterscheiden.

Bei extremer Beschleunigung von Denken und Sprechen ist eine verworrene Manie möglich, ein Erscheinungsbild, das einem Verwirrtheitszustand, wie er bei hirnorganisch bedingten psychischen Störungen vorkommt, sehr ähnlich sein kann.

Eine Manie kann je nach Ausprägung für den Betroffenen und die Angehörigen sehr belastend sein und schwerwiegende soziale Folgen haben.

Neben reinen Manien kann auch eine gemischte Phase (Mischzustand) auftreten: neben manischen kommen dann auch depressive Symptome vor. Es zeigt sich die Getriebenheit der Manie mit dem schlechten Gefühl der Depression; in diesem Zustand spielt Suizidalität eine große Rolle, weil die „Kraft", die der Manie entspringt, den Antrieb liefern kann, einen durch die Depression hervorgerufenen Suizidwunsch oder Suizidentschluss tatsächlich in die Praxis umzusetzen. Aus diesem Grund gelten die Mischzustände als die mit Abstand gefährlichsten Episoden einer bipolaren Störung, und diese Patienten müssen möglichst engmaschig betreut/überwacht werden.

Der Antrieb und die Stimmung sind weit übernormal – mitunter bis ins äußerste Extrem gehoben – am Limit. Es bestehen starke Erregung und innere Getriebenheit, rastlose Aktivität und Unruhe. Selbst wenn Betroffene die Überreizung noch wahrnehmen, verausgaben sie sich völlig, obwohl ihnen bewusst ist, dass dies schädliche Folgen haben kann.

Stimmung

Es besteht intensive, aber unbegründete gehobene, heitere Stimmung, teilweise aber auch Gereiztheit bzw. missmutige Umtriebigkeit.

Sozialverhalten

In der Manie sind die Geselligkeit und die Gesprächigkeit stark erhöht. Patienten zeigen oft völlig unangepasstes, distanzloses Verhalten; beispielsweise werden fremde Leute einfach angesprochen und in Gespräche verwickelt, die weit jenseits gesellschaftlicher Konventionen liegen. Betroffene zeigen mangelnde Sensibilität für die Bedürfnisse und Gefühle der unmittelbaren Mitmenschen und neigen zu hemmungslosem und unkritischem Verhalten.

Alle diese Handlungen können völlig persönlichkeitsfremd sein, was für Angehörige oder Freunde äußerst belastend sein kann und häufig zum Zerbrechen enger, langjähriger - und für den Betroffenen sehr wichtiger - Bindungen führt, wodurch sich der Gesamtzustand des Betroffenen weiter signifikant verschlechtert. Andere können den Betroffenen nicht von diesen Verhaltensweisen abhalten, ein Maniker lässt sich kaum oder nicht bremsen oder belehren. Heftige Streitigkeiten mit lautstarken und schweren Beleidigungen gegenüber nahestehenden Personen sind dann meist die Folge.

Sexualität

Die Libido ist gesteigert; die Betroffenen können völlig enthemmt werden, die Kontrolle über sich selbst verlieren. Häufig kommen auch sexuell anzügliche Verhaltensweisen sowie häufige und wahllose sexuelle Kontakte mit fremden Personen vor. Häufig ist auch die Überzeugung vorhanden, mit jeder gewünschten Person freiwillige Sexualkontakte haben zu können, wenn dies nur gewünscht wäre.

Kognitive Symptome

Den Betroffenen gehen ständig neue Ideen durch den Kopf; dies reicht von einer Weitschweifigkeit der Gedanken bis zur Ideenflucht. Weitschweifigkeit bedeutet, dass der Betroffene beim Reden über ein Thema immer wieder auf Abwege vom ursprünglichen Thema gerät, zu dem er nur umständlich wieder zurückfindet. Bei der Ideenflucht folgen die Gedanken rasend schnell aufeinander, der Betroffene gelangt vom „Hundertsten ins Tausendste", die Assoziationen können gelockert sein. Die Gedanken bleiben an sich logisch aufeinander folgend, jedoch ist es dem Betroffenen kaum möglich, eine weitergehende Frage zu beantworten, da er nicht zum Ziel seiner Erzählung zurückfindet bzw. immer wieder abschweift. Dies äußert sich auch in Logorrhoe, einem starken Rededrang; im Extremfall überschlagen sich die Worte so sehr, dass es dem Zuhörer kaum oder nicht mehr möglich ist, etwas zu verstehen.

Realitätswahrnehmung

Das Selbstbewusstsein kann ins Maßlose gesteigert sein; Realitätsverlust und Größenwahn (Megalomanie) sind möglich. Auch andere Wahnvorstellungen, die mitunter über mehrere Wochen bis Monate als „Realität" verteidigt und ausgebaut werden, kommen vor (allerdings wie Halluzinationen nur bei so genannten Manien mit psychotischen Symptomen - auch ohne Wahn kann eine Manie vorliegen). Halluzinationen sind möglich, abgeschwächt ist eine verstärkte, intensive Wahrnehmung von Farben und Eindrücken typisch, auch Wachträume, welche die Aufmerksamkeit stark mindern können.

Schlaf und Hygiene

Übermäßige Beschäftigung mit angenehmen Dingen ist typisch; fanatisch und exzessiv wird ein Teilbereich ausgeübt, während andere, oft wichtigere Dinge, völlig vernachlässigt werden. Es kommt zu einem stark verminderten Schlafbedürfnis, häufig Zähneknirschen, Schmatzen und Reden im Schlaf. Manchmal kommt es auch zur Vernachlässigung von Nahrungsaufnahme und Körperhygiene.

Umgang mit Geld

Häufig geben die Betroffenen mehr und schneller Geld aus als üblich. In Gaststätten werden Lokalrunden ausgegeben, Geld und Wertgegenstände werden an Fremde verschenkt. Mitunter werden von Erkrankten während einer Manie aufgrund ihrer Größenideen sogar massenweise Geschäfte getätigt, die für die Betroffenen und ihre Angehörigen sehr unangenehme Folgen wie hohe Verschuldung haben können.

Fehlende Einsicht

Von einer Manie Betroffene haben während der manischen Phase typischerweise keinerlei Problemeinsicht; sie „fühlen sich blendend". Angehörige oder Experten der Störung hingegen vermögen sie zu erkennen. Wenn die Phase abgeklungen ist, sitzen die Betroffenen vor einem großen Scherbenhaufen und sind voller Schamgefühle wegen ihres Verhaltens. Aufgrund der Selbstüberschätzung kann es auch zu selbstgefährdendem Verhalten bis hin zum Suizid kommen; seltener besteht eine Fremdgefährdung, welche durch die gesteigerte Kraft, Ausdauer und Widerstandsfähigkeit (etwa gegenüber manchen Beruhigungsmitteln) akuter Maniker noch potenziert werden kann.

Am häufigsten ist die bipolare Verlaufsform der Manie, früher als manische Depression oder manisch-depressive Erkrankung bezeichnet. Dabei sind die manischen Phasen in der Regel kürzer als depressive Phasen; erstere dauern normalerweise einige Wochen, letztere eher einige Monate. Jedoch verlaufen diese Phasen bedeutend kürzer, wenn der Betroffene mit Medikamenten und/oder durch Psychotherapie behandelt wird.

Deutlich seltener ist die Verlaufsform mit ausschließlich manischen Episoden.

- Nur Manie: ca. 5 % (medizinischer Begriff: mono-polarer Zustand)

- Nur Depression: ca. 55 %

- Bipolare Störung: ca. 40 %

Ein großes Problem besteht darin, dass bis zur richtigen Diagnose (z.B. bei vorher vorhandenen Hypomanien) oft viel Zeit vergeht, bis eine angemessene Behandlung erfolgt. Es gibt Hinweise dafür, dass – wenn vorher bereits viele Episoden stattgefunden haben – die Phasen dazwischen kürzer werden, und die Ausbrüche heftiger werden können. Mitunter können sie dann auch durch Medikation nicht ganz verhindert werden und zudem können Residualzustände verbleiben.

Man geht derzeit von einer vorübergehenden Störung der Neurotransmitter im Gehirn aus. Auch wurden bis jetzt vier Gene lokalisiert, die für die bipolare Störung relevant sind. Allerdings können diese auch bei Nichtbetroffenen in ebensolcher Weise verändert sein, so dass noch andere Komponenten dazu kommen müssen, um bipolar – manisch und depressiv – zu werden.

Die Auslöser krisenhafter Episoden sind oft bedeutende Ereignisse im Leben wie zum Beispiel eine Hochzeit, Scheidung oder ein Stellenwechsel. Verlusterfahrungen wie Tod eines nahen Angehörigen, Zerbrechen einer Beziehung, Arbeitslosigkeit etc. sind ebenfalls stressende Ereignisse, die bei Disposition für diese Störung Episoden auslösen können. Episoden der Störung können aber auch ohne äußere Ursachen auftreten.

Die genauen Ursachen sind bisher nicht geklärt und sind Gegenstand intensiver Forschung.[106]

13.2 Mantra

Mantra (Sanskrit: मन्त्र, mantra m. ‚Spruch, Lied, Hymne') bezeichnet eine heilige Silbe, ein heiliges Wort oder einen heiligen Vers. Diese sind „Klangkörper" einer spirituellen Kraft, die sich durch meist repetitives Rezitieren im Diesseits manifestieren soll. Diese Wiederholungen des Mantras oder des Namens einer Gottheit werden manchmal auch Japa oder Nama-Japa genannt.

Mantras können entweder sprechend, flüsternd, singend oder in Gedanken rezitiert werden. Sie können auch aufgeschrieben (Likhita-Japa) und in dieser Form sogar gegessen werden.

Im Hinduismus, im Buddhismus und im Yoga ist das Rezitieren von Mantras während der Meditation sowie im Gebet üblich. Vor allem in der Spiritualität des östlichen Christentums spielt die Namensgläubigkeit (Onomatodoxie) im Zusammenhang mit mantrischen Gebetsformen (wie Jesus- oder Ruhegebet) eine bedeutende Rolle.

[106] https://de.wikipedia.org/wiki/Manie

Das Sanskritwort mantra (auch mantram) wird meist als Maskulinum verwendet, seltener auch als Neutrum. Im deutschen Sprachgebrauch ist Mantra meist sächlich, seltener wird das Maskulinum gebraucht.

Das Sanskritwort mantram vereint die beiden Wortwurzeln manas (Geist) und tram (Schutz, schützen bzw. Instrument), so dass die wörtliche Bedeutung Geistesschutz bzw. Schutz des Geistes, aber auch Instrument des Geistes/Denken sein kann.

Mantras als Mittel der Meditation, wie zum Beispiel im Vajrayana Buddhismus (Stichwort Mantrayana), dienen der Wortbedeutung nach folglich dazu, den Geist respektive das Denken zu schützen – und zwar vor schädlichen Vorstellungen und Konzepten. Die Idealvorstellung ist also, dass während das Mantra rezitiert wird, sich der Geist an die positiven Inhalte der Worte des Mantras bindet und somit nicht mit anderen, d.h. negativen Gedanken beschäftigen kann.

Mantra leitet sich von der indoeuropäischen Wurzel *men- ‚denken, sinnen' ab, das mit dem Instrumentalsuffix *-tro- erweitert wurde. Das Wort ist bereits indoiranisch, wie avestisch mąθra ‚Wort, Spruch' zeigt. Dieses wird häufig in der Formel spənta mąθra ‚heiliger Spruch, heiliges Wort' gebraucht und wird im Yašt 13,81 als ‚weiße strahlende Seele Ahura Mazdas' umschrieben.

Im Wesentlichen handelt es sich bei Mantras um Kernaussagen (oder Merksprüche), die traditionell in ihrer Ursprungssprache, meist Sanskrit, belassen werden. Im Rahmen einer

Sadhana-Rezitation ist es also möglich, dass unabhängig von der benutzten Sprache ein mantrischer Satz in Sanskrit gesprochen wird, wenn man sich die Leerheit bewusstmacht (z.B. Om sobhawa shuddha sarwa dharma sobhawa shuddho ham) oder wenn Darbringungen an die Buddhas gemacht werden (z.B. I dam gu ru ratna mandalakam niryatayami), oder konkreter die einzelnen Darbringungen benennt (z.B. Om shabda ah hum); schließlich verweilt man in Meditation, indem man zumindest anfangs das Mantra des Yidam (d.h., des Buddha, auf den man meditiert) rezitiert. Dadurch wird der Geist durch die Vorstellung (Visualisierung) und das Sprechen des Mantras am Meditationsobjekt festgehalten.

Das langwährende Rezitieren eines Mantras soll als Stütze dienen, um meditativ im gewünschten Denken zu verweilen. Die Mantrarezitation geht schließlich über in ein ruhiges Verweilen in der Erfahrung des Meditationsobjekts (d.h. ohne Stütze).

Weiterhin wird unterschieden zwischen Keimsilben (om, ah, hum, hrih), denen bestimmte Funktionen im Energiesystem zugeordnet sind, und anderen Bestandteilen, wie Kernaussagen (z.B. „Alles wird zu Leerheit", „Juwel im Lotos", „Wohlgerüche") oder Namen von Buddhas (z.B. Amidewa = Amitabha) oder Gurus.

Häufig beginnt und endet ein Mantra mit einer Keimsilbe, dazwischen ist eine Aussage (z.B. Om A mi de wa hrih = Om Amitabha hrih). Weiterhin beginnen viele Mantras mit teyatha (s. Tathagata) (orth. ta dya tha) und enden mit hum oder soha (orth. svah Hah aus Sanskrit svaha »Opfer«).

Das Mantra ist eine bestimmte Schwingung und damit ein Aspekt der Urschwingung, die im Hinduismus als Shabda oder Nada bezeichnet wird. Eine Mehrfachkonzentration und Visualisierung mit Farbe und Bedeutung verstärkt und verändert die Wirkung. Dabei ist die Wirkung von der Kraft des Meditierenden abhängig und von der Dauer der Wirkung der Schwingung.

Das Mantra dient in der Meditation der Transformation des Meditierenden. Dadurch, dass ein Mantra einer bestimmten Geisteshaltung, einer Gottheit oder einem Buddha zugeordnet ist, wird dessen Rezitation zur Hervorbringung dieser Geisteshaltung genützt, und durch die Benennung (z.B. mittels der Keimsilben) wird die Aufmerksamkeit z.B. auf bestimmte Energiepositionen im Körper gelenkt.

Hinduismus

Das Rezitieren eines Mantras kann dem Freisetzen mentaler und spiritueller Energien dienen, oft auch als Gebet. Jede Silbe und jedes Wort während einer Puja, eines hinduistischen Gottesdienstes, gilt als Mantra. Die äußeren Tätigkeiten des Priesters erhalten ihren Sinn und ihre Wirksamkeit erst durch das Rezitieren der vorgeschriebenen Worte. Zu den ältesten Mantras gehören die Opferformeln und Gebete der Veden.

Zwei sehr bekannte Mantren, deren Worte aus den Veden stammen, sind das Gayatri Mantra und das Mahamrityunjaya Mantra.

Bestimmte Kombinationen von Mantras sind auch als Beschwörungsformeln, etwa gegen Schlangen, Dämonen oder andere negative Kräfte, in Gebrauch. Wie schon im vedischen Ritus, wo die richtig intonierte Formel eine wichtige Funktion als wirksame Kraft erfüllte, misst man auch im Hinduismus dem Klang und dem Gesang religiösen Wert und Wirksamkeit bei.

Hinduistische Schüler erhalten nach der Einweihung in den Ritus in der Regel vom Guru ein persönliches Mantra. Diese Formel muss geheim gehalten werden und soll der Schatz des Gläubigen sein.

Drei Arten von Mantras werden unterschieden:

- Saguna, wörtlich ‚mit Form', richten sich an eine bestimmte Gottheit oder an einen bestimmten Aspekt eines Gottes.
- Nirguna, wörtlich ‚ohne Form', richten sich an das formlose Göttliche.
- Bija oder bija-akshara sind einsilbige Keim-Mantras, die speziell in der Meditation oder in Zeremonien verwendet werden, und nach tantrischer Lehre auch auf

das jeweilige Energiezentrum, das Chakra wirken können (ham – Äther, yam – Luft, ram – Feuer, vam – Wasser, lam – Erde).

Das bekannteste Bija Mantra ist Om, das für Hindus wichtigste Mantra überhaupt, das alle anderen in sich enthält (Pranava). Andere Bija-Mantras wie Haum, Gum, Krim, Shrim und Aim repräsentieren bestimmte spirituelle Kräfte, denen im Hinduismus auch bestimmte Gottheiten entsprechen, die mit längeren Mantras meditativ angerufen werden.

Buddhismus

Im Buddhismus werden heilige Sätze oder Silben als Mantras angewendet. Im Vajrayana-Buddhismus (tibetische Tradition und japanisches Shingon) sind Mantras (tib. ngag, orth. sngags) so bedeutsam, dass man diese Tradition verschiedentlich auch Mantrayana (‚Mantra-Fahrzeug', tib. sngags kyi theg pa) nennt.

Mantras in Tibet sind in der Regel in Sanskrit überliefert, wobei die Transliteration (in tibetischer Schrift) eindeutig, die Aussprache mitunter verändert ist. Wie im Hinduismus werden Mantras von qualifizierten Lehrern während einer Einweihung (tib. dbang bskur) auf die Schüler übertragen. Es gibt aber auch Mantras (teilweise) in tibetischer Sprache, beispielsweise für die Referenz auf berühmte tibetische Heilige (z.B. Milarepa).

Jeder Buddha wird über ein eigenes Mantra angerufen und visualisiert.[107]

13.3 Mediation

Mediation (lateinisch „Vermittlung") ist ein strukturiertes, freiwilliges Verfahren zur konstruktiven Beilegung eines Konfliktes, bei dem unabhängige „allparteiliche" Dritte die Konfliktparteien in ihrem Lösungsprozess begleiten. Die Konfliktparteien, auch Medianten oder Medianden genannt, versuchen dabei, zu einer gemeinsamen Vereinbarung zu gelangen, die ihren Bedürfnissen und Interessen entspricht.

Der allparteiliche Dritte (ein Mediator oder ein Mediatoren-Team in Co-Mediation) trifft keine eigenen Entscheidungen bezüglich des Konflikts, sondern ist lediglich für das Verfahren verantwortlich. Ob und in welcher Form ein Mediator selbst überhaupt inhaltliche Lösungsvorschläge macht, ist je nach Ausrichtung der Mediation unterschiedlich.

Die Mediation in ihrer heutigen Form entwickelte sich aus der Praxis der außergerichtlichen Konfliktregelung. Sie hat dabei Ansätze der Konflikt- und der Verhandlungsforschung, des psychologischen Problemlösens, der Psychotherapie sowie der Systemischen Therapie aufgegriffen. Eingeflossen sind auch Erkenntnisse aus den Fachgebieten Konflikt- und Kommunikationswissenschaft und Humanistische Psychologie, weshalb die Grundlagen des Verfahrens

[107] https://de.wikipedia.org/wiki/Mantra

auf unterschiedlichen Quellen ruhen. In Deutschland hat sich das Verfahren seit etwa 1990 zunehmend etabliert und wurde auch empirisch evaluiert.

Die interdisziplinäre Entstehungsgeschichte der Mediation und ihre daraus folgende systematische Stellung zwischen psychosozialen, rechtswissenschaftlichen und verhandlungstheoretischen Ansätzen sowie das weitgehende Fehlen von (gesetzlichen) Vorgaben führen dazu, dass es nur wenige allgemein anerkannte oder gar zwingende Vorgehensweisen in der Mediation gibt.

Wichtigste Grundidee der Mediation ist die Eigenverantwortlichkeit der Konfliktparteien: Der Mediator ist verantwortlich für den Prozess, die Parteien sind verantwortlich für den Inhalt. Dahinter steht der Gedanke, dass die Beteiligten eines Konflikts selbst am besten wissen, wie dieser zu lösen ist, und vom Mediator lediglich hinsichtlich des Weges dorthin Unterstützung benötigen. Damit grenzt sich die Mediation von der direkten oder indirekten (d.h. durch Boten oder Gesandte ermöglichten) Verhandlung zweier Parteien, vom Schiedsspruch oder anderen Formen der Gerichtsbarkeit und von der Schlichtung ab.

Der Mediator gestaltet das Verfahren unter anderem durch die Vorschläge zur Struktur und durch Fragen, die auf die Klärung von Fakten und auf die Herausarbeitung der Bedürfnisse und Interessen der Parteien zielen. Inwieweit ein Mediator es auch als Teil der Mediatorenrolle betrachtet, inhaltliche Lösungsvorschläge zu machen, und inwieweit der Mediator auch Einzelbesprechungen mit den Parteien (als

„Caucus") durchführt, ist dabei je nach Ausrichtung der Mediation unterschiedlich; im angloamerikanischen Raum wird z.B. zwischen evaluative mediation, facilitative mediation, party-directed mediation und transformative mediation unterschieden.

Der lateinische Terminus mediator bezeichnet seit dem 2. Jahrhundert den Mittler "dei et hominum", also zwischen Gott (deus) und Mensch (homo). Diese Rolle fiel im Christentum Jesus zu. In der Spätantike bezeichnete man so auch Personen, die als Fürsprecher für andere auftraten, was sich mit der Figur des Christus als Vermittler zwischen zwei hierarchisch getrennten Welten vertrug. Später wurde auch der Papst und – mit der schleichenden Sakralisierung des Königtums seit dem 10./11. Jahrhundert – der König als mediator cleri et plebis, also zwischen Klerus und Volk bezeichnet.

Im Zuge der Sachsenkriege Heinrich IV. wurde der Begriff ganz allgemein auf Friedensstifter ausgedehnt, gleichgültig auf welche Art und Weise der Frieden zustande kam.

Seit dem frühen 12. Jahrhundert gibt es Verwendungen des Begriffs, die seiner heutigen Bedeutung nahekommen: Er wird auf Personen angewandt, die versuchen zwei Streitparteien außergerichtlich miteinander zu versöhnen. Dabei steht die Person im Vordergrund, nicht das mehr oder weniger informelle Verfahren, das damals kaum dokumentiert wurde und daher nur selten überliefert ist. Damit einher geht die fortschreitende funktionale Differenzierung von Rechtssystem einerseits und Vermittlungsverfahren andererseits.

Seit dem 13. Jahrhundert wird mit dem Begriff der Mediation die zu einem Schiedsspruch oder Urteil führende Schiedsgerichtsbarkeit bei Konflikten zwischen Mächtigen bezeichnet, die die Defizite der königlichen Gerichtsbarkeit ausgleichen sollte.

Eine Urform der Mediation betrifft die Vermittlung der Schamanen und Priester im Kontakt mit der übermächtigen Götter- oder Geisterwelt. Das Christentum setzt auf Begriffe wie Schuld, Vergebung und Versöhnung, und zwar auf der Ebene der Gemeinde ebenso wie in ethnischen Konflikten und bei großen politischen Umbrüchen.

Zur Vorgeschichte der Mediation gehört auch die alte Tradition der von angesehenen Dritten vermittelten Streitbeilegung zwischen zum Streite mächtigen Akteuren, ohne dass diese explizit als Mediation bezeichnet wurde. Beispiel dafür ist die Versöhnung zwischen einem Herrscher und einem Rivalen oder Aufrührer, zum Tode Verurteilten oder Verstoßenen durch Fürsprache etwa eines Bischofs, wie sie für die Merowingerzeit dokumentiert ist. In vorstaatlichen Zeiten stellte insbesondere die Abwendung von Blutrache zwischen benachbarten Clans durch Bußzahlung eine kollektive Vorform des heutigen individuellen Täter-Opfer-Ausgleichs dar. Auch das späte Mittelalter sah zur Abwendung der damals vorherrschenden Todes- und Körperstrafen Sühneverträge vor.

Mit dem Erstarken der formellen Gerichtsbarkeit, der Begrenzung willkürlicher Herrschaftspraktiken und der zunehmenden Fähigkeit der Zentralgewalten zur Durchsetzung von

Gerichtsurteilen ging die Bedeutung dieser frühen Vorläufer der Mediation zurück, um in Phasen der Schwächung der Zentralgewalten wieder zuzunehmen. So wirkten die Päpste in Ermangelung weltlicher Machtmittel weiterhin oft als Mediatoren.

Im Zuge des Rückgangs staatlicher Regulierungsaktivitäten, aber auch in den nicht gesetzlich regulierten Bereichen der internationalen Handels- usw. -beziehungen nehmen heute Konfliktlösungen durch Mediation zu. Der Mediator übernimmt in der säkularen Zivilgesellschaft also Teilaufgaben alter sozialer Rollen.

Die Mediation ist ein Verfahren und keine Institution wie Schiedsgericht, Güte- oder Schlichtungsstelle. Es ist jedoch möglich, dass sich verschiedenste Institutionen der Mediation als Verfahren bedienen, soweit sie dem Wesen nach mit ihr vereinbar sind.

Vom Mediator werden keine Entscheidungen getroffen, keine Empfehlungen und keine Vorschläge für eine mögliche Konfliktregelung formuliert.

Generell ist zwischen Mediation und professioneller Beratung zu unterscheiden: geben Mediatoren einen beruflichen Rat, so gehen sie über die Rolle des Mediators hinaus und übernehmen zusätzliche Verantwortungen und Verpflichtungen, welche ggf. von den Standards anderer Professionen unterliegen, etwa dem Rechtsdienstleistungsgesetz.

Mit der Schlichtung hat Mediation gemein, dass ohne Zustimmung der Parteien keine verbindliche Entscheidung gefällt wird. Insofern kann man sie als besonderes Schlichtungsverfahren bezeichnen. Allerdings zeichnet sich die Mediation gegenüber der Schlichtung dadurch aus, dass der Mediator die Entscheidung ganz den Konfliktbeteiligten überlässt, also auch keine Kompromissvorschläge macht. Ebenso ist das Verfahren mit der Tätigkeit einer Einigungsstelle nicht vergleichbar.

Weiterhin ist Mediation auch keine Form einer Psychotherapie. Im engeren Sinne läuft Mediation immer auf die Arbeit einer (oder mehrerer) den (Kommunikations-)Prozess strukturierenden und moderierenden Person(en) mit (allen) beteiligten Konfliktparteien hinaus.

Die Arbeit mit einer einzelnen Konfliktpartei ist keine Mediation, sondern Konflikt-Coaching.[108]

13.4 Meditation

Meditation (von lateinisch meditatio, zu meditari „nachdenken, nachsinnen, überlegen", von griechisch μέδομαι medomai „denken, sinnen"; entgegen landläufiger Meinung liegt kein etymologischer Bezug zum Stamm des lateinischen Adjektivs medius, -a, -um „mittlere[r, -s]" vor) ist eine in vielen Religionen und Kulturen ausgeübte spirituelle Praxis. Durch Achtsamkeits- oder Konzentrationsübungen soll sich der

[108] https://de.wikipedia.org/wiki/Mediation

Geist beruhigen und sammeln. In östlichen Kulturen gilt sie als eine grundlegende und zentrale bewusstseinserweiternde Übung.

Die angestrebten Bewusstseinszustände werden, je nach Tradition, unterschiedlich und oft mit Begriffen wie Stille, Leere, Panorama-Bewusstheit, Einssein, im Hier und Jetzt sein oder frei von Gedanken sein beschrieben. Dadurch werde die Subjekt-Objekt-Spaltung (Begriff von Karl Jaspers) überwunden.

Der Begriff ist aber auch für Texte verwendet worden, die Ergebnisse konzentrierten, in die Tiefe gehenden Nachdenkens darstellen, so etwa für Mark Aurels Selbstbetrachtungen oder Descartes' „Meditationen über die Grundlagen der Philosophie".

Meditation nimmt als Erfahrungs- und Lebensform in vielen Kulturen und Religionen einen wichtigen Raum ein. Im Buddhismus, Hinduismus und Jainismus ist das höchste Ziel die Erleuchtung oder das Erreichen des Nirwana. In christlichen, islamischen und jüdischen Traditionen ist das höchste Ziel der meditativen Praxis das unmittelbare Erfahren des Göttlichen. Meditation als spirituelle Praxis ist immer auch in unterschiedliche religiöse, psychologische und ethische Lehrgebäude eingebunden. In westlichen Ländern wird die Meditation auch unabhängig von religiösen Aspekten oder spirituellen Zielen zur Unterstützung des allgemeinen Wohlbefindens und im Rahmen der Psychotherapie praktiziert. Im älteren deutschen Sprachgebrauch bezeichnet „Meditation" einfach ein Nachdenken über ein Thema oder die Resultate dieses Denkprozesses. Meditative Praktiken sind ein wesentlicher Bestandteil vieler Religionen. Ihr Spektrum ist weit gespannt.

Besonders im Hinduismus, Buddhismus und Daoismus besitzt die Meditation eine ähnliche Bedeutung wie das Gebet im Christentum (vgl. Kontemplation). Als organisierte Überlieferung lässt sich die Meditation am weitesten zu den Upanishaden und in der buddhistischen Tradition in Indien zurückverfolgen. Als Jhana (im Sanskrit: Dhyana) werden verschiedene Zustände der Versenkung beschrieben, worauf sich heute unter anderem das chinesische Chan und das japanische Zen zurückführen lassen.

Eine vielfältige und traditionsreiche Form der Meditation entwickelte sich daneben im indischen Yoga (Vorstufe ist die Konzentration). Insbesondere die Sutras im Raja Yoga prägen bis heute viele Techniken wie den Umgang mit dem Atem im Pranayama und die systematische Einteilung der mit der Meditation in Zusammenhang gebrachten Bewusstseinszustände. Innerhalb dieser Traditionen werden mit der Meditation ausnahmslos spirituelle Ziele verfolgt.

Daoistische Meditation ist geprägt durch Konzentration, Innenschau und Visualisierungen, Ziel ist die Erlangung der Einheit mit dem Dao und die damit einhergehende physische oder spirituelle Unsterblichkeit.

Im mittelalterlichen Christentum wurden die „geistlichen Übungen" lectio (aufmerksame Lesung), meditatio (gegenstandfreie Anschauung), oratio (Gebet) und contemplatio (gegenständliche Betrachtung, Kontemplation) zur Sammlung des Geistes überliefert (siehe dazu ausführlich: Lectio divina). Besonders in den mystischen Traditionen sollte damit der Verstand und das Denken zur Ruhe kommen, um den „einen Urgrund" freizulegen. Im Mittelalter wurden auch Anweisungen veröffentlicht, wie „Die Wolke des Nichtwissens" oder die „Schriften der Theresa von Avila". Im 15. und 16. Jahrhundert wurden diese Schriften von der Inquisition verboten und Mystiker verfolgt sowie gefangengesetzt; die Mystik geriet im Christentum in Verruf der Häresie. Doch finden sich standardisierte Elemente einer meditativen Praxis bis heute in den Exerzitien von Ignatius von Loyola oder einigen benediktinischen und franziskanischen Traditionen sowie in der Ostkirche im Hesychasmus.

Die vielfältigen Meditationstechniken unterscheiden sich nach ihrer traditionellen religiösen Herkunft, nach unterschiedlichen Richtungen oder Schulen innerhalb der Religionen und oft auch noch nach einzelnen Lehrern innerhalb solcher Schulen. In vielen Schulen werden abhängig vom Fortschritt der Meditierenden unterschiedliche Techniken gelehrt. Neben den traditionellen Meditationstechniken werden vor allem seit den 70er Jahren des 20. Jahrhunderts im Westen viele von fernöstlichen Lehren inspirierte und an westliche Bedürfnisse angepasste Meditationsformen angeboten.

Meditationstechniken werden als Hilfsmittel verstanden, einen vom Alltagsbewusstsein unterschiedenen Bewusstseinszustand zu üben, in dem das gegenwärtige Erleben im Vordergrund steht, frei von gewohntem Denken, vor allem von Bewertungen und von der subjektiven Bedeutung der

Vergangenheit (Erinnerungen) und der Zukunft (Pläne, Ängste usw.). Viele Meditationstechniken sollen helfen, einen Bewusstseinszustand zu erreichen, in dem äußerst klares hellwaches Gewahrsein und tiefste Entspannung gleichzeitig möglich sind.

Man kann die Meditationstechniken grob in zwei Gruppen einteilen:

- in die körperlich passive (kontemplative) Meditation, die im stillen Sitzen praktiziert wird

- die körperlich aktive Meditation, bei der körperliche Bewegung, achtsames Handeln oder lautes Rezitieren zur Meditationspraxis gehören.

Die Einteilung bezieht sich nur auf die äußere Form. Beide Meditationsformen können geistig sowohl aktive Aufmerksamkeitslenkung als auch passives Loslassen und Geschehenlassen beinhalten.

Im allgemeinen Sprachgebrauch wird unter Meditation oft nur die passive Form verstanden, so wie sie in Abbildungen des meditierenden Buddha symbolisiert wird.[109]

[109] https://de.wikipedia.org/wiki/Meditation

13.5 Medium

Medium (auch Channel genannt) bezeichnet eine Person, die von sich behauptet, Botschaften von übernatürlichen Wesen wie Engeln, Geistern oder Verstorbenen zu empfangen oder anders geartete „nicht-physikalische" Wahrnehmungen zu haben.

In der Parapsychologie wird der Begriff dabei unabhängig von kulturrelativen religiösen oder okkulten Weltbildern verwendet. Die bekanntesten Phänomene oder Techniken sind dabei Hypnose und Telepathie.

Mediumismus ist die behauptete Kommunikation mit diesen Wesen und die gesprochene oder geschriebene Weitergabe von Visionen und „Mitteilungen".

In den 1970er Jahren etablierte sich dafür in der US-amerikanischen New-Age-Bewegung der Begriff Channeling, der in den Achtzigern auch im deutschsprachigen Raum bekannt wurde.[110]

Siehe auch Channeling.

13.6 Medizinsoziologie

Medizinsoziologie ist ein Teilgebiet der Soziologie. Sie beschäftigt sich mit der Rolle und Bedeutung, die Krankheit

[110] https://de.wikipedia.org/wiki/Medium_(Person)

und Gesundheit in der Gesellschaft haben und den Formen und Folgen ihrer gesellschaftlichen Behandlung.

Die Medizinische Soziologie ist hingegen ein Teilgebiet der Medizin und wird vielfach von der Sozialmedizin abgegrenzt. Medizinische Inhalte werden in der Medizinischen Soziologie stärker problematisiert als dies in der Sozialmedizin üblich ist.

Die Medizinsoziologie interessiert sich:

- auf der Mikroebene für individuelle und kollektive Orientierungsformen und Handlungsrationalitäten (z.B. Wahrnehmung von Krankheit, Risikoverhalten),
- auf der Mesoebene für die Organisations- und Netzwerkformen der gesellschaftlichen Behandlung von Krankheit und Gesundheit (z.B. Krankenhausstrukturen, Kooperationsformen bei Seuchen),
- auf der Makroebene für gesellschaftliche Strukturen, Institutionen und Gestaltungsmöglichkeiten (z.B. Gesundheitssystem, soziale und gesundheitliche Ungleichheit).

Gesundheit und Krankheit verweisen nicht nur auf Funktion oder Fehlfunktion des Körpers, sondern sind vor allem auch ein Phänomen der individuellen Befindlichkeit. Das jeweils gegebene Verständnis von Gesundheit und Krankheit ist durch gesellschaftliche Normen und Werte beeinflusst, ist

Bestandteil der gesellschaftlichen Konstruktion von Wirklichkeit.

Gesundheit und Krankheit sind Phänomene, die in mindestens drei verschiedenen Bezugssystemen definiert werden, die sich aus einer psychologischen, einer medizinischen und einer soziologischen Perspektive ergeben:

1. Bezugssystem der betroffenen Person: sich gesund oder krank fühlen, Reaktion auf wahrgenommene Beeinträchtigungen, Krankheitsbewältigung.

1. Bezugssystem der Medizin: physiologische Regulation / Dysregulation bzw. organische Funktion / Fehlfunktion (Befunde).

2. Bezugssystem der Gesellschaft: Leistungsminderung bzw. Notwendigkeit, Hilfe zu gewähren, Analyse des Hilfesuchens im Krankheitsfall, soziale Definitionsprozesse bei (chronischer) Krankheit und Behinderung, soziale Rolle des Kranken, Organisation des „Krankheits-" bzw. Gesundheitssystems.

Im Bezugssystem der Gesellschaft analysiert die Medizinsoziologie:

- ➢ die Phänomene „Gesundheit" und „Krankheit" in ihrer gesellschaftlichen Bedingtheit (u.a. Krankheitsdefinitionen - Entstehung, Funktion und Wandel, Auswirkungen von Epidemien).

- soziale Hintergründe, Zusammenhänge und Ursachen von Krankheit (Erklärungsmodelle von Krankheit, Soziale Ungleichheit der Gesundheitschancen).

- soziale Einflüsse auf die Erhaltung von Gesundheit, auf die Entstehung und den Verlauf von Krankheiten; (Soziale Ungleichheit der Gesundheitschancen → soziale Schichtung, Risikoverhalten, Krankheitskarrieren und typische Verläufe bei chronischer Erkrankung, soziale Stützsysteme).

- die Einrichtungen und Berufe des Gesundheitswesens, gesellschaftliche Steuerung des Gesundheitswesens durch die Gesundheitspolitik.

- die Interaktion zwischen Arzt/Therapeut und Patient.

- die Möglichkeiten und Grenzen medizinischer Maßnahmen und ihre Auswirkungen auf Individuum und Gesellschaft.

- Bedingungen und Möglichkeiten von Prävention und Rehabilitation.

Forschung, die man heute als Medizinische Soziologie oder Medizinsoziologie bezeichnen würde, gab es bereits vor der Institutionalisierung dieser Fächer. Sie entwickelte sich im ausgehenden 19. Jahrhundert aus der Beobachtung, dass gesellschaftliche Bedingungen und Umwelteinflüsse eine wesentliche Bedeutung für Krankheitsentwicklung haben. So wurde der Zusammenhang von sozialer Lage und Gesundheit zu Zeiten der industriellen Revolution von Medizinern wie Rudolf Virchow oder Philosophen und Gesellschaftstheoretikern wie Friedrich Engels thematisiert. Die Untersuchung von Engels zur Lage der arbeitenden Klasse in England gilt als eine der frühen medizinsoziologischen Studien.

Die Medizinsoziologie als eigenständige spezielle Soziologie entstand 1951 mit einer Veröffentlichung von Talcott Parsons: dabei geht es um das Kapitel zehn in seinem Buch The Social System. Dieses Kapitel erschien in deutscher Sprache im Sonderband 3 der Kölner Zeitschrift für Soziologie und Sozialpsychologie, der aus einer Konferenz speziell zu medizinsoziologischen Fragen und Themen 1958 in Köln hervorging.

Die Institutionalisierung der Medizinsoziologie erfolgte in den 1970er Jahren. Eine Sektion Medizinsoziologie gibt es in den USA seit 1960 in der American Sociological Association. Die Deutsche Gesellschaft für Soziologie hat seit 1970 eine Sektion Medizinsoziologie, die sich 2000/2001 in Sektion Medizin- und Gesundheitssoziologie umbenannte. Seit 1972 besteht zudem die Deutsche Gesellschaft für Medizinische Soziologie (DGMS). Die Medizinische Soziologie wurde 1970 als Teil der Fächergruppe Psychosoziale Medizin Teil des Medizinstudiums.

Aus der Medizinsoziologie der 1950er bis 1980er Jahre (Johann Jürgen Rohde, Wolfgang Schoene) hat sich inzwischen der Ansatz der Gesundheitssoziologie entwickelt. Dieser ist auf einen in den späten 1980er-Jahren einsetzenden Perspektivenwechsel zurückzuführen, welcher Gesundheit mit Begriffen wie Public Health und Salutogenese verbindet.[111]

13.7 Melanin

Melanine (griech. μέλας mélas „schwarz") sind rötliche, braune oder schwarze Pigmente, die die Färbung der Haut, Haare, Federn und Augen bewirken, außer bei Albinismus. Sie kommen in Wirbeltieren und Insekten, als Farbstoff in der Tinte von Tintenfischen (siehe Sepia) und auch in Mikroorganismen und Pflanzen vor.

Melanine entstehen durch die enzymatische Oxidation des Tyrosins (enzymatische Bräunung). Gebildet wird Melanin bei Wirbeltieren in den Melanozyten der Haut sowie in der Netzhaut und Iris des Auges. Beim Menschen und anderen Primaten kommt Neuromelanin in der Substantia nigra des Gehirns vor, dessen Funktion allerdings unklar ist.

Melanin tritt beim Menschen vor allem in zwei Varianten auf: eine braun-schwärzliche (Eumelanin), die sich von den Aminosäuren Tyrosin und Levodopa ableitet und eine hellere gelblich-rötliche (Phäomelanin) Variante, die schwefelhaltig ist. Es gibt auch andersfarbige Varianten, sogenannte Allomelanine, die aus Hydroxybenzolen entstehen. Diese finden

[111] https://de.wikipedia.org/wiki/Medizinsoziologie

sich vorwiegend in Pflanzen, Pilzen und Bakterien. Fast immer treten die Melanine als Mischtypen auf und sind zusätzlich mit Lipiden oder Eiweiß verknüpft.

Die Melanine in der menschlichen Haut und den Haaren sind Mischformen aus Eumelaninen und den schwefelhaltigen Phaeomelaninen. Das Mischungsverhältnis dieser beiden Melanintypen ist mitbestimmend für den Hauttyp eines Menschen. Dabei ist der Gehalt an Phäomelanin in tiefrotem Haar besonders hoch und nimmt über braune zu schwarzen Haaren hin ab.

Die Melaninbildung wird durch UVB-Strahlung angeregt und es dient vermutlich als Lichtschutz vor dem schädlichen Einfluss der UV-Strahlung der Sonne. Eines der Hauptargumente für die UV-Schutzfunktion ist die Beobachtung, dass stark pigmentierte Bevölkerungsgruppen in geringerem Maße an sonneninduziertem Hautkrebs („Melanom") erkranken als schwächer pigmentierte Bevölkerungsgruppen.

Inzwischen sind auch die photochemischen Prozesse, welche Melanin zu einem hervorragenden UV-Filter machen, untersucht worden. Es wurde gezeigt, dass Melanin mehr als 99,9 % der Strahlungsenergie in harmlose Wärme umwandelt. Dies geschieht durch die ultraschnelle innere Umwandlung (en: internal conversion) vom elektronisch angeregten Zustand in Vibrationszustände des Moleküls. Durch diese ultraschnelle Umwandlung verkürzt sich die Lebensdauer des angeregten Zustandes. Dadurch wird verhindert, dass sich freie Radikale bilden. Der angeregte Zustand des Melanins ist sehr kurzlebig, und deshalb bietet es einen exzellenten Photoschutz.

Rothaarige Personen haben eine höhere Wahrscheinlichkeit, Melanome zu entwickeln. Deswegen wird angenommen, dass dieser Melanintyp die Haut weniger effizient schützt.

Durch genetische Veranlagung bzw. durch im Laufe der Zeit erworbene Schäden an der Erbsubstanz kann die Synthese des Melanins gestört sein. Eine verminderte Bildung führt zu einer Hypopigmentierung. Ist die Produktion blockiert, so fehlen auch die Farbmittel in Haut, Haaren und Augen, wodurch sich eine sehr helle weiße Haut, eine ungewöhnlich helle Haarfarbe und blau, blaugraue oder grüne Augen ergeben, die je nach Einfallswinkel des Lichts rot erscheinen können. Man spricht von Albinismus und bezeichnet die betroffenen Organismen als Albinos.

Bei Überproduktion (Hyperpigmentierung) treten vermehrt dunkle Flecken in der Haut auf (Leberflecke, Sommersprossen), die bösartig (Melanom) werden können. Die Melaninproduktion kann durch den Wirkstoff Rucinol gezielt unterbrochen werden.

Wissenschaftler der Universitäten in Mainz und Kiel haben 2016 den molekularen Mechanismus der Melaninbildung aufgedeckt. Im Zentrum des Vorgangs stehen die Aktivitäten der Enzyme Tyrosinase und Catecholoxidase.[112]

---

[112] https://de.wikipedia.org/wiki/Melanine

13.8 Melatonin

Melatonin ist ein Hormon, das von den Pinealozyten in der Zirbeldrüse (Epiphyse) – einem Teil des Zwischenhirns – aus Serotonin produziert wird und den Tag-Nacht-Rhythmus des menschlichen Körpers steuert.

Melatonin ist ein Metabolit des Tryptophanstoffwechsels. Seine Bildung wird im Gehirn in der Zirbeldrüse (Epiphyse) durch Licht gehemmt. Bei Dunkelheit wird diese Hemmung aufgehoben, die Produktion steigt an und mit ihr auch die Sekretion des Melatonins. Andere Produktionsorte im Körper sind der Darm und die Netzhaut des Auges.

Die Melatoninkonzentration steigt im Laufe der Nacht um den Faktor drei (bei älteren Menschen) bis zwölf (bei jungen Menschen) an, das Maximum wird gegen drei Uhr morgens erreicht – mit einer jahreszeitlich wechselnden Rhythmik. Die Sekretion wird durch Tageslicht gebremst.

Die Bedeutung des Melatonins bei Jet-Lag und Schichtarbeit ist allgemein anerkannt, doch ist eine Anwendung von Melatonin in diesem Zusammenhang umstritten. Durch Koordinierung der circadian-rhythmischen Vorgänge im Körper entfaltet es seine Wirkung als Zeitgeber.

Die melatonininduzierte Tiefschlafphase stimuliert die Ausschüttung des Wachstumshormons Somatropin. Entsprechende chronische Störungen führen zur vorzeitigen Somatopause. Weitere wichtige Melatonineffekte liegen in seiner

Wirkung als Antioxidans, die jedoch nicht therapeutisch genutzt werden können.

Wichtig ist auch die antigonadotrope Wirkung (Verkleinerung der Geschlechtsdrüsen) sowie das Herunterregeln vieler biologischer und oxidativer Prozesse, worauf insbesondere bei der Einnahme von Melatonin zu achten ist.

Eine Verringerung (aber auch eine Erhöhung) des Melatoninspiegels im Blut bewirkt Schlafstörungen bzw. Störungen des Schlaf-Wach-Rhythmus.

Ein zu niedriger Melatoninspiegel kann mit Schlafstörungen einhergehen. Mit zunehmendem Alter produziert der Körper weniger Melatonin, die durchschnittliche Schlafdauer nimmt ab und Schlafprobleme treten gehäuft auf. Auch bei Schichtarbeit und bei Fernreisen (Jetlag) kann der Melatoninhaushalt durch die Zeitumstellung gestört werden.

Erholsamer Schlaf ist wichtig für ein funktionierendes Gedächtnis. Einer der Gründe dafür könnte der Einfluss von Melatonin auf den Hippocampus sein. Diese Region im Gehirn ist wichtig für das Lernen und Erinnern. Durch die Wirkung von Melatonin ist die neurophysiologische Grundlage von Lernen und Gedächtnis, die synaptische Plastizität, einem deutlichen Tag-Nacht-Rhythmus unterworfen.

Für Melatonin ist bisher kein einheitlicher Defizitbegriff festgelegt worden. Dies ist umso erstaunlicher, als es in großem Umfang therapeutisch verwendet wird. Während es bei anderen Hormonen entsprechende Konzentrationsangaben gibt, anhand derer man sich orientieren kann, ob eine Hormonsubstitution, also ein Ersetzen von Fehlendem, notwendig ist fehlen diese bei Melatonin komplett.

Neben großen inter-individuellen Differenzen erschwert gerade auch die circadiane dunkelheitabhängige Synthese des Melatonins eine einfache routinemäßige Festlegung von Norm-Laborwerten.

Als Hinweis für einen individuellen Melatoninmangel kann jedoch eine hochgradige Epiphysenverkalkung erachtet werden. Erste Belege finden sich in Korrelationen von erhöhtem Anteil verkalkten Gewebes und einer entsprechenden Symptomatik wie verminderter Schlafqualität oder mangelnder Stabilität des circadianen Systems.[113]

13.9 Meridian

Meridiane, treffender „Leitbahnen", sind in der traditionellen chinesischen Medizin (TCM) Kanäle, in denen die Lebensenergie (Qi) fließt. Nach diesen Vorstellungen gibt es zwölf Hauptleitbahnen. Jeder Meridian ist einem Funktionskreis (Organsystem) zugeordnet.

Auf den Meridianen liegen die Akupunkte, die bei Akupunktur mit Nadeln, bei Akupressur mit Fingerdruck behandelt

[113] https://de.wikipedia.org/wiki/Melatonin

werden. Verschiedene Meridiantherapien sollen den Patienten beim Gesundbleiben oder -werden helfen. Die bekanntesten Methoden sind die Akupunktur und Akupressur.

Gesundheit ist nach den Vorstellungen der TCM u.a. verbunden mit einem freien und ausreichenden Fluss des Qi in den Meridianen. Wenn z.B. zu wenig Qi fließe, könne schädliches Qi in den Kanal eindringen und das zugehörige Organ (Funktionskreis) schädigen.

Meridiane (chinesisch 經絡 / 经络, Pinyin jīngluò) sind in der chinesischen Medizin „Kanäle", in denen Ying Qi zirkuliert. Gesund ist man, wenn dieses Qi ausreichend und frei fließt. Wenn z.B. zu wenig Qi fließt, kann schädliches Qi (Xie Qi) in den Kanal eindringen und das zugehörige zàngfǔ („Organ") schädigen. Dämonologische Ideen spiegeln sich noch in diesen chinesischen Begriffen wider.

Etymologisch steckt in jīng Kette (der vertikale Faden beim Weben) und in luò Schuss (der horizontale Faden beim Weben). In Anlehnung an die Meridiane der Erde wurde jīngluò in Frankreich mit Meridian übersetzt.

Zuerst klar beschrieben wurden die Jīngluò etwa im 1. oder 2. Jahrhundert v. Chr. im Huang-ti nei-ching („Des Gelben Kaisers innerer Klassiker"), der meist einfach nur Neijing genannt wird. Die Meridiane bilden in der Akupunktur eine wichtige logische Komponente zur Bestimmung der Xué (穴 = „Akupunkturpunkt", wörtlich „Loch").

Der Begriff "Meridian", auf Chinesisch 经脉 jīngmài oder 经络 jīngluò, ist nicht ganz richtig. 经 jīng bedeutet "leiten", "führen" oder "durchqueren", "passieren", 脉 mài steht für "pulsieren", 络 luò ist ein netzförmiges Gebilde. Da es sich um Bahnen handelt, die Qi und Xue leiten, ist der Begriff "Leitbahn" zutreffender. Das Wort "Meridian" wurde im 17. Jh. erstmals von westlichen Besuchern in China verwendet, die die in chinesischen Akupunkturmodellen eingezeichneten Linien mit den Orientierungslinien in Verbindung brachten, die sie von ihren Landkarten her kannten, also Meridianen.

Meridiane der TCM sollen eine Zuordnung und Beeinflussung von Organen (Funktionskreisen) über die Lokalisierung an bestimmten Punkten der Körperoberfläche erlauben. Unter Organe der chinesischen Medizin versteht man Funktionskreise von Organsystemen, welche wiederum mit Muskulatur, Bindegewebe, Nervensystem etc. verbunden sind.

Störungen im wechselseitigen Zusammenspiel von Durchblutung, Atmung und Verdauung lassen sich ganz einfach über Diagnose der Haut, der Zunge, der Augen und prinzipiell über jeden Teil des Körpers feststellen.

Jeder Meridian hat laut chinesischer Medizin auch einen Bezug zur Psyche des Menschen, und liefert so auch Anhaltspunkte zum Gefühlszustand. Im Konzept der Meridiane steht ein eindeutiges Wechselspiel von körperlichen und geistigen Zuständen.

Die chinesische Medizin beschreibt auch verschiedene Konstitutionstypen von Menschen, welche sich nach ihrer Sicht durch unterschiedliche Dispositionen von Meridiantonus und Aktivität beschreiben lassen.[114]

13.10 Meta-Gefühle

Ein Meta-Gefühl ist ein Gefühl über ein Gefühl. Wenn man sich z.B. darüber ärgert, dass man Angst hat, dann ist Angst das Gefühl und der Ärger über die Angst das Meta-Gefühl.

13.11 Midlife-Crises

Mit dem Begriff Midlife-Crisis (engl. für „Lebensmittekrise") meint man einen psychischen Zustand der Unsicherheit im Lebensabschnitt von etwa 40, 45 bis Anfang 50 Jahren. Im Unterschied zu seelischen Erkrankungen im engeren Sinne besteht keine eindeutige Abgrenzung einerseits zum natürlichen, gesunden Seelenleben und andererseits zu spezifischen psychischen Störungen des Erwachsenenalters.

Der Begriff „Midlife-Crisis" wurde erstmals 1974 von der amerikanischen Autorin Gail Sheehy in ihrem Buch In der Mitte des Lebens geschaffen. In der alltäglichen Verwendung des Begriffs werden oft Klischees mit eingebracht, was einer scharfen Begriffsbestimmung bis heute im Wege steht.

---

[114] https://de.wikipedia.org/wiki/Meridian_(TCM)

Da der Begriff nicht als psychische Krankheit definiert ist, ist die Bezeichnung „Symptome" im eigentlichen Sinne hier nicht angemessen. Als Anzeichen der Midlife-Crisis werden sehr unterschiedliche Beschwerden benannt. Meist berichten die Betroffenen von Stimmungsschwankungen, Grübeleien, innerer Unsicherheit, Unzufriedenheit mit dem bisher Erreichten (beruflich, partnerschaftlich, familiär).

Die Gefahr von Überschneidungen der Anzeichen einer Midlife-Crisis mit den Symptomen einer psychischen Erkrankung im eigentlichen Sinne ist dabei groß. Sofern sich aus den Belastungen keine psychische Erkrankung entwickelt, gehen die meisten Menschen aus diesem Lebensabschnitt mit dem Gefühl gestärkter innerer Reife und bewussterer Lebenshaltung heraus.

Wie viele Menschen in ihrer Lebensmitte in eine psychische Krise geraten, die sich als Midlife-Crisis beschreiben ließe, ist schlecht einzuschätzen. Aufgrund mangelnder standardisierter und allgemein anerkannter Kriterien und der schlechten klinischen Abgrenzung zu normalen und krankhaften psychischen Zuständen sind epidemiologische Angaben nicht sicher zu erheben. Da der Begriff häufig in Analogie und gewisser Abgrenzung zu den bei Frauen mit den biologischen Veränderungen in der Lebensmitte einhergehenden Wechseljahren verwendet wird, zielt die Alltagsverwendung der Bezeichnung stark auf das männliche Geschlecht ab.

Dem Begriff der Midlife-Crisis liegt die Annahme zugrunde, dass die meisten Menschen ihr Dasein nach einem Lebensziel ausrichten. Bei aller individueller Unterschiedlichkeit werden die Chancen zur Verwirklichung des eigenen Lebensziels in der Lebensmitte häufig reflektiert, was zu Verstimmungen und Unsicherheiten auch hinsichtlich der eigenen Identität (Rolle in Familie, Beruf, Sozialleben etc.) im Sinne des Begriffs führen kann. Spezifischere Ursachen sind weder im biologischen noch im psychosozialen Bereich exakt definiert.

Anstelle dessen wird der zeitlichen Komponente eine eigene Wirksamkeit zugesprochen: In der „Mitte des Lebens" treffen einerseits häufig belastende Lebensereignisse (eingeschränkte körperliche und geistige Leistungsfähigkeit, Trennungs- und Verlusterfahrungen, s. u.) zusammen. Andererseits ist gerade im relativen Zeiterleben die Mitte des Lebens eine Zäsur: Während sich der junge Mensch seine verbleibende Lebenszeit als das mehrfache des bereits gelebten Lebens vorzustellen vermag, wird in der Lebensmitte die Vorstellung von der verbleibenden Zeit in der Relation zur bereits verlebten Zeit erheblich verkürzt. Im Rahmen dieses veränderten subjektiven Zeiterlebens werden (nicht immer bewusst) Bilanzierungen vorgenommen, die eine Grundlage für die kritische Reflexion des bisher Erreichten darstellen und sich bis hin zur Identitäts- und Sinnkrise entwickeln können.

Als mögliche Ursache einer Midlife-Crisis kann aber auch der nun deutlich wahrnehmbare körperliche Alterungsprozess in Frage kommen.

Die Phasen der psychischen Entwicklung im Erwachsenenalter sind von wissenschaftlicher Seite bislang noch nicht so klar wie die im Kindes- und Jugendalter dargestellt worden. Erik H. Erikson hat als erster Psychoanalytiker den Versuch unternommen, die altersbezogenen inneren Konflikte über das Kindes- und Jugendalter hinaus auch für das Erwachsenenleben zu beschreiben. Dabei fasste er die Konfliktfelder Intimität vs. Isolation im jungen Erwachsenenalter, Zeugungsfähigkeit vs. Selbstabkapselung im mittleren Alter, sowie Ich-Integrität vs. Verzweiflung im hohen Alter als zu bewältigende psychische Aufgaben des jeweiligen Lebensabschnitts zusammen.

Aus heutiger Sicht sind die psychischen Entwicklungsphasen im Erwachsenenalter jedoch bei aller Bemühung auch deshalb nicht so sicher voneinander abgrenzbar, wie dies bei der psychobiologischen Entwicklung des Kindes möglich ist, weil die Rhythmik weniger von eingegrenzteren biologischen als von offenen sozialpsychologischen Voraussetzungen abhängt und die Reifungsprozesse der erwachsenen Persönlichkeit eher kontinuierlich und individuell sehr unterschiedlich ablaufen. Häufiger Gegenstand in der Diskussion um den Begriff Midlife-Crisis sowie in der psychologischen Erforschung der Erwachsenenentwicklung sind auch Rollen- und Identitätswechsel des erwachsenen Menschen (nach Erreichen des Erwachsenenstatus ab ca. 20. Lebensjahr).

Bisher findet der Begriff in der klinischen Psychiatrie und ihren diagnostischen Systemen keine Verwendung. Im Gegensatz zu den meisten klassifizierten psychischen Störungen wird mit der Wortwahl sowohl hinsichtlich des Beginns, des Verlaufs und der Ursache des Zustandes eine Zuschreibung getroffen, die in der Fachwelt kontrovers diskutiert wird. Aus therapeutischer Sicht ist wesentlich, klassifizierbare und auch behandelbare psychische Störungen, die in jedem Lebensalter des Erwachsenen auftreten können, von dem Begriff abzugrenzen. Dafür stehen hinreichend untersuchte Testinstrumente zur Verfügung, die in der klinischen Psychologie Anwendung finden.

Dennoch darf eine klinische Ablehnung des Konzepts der Midlife-Crisis nicht darüber hinwegtäuschen, dass auch viele klinisch gut beschriebene psychische Störungsbilder im Kontext mit der aktuellen Lebenssituation zu bewerten sind, also auch die Bedingungen des mittleren Lebensabschnitts ggf. berücksichtigt werden müssen. Das bezieht neben psychosozialen Bedingungen durchaus auch biologische Faktoren mit ein. So kann etwa ein protektiv wirksamer Schutz weiblicher Geschlechtshormone für bestimmte psychische Störungsbilder als nachgewiesen gelten.

Die Datenlage zur Wirkung eines langsamer sinkenden Testosteronspiegels im mittleren Lebensalter des Mannes sind im Vergleich dazu nicht hinreichend aussagekräftig, um eine Relevanz für die Gültigkeit eines spezifischen psychischen Zustands aufzuweisen. Allerdings gehen Trennungs- und Ablösungsprozesse, die in diesem Alter vermehrt erlebt werden (Ablösung der Kinder, Trennung vom Partner, Tod oder schwere Krankheit der Eltern) sowie Belastungen durch eigene körperliche Krankheit oder Langzeitarbeitslosigkeit für viele Menschen in diesem Alter mit Symptomen psychischer Störungen einher. Hier liegt die eigentliche Berechtigung der Verwendung des Begriffs in umgangssprachlichen Kontexten.[115]

13.12 Migräne

Die Migräne (von altgriechisch ἡμικρανία hēmikrānía ‚halber Schädel') ist eine neurologische Erkrankung, unter der rund 10% der Bevölkerung leiden. Sie tritt bei Frauen etwa dreimal so häufig auf wie bei Männern, ist vor der Pubertät aber zwischen den Geschlechtern gleich verteilt und hat ein vielgestaltiges Krankheitsbild. Dieses ist bei Erwachsenen typischerweise gekennzeichnet durch einen periodisch wiederkehrenden, anfallartigen, pulsierenden und halbseitigen Kopfschmerz, der von zusätzlichen Symptomen wie Übelkeit, Erbrechen, Lichtempfindlichkeit (Photophobie) oder Geräuschempfindlichkeit (Phonophobie) begleitet sein kann.

Bei manchen Patienten geht einem Migräneanfall eine Migräneaura voraus, während der insbesondere optische oder sensible Wahrnehmungsstörungen auftreten. Es sind aber auch motorische Störungen möglich. Die Diagnose wird nach Ausschluss anderer Erkrankungen als Ursachen üblicherweise mit Hilfe einer Anamnese gestellt.

In Deutschland leiden etwa acht Millionen Menschen an einer Migräne. Statistisch gesehen sind Frauen (Prävalenz 18%)

[115] https://de.wikipedia.org/wiki/Midlife-Crisis

häufiger als Männer (Prävalenz 8%) betroffen. In anderen westlichen Staaten wie beispielsweise anderen europäischen Staaten und den USA wird von einer vergleichbaren Migränehäufigkeit berichtet, während in Südamerika, Asien und Afrika geringfügig weniger Menschen unter Migräne leiden.

Eine Migräne wird vor allem bei Personen im Alter zwischen 25 und 45 Jahren festgestellt. Die Krankheit kann schon im Kindesalter beginnen, neue Studien bringen die Migräne mit der kindlichen Kolik im Säuglingsalter in Verbindung, die auch eine Art der Migräne darstellen könnte. Im letzten Grundschuljahr klagen bis zu 80 % aller Kinder über Kopfschmerzen. Etwa 12% von ihnen berichten über Beschwerden, die mit der Diagnose einer Migräne vereinbar sind. Bis zur Pubertät erhöht sich der Anteil auf 20%.

Vor der Geschlechtsreife besteht statistisch gesehen kein Unterschied zwischen den Geschlechtern in Bezug auf das Erkrankungsrisiko. Erst mit der Pubertät und synchron zur Entwicklung der Sexualfunktion steigt die Prävalenz beim weiblichen Geschlecht an. Allerdings wird insbesondere bei Männern, die häufiger an nichtklassischen Migräneformen leiden, eine höhere Dunkelziffer angenommen.

Auf Grund ihrer Häufigkeit besitzt die Migräne eine nicht zu unterschätzende volkswirtschaftliche Bedeutung. Jährlich werden in Deutschland etwa 500 Mio. Euro als direkte Kosten von Patienten und Krankenversicherungen für die ärztliche und medikamentöse Behandlung der Migräne ausgegeben. Die durch Arbeitsausfall und Produktivitätseinschränkungen zusätzlich entstehenden indirekten Kosten werden auf über das Zehnfache dieser Summe geschätzt.

Da die Prävalenz der Migräne in den Industrieländern in den letzten 40 Jahren um den Faktor zwei bis drei zugenommen hat, kann angenommen werden, dass Umweltfaktoren und Lebensstil eine wesentliche Rolle bei der Entstehung der Migräne spielen. Migräne kann bei empfindlichen Personen durch spezielle Situationen oder Substanzen, sogenannte Trigger (Schlüsselreize), ausgelöst werden. Dazu zählen insbesondere hormonelle Faktoren, Schlaf, Stress, Lebensmittel und Umweltfaktoren. Diese Auslösefaktoren sind jedoch individuell sehr unterschiedlich und können mit Hilfe eines Kopfschmerztagebuchs in Erfahrung gebracht werden.

Zu den häufigsten Auslösern einer Migräne zählen Stress, unregelmäßiger Biorhythmus mit Schlafmangel oder zu viel Schlaf und Umweltfaktoren. Bei einigen Migränepatienten folgt ein Migräneanfall erst in der Poststress-Entspannungsphase („Wochenendmigräne"). Neben Geruchsreizen werden oft Wetterschwankungen als äußere Faktoren genannt, die eine Migräneattacke auslösen können.

Einer der wichtigsten Triggerfaktoren bei Frauen sind hormonelle Schwankungen. Über die Hälfte aller weiblichen Migränepatienten gibt den Menstruationszyklus als Auslöser einer Migräne an. Ein Migräneanfall kann insbesondere während der späten lutealen Phase des Zyklus oder während der einnahmefreien Zeit bei der Empfängnisverhütung mit oralen Kontrazeptiva auftreten.

Etwa zwei Drittel aller Migränepatienten sehen einen Zusammenhang zwischen dem Konsum bestimmter Lebens- und Genussmittel und dem Auslösen eines Migräneanfalls. Als wichtigster Migränetrigger dieser Gruppe gilt Alkohol. Darüber hinaus werden insbesondere glutamat-, tyramin-, histamin- und serotoninhaltige Lebens- und Genussmittel wie Rotwein, Schokolade und Käse als Auslösefaktoren genannt. Auch Kaffee wird häufig als ein Auslösefaktor empfunden.

Von vielen Patienten wird jedoch ein gesteigerter Appetit auf bestimmte Lebensmittel, der ein bekannter Vorbote einer bereits sich anbahnenden Migräneattacke ist, als Auslösefaktor fehlinterpretiert. Somit werden viele der ernährungsbedingten Faktoren als Ursache überbewertet. Wichtiger erscheint eine regelmäßige Ernährung ohne Auslassen von Mahlzeiten.

Auch einige Arzneimittel, insbesondere Stickstoffmonoxid freisetzende, gefäßerweiternde Substanzen (Vasodilatatoren), können einen Migräneanfall induzieren.

Die Migräne ist wie der Spannungskopfschmerz und der Clusterkopfschmerz eine primäre Kopfschmerzerkrankung. Das heißt, sie ist nicht die offensichtliche Folge anderer Erkrankungen wie Hirntumoren, Hirntraumata, Hirnblutungen oder Entzündungen.

Die Klassifikation der Migräne und migräneartiger Erkrankungen gemäß den Richtlinien der International Headache

Society (IHS) erfolgt primär anhand des Auftretens oder der Abwesenheit einer Migräneaura.[116]

13.13 Milton Erickson Technik

Die Milton Erickson Methode beruht als Hypnosetechnik darauf, mit Metaphern zu arbeiten, die gleichzeitig mit einer neurolinguistischen Programmierung verknüpft sind. Die Metapher ist eine alternative Geschichte, die an das Leben des Klienten angelehnt ist und eine Verhaltensänderung bewirken soll. Die medizinische Hypnose orientiert sich an der Milton Erickson Technik, die u.a. repräsentiert wird durch die MEG, Milton Erickson Gesellschaft für klinische Hypnose und Prof. Dr. Dirk Revenstorf, Universität Tübingen.

13.14 Mobbing

Mobbing oder Mobben steht im engeren Sinn für „Psychoterror am Arbeitsplatz mit dem Ziel, Betroffene aus dem Betrieb hinauszuekeln." Im weiteren Sinn bedeutet Mobbing, andere Menschen, in der Regel ständig bzw. wiederholt und regelmäßig, zu schikanieren, zu quälen und seelisch zu verletzen, beispielsweise in der Schule, am Arbeitsplatz, im Sportverein, im Altersheim, im Gefängnis und im Internet (Cyber-Mobbing). Typische Mobbinghandlungen sind die

[116] https://de.wikipedia.org/wiki/Migr%C3%A4ne

Verbreitung falscher Tatsachenbehauptungen, die Zuweisung sinnloser Arbeitsaufgaben, Gewaltandrohung, soziale Isolation oder ständige Kritik an der Arbeit.

Der Begriff Mobbing ist in der zweiten Hälfte des 20. Jahrhunderts aus dem Englischen von mob übernommen. Das Verb to mob, von dem das Wort Mobbing abgeleitet ist, bedeutet zunächst allgemein „belästigen, anpöbeln." Das deutsche Wort Mob, das ebenfalls aus dem Englischen entlehnt ist, bezeichnet eine aufgewiegelte Volksmenge sowie allgemein „Meute, Gesindel, Pöbel, Bande".

Anders als in den skandinavischen Ländern und im deutschsprachigen Raum wird in englischsprachigen Ländern jedoch üblicherweise der Begriff bullying (etwa: Schikanieren, Drangsalieren) für Mobbing verwendet. In deutscher Übersetzung bedeutet bully als Substantiv „brutaler Kerl, Schläger, Tyrann, Maulheld" und als Verb „tyrannisieren, schikanieren, einschüchtern, piesacken".

Mobbing bezeichnete ursprünglich ein Verteidigungsverhalten bei Tieren 1963 hat der Verhaltensforscher Konrad Lorenz den Begriff Hassen geprägt: Lorenz bezeichnete damit Gruppenangriffe von Tieren auf einen Fressfeind oder anderen überlegenen Gegner – dort von Gänsen auf einen Fuchs. Der schwedische Arzt Peter-Paul Heinemann verwendete 1969 den Begriff Mobb(n)ing für das Phänomen, dass Gruppen eine sich von der Norm abweichend verhaltende Person attackieren.

Bekannt in der heutigen Bedeutung wurde der Begriff durch den aus Deutschland ausgewanderten schwedischen Arzt und Psychologen Heinz Leymann, der von Mobbing in Bezug auf das Arbeitsleben sprach. Seine Forschungen über direkte und indirekte Angriffe in der Arbeitswelt begannen gegen Ende der siebziger Jahre. Anfang der neunziger Jahre veröffentlichte Leymann seine erste Arbeit, welche die bisherigen wissenschaftlichen Erkenntnisse zusammenfasste.

Die Berichte weckten zunächst nur Interesse in den nordeuropäischen Staaten und wurden verzögert im mitteleuropäischen Raum rezipiert. Veröffentlichungen, eindringliche Fallschilderungen, öffentliche Diskussionen, die Aufnahme der Thematik durch Unternehmensberater, Gewerkschaften, Arbeitgeber und andere Verbände sowie in der Medizin machten das Thema Mobbing zunehmend einer breiteren Öffentlichkeit bekannt.

Umgangssprachlich ausgedrückt bedeutet Mobbing, dass jemand – zumeist am Arbeitsplatz, aber auch in anderen Organisationen – fortgesetzt geärgert, schikaniert, in passiver Form als Kontaktverweigerung mehrheitlich gemieden oder in sonstiger Weise asozial behandelt und in seiner Würde verletzt wird. Eine allgemein anerkannte Definition gibt es nicht. Die meisten Forscher betonen laut Christoph Seydl folgende Gesichtspunkte:

- Verhaltensmuster: Mobbing bezieht sich auf ein Verhaltensmuster und nicht auf eine einzelne Handlung. Die Handlungsweisen sind systematisch, das heißt, sie wiederholen sich ständig.

- Negative Handlungen: Mobbingverhalten kann verbal (zum Beispiel Beschimpfung), nonverbal (zum Beispiel Vorenthalten von Informationen) oder physisch (zum Beispiel Verprügeln) sein. Solche Handlungen gelten üblicherweise als feindselig, aggressiv, destruktiv und unethisch.

- Ungleiche Machtverhältnisse: Die Beteiligten haben unterschiedliche Einflussmöglichkeiten auf die jeweilige Situation. Eine Person ist einer anderen Person unter- beziehungsweise überlegen. Dazu ist kein Rangunterschied nötig. Eine Ungleichheit kann durch die bloße Anzahl bedingt sein: Viele Personen gegen eine Person.

- Opfer: Im Handlungsverlauf bildet sich ein Opfer heraus, das infolge ungleicher Machtverhältnisse Schwierigkeiten hat, sich zu verteidigen.

Dan Olweus betrachtet dagegen auch einzelne schikanöse Vorfälle als Mobbing, wenn diese sehr schwerwiegend sind.[117]

13.15 Morphin

Morphin, früher auch Morphium, ist ein Haupt-Alkaloid des Opiums und zählt damit zu den Opiaten. Es gehört zu der Gruppe der stark wirkenden Opioide der Stufe III im WHO-

[117] https://de.wikipedia.org/wiki/Mobbing

Stufenschema (Klassifizierung der Schmerztherapie) und ist als Schmerzmittel bei starken und stärksten Schmerzen zugelassen. Morphin ist das erste in Reinform isolierte Alkaloid. Es unterliegt betäubungsmittelrechtlichen Vorschriften gemäß dem Einheitsabkommen über die Betäubungsmittel.

Morphin wurde erstmals 1804 von dem deutschen Apotheker Friedrich Wilhelm Adam Sertürner in Paderborn aus Opium isoliert, die korrekte Summenformel wurde erst im Jahre 1848 von Auguste Laurent ermittelt. Sertürner nannte den Stoff zunächst Morphium nach Morpheus, dem griechischen Gott der Träume. Erst später bekam die Droge den Namen Morphin, der fachsprachlich heute überwiegt. Bis zur Aufstellung der endgültigen Strukturformel vergingen weitere 77 Jahre. Schon vor 1804 wurde Morphin von Armand Séguin und Bernard Courtois entdeckt, jedoch zunächst nur am eigenen Institut vorgestellt und erst 1816 publiziert.

Morphin wird aus Opium, d.h. aus dem getrockneten Milchsaft des Schlafmohns (Papaver somniferum), gewonnen; der Morphinanteil im Opium liegt bei etwa zwölf Prozent, schwankt aber abhängig von der Herkunft und Vorbehandlung des Milchsafts deutlich.

Die Biosynthese von Morphin – und auch aller anderen natürlich vorkommender Opiumalkaloide – erfolgt aus dem Isochinolin-Alkaloid Reticulin.

Die Totalsynthese ist aufwändig und liefert geringe Ausbeuten – bei der Fuchs-Synthese beträgt sie etwa 10%. Die Ausgangsstoffe dazu sind Phenylalanin und 4-Hydroxyphenylacetaldehyd. Dabei ist Norcoclaurin ein wichtiges Zwischenprodukt. Über Reticulin werden dann die Morphinan-Alkaloide gebildet, zu denen das Morphin gehört.

Morphin wird zur Behandlung von starken und stärksten akuten und chronischen Schmerzen verwendet.

Die Behandlung mit Morphin oder anderen Opioiden bei chronischen Schmerzen sollte nach den WHO-Stufenschema, d.h. nach einem abgestuften Plan, angepasst werden: möglichst orale Verabreichung eines Morphinpräparates mit langanhaltender Wirkung in individuell angepasster Dosierung und in festgelegten zeitlichen Abständen. Da Morphin allein nicht alle Arten von Schmerz vollständig ausschaltet, ist in diesen Fällen eine Kombination mit weiteren Medikamenten nötig. Dabei unterstützen sogenannte Koanalgetika und adjuvanten Therapeutika (unter anderen Antidepressiva, Bisphosphonate, Corticosteroide, Neuroleptika) die Wirkung des Morphins. Andere Arzneimittel lindern mögliche Nebenwirkungen, wie beispielsweise Abführmittel, die gegen die häufig eintretende Darmträgheit eingesetzt werden und einer Verstopfung vorbeugen.

Akute Schmerzspitzen können die zusätzliche Bedarfsgabe eines schnell wirksamen Morphins erfordern.

Bei längerer Behandlung entsteht selbst bei angemessener Dosierung des Morphins oder anderen Opioiden, wie bei verschiedenen anderen Medikamenten auch, eine körperliche Gewöhnung. Ein Opioidentzug bei Beendigung der

Schmerztherapie muss daher ausschleichend erfolgen (Dosisreduktion pro Woche um 30%).

Bei der Anwendung von Morphin in der Sterbephase zur Linderung von Atemnot oder Schmerzen ist dieser Aspekt aber zu vernachlässigen. Hochwirksame Medikamente wie Morphin dienen nicht der aktiven Sterbehilfe, sondern der Therapie von Beschwerden, die in der Sterbephase auftreten können. Die ärztliche Pflicht zur angemessenen Schmerzlinderung schließt die Anwendung solcher Medikamente bei bestehender Indikation ein.

Da Morphin auch dämpfend auf das Atemzentrum wirkt, wird es insbesondere in der Palliativmedizin zur symptomatischen Behandlung der Luftnot verwendet. Es reduziert den Atemantrieb, senkt damit den Stresspegel des Patienten, die Atmung wird ruhiger und ökonomischer, indem die durch hochfrequente jedoch flache Atmung entstandene Totraumventilation reduziert wird. Eine Zulassung für diese Therapie hat Morphin nicht, so dass sie im Off-Label-Use durchgeführt wird. Morphin unterdrückt den Hustenreiz (antitussive Wirkung); ein anderes Alkaloid des Opiums, Codein (chemisch gesehen Methylmorphin), wird daher als Wirkstoff gegen Husten eingesetzt.

In der Akutmedizin wird Morphin auch zur Symptomlinderung bei akutem Herzinfarkt eingesetzt, um den Circulus vitiosus aus Schmerzen, Luftnot, Angst, psychischem und körperlichem Stress mit Zunahme des Sauerstoffverbrauchs des Herzens zu unterbinden. Außerdem senkt Morphin durch Dilatation der venösen Kapazitätsgefäße die Vorlast und durch leichte arterielle Dilatation auch die Nachlast des Herzens. Morphin bewirkt zudem eine vermehrte Histaminausschüttung, durch die der Blutdruck sinken kann.

Ferner wird Morphin in der Substitutionsbehandlung (Erhaltungstherapie) von Erwachsenen mit Opioidabhängigkeit verwendet. Die Verabreichung erfolgt im Rahmen medizinischer und umfassender psychosozialer Maßnahmen mit einem oral wirksamen Präparat, das den Wirkstoff verzögert abgibt, so dass eine lang anhaltende Wirkung (Retardwirkung) resultiert.

Wie bei allen stark wirkenden Opioid-Analgetika können Obstipation (Verstopfung), Übelkeit und Erbrechen auftreten. Ebenso kann es zu Benommenheit, Stimmungsveränderungen sowie zu Veränderungen des Hormonsystems und des autonomen Nervensystems kommen. Bei Überdosierung kann es zu Miosis, Hypoventilation und niedrigem Blutdruck kommen.

Zu Beginn der Morphintherapie kann es zu Übelkeit und Erbrechen kommen, da Morphin direkt auf das Brechzentrum im Hirnstamm wirkt. Nach einiger Zeit lässt diese Nebenwirkung meist nach. Einzig die Obstipation unterliegt keiner Gewöhnung. Bei einer Langzeitanwendung sollte daher ein Abführmittel mitverordnet werden.

Grundsätzlich gilt die Fahrtüchtigkeit als eingeschränkt. Insbesondere bei einer Neueinstellung oder Therapieumstellung ist ein Fahrverbot auszusprechen, jedoch scheint nach einer angemessenen Einstellung mit retardierten Opioiden die Fahrtüchtigkeit nicht wesentlich beeinträchtigt zu sein.

Aufgrund der euphorisierenden Wirkung wird Morphin insbesondere bei Anwendung schnell anflutender Medikamentenformen (Tropfen, nicht retardierte Tabletten, Injektionslösung) ein hohes Suchtpotential zugeschrieben. Eine Schmerzbehandlung mit Opioiden führt nicht grundsätzlich zu einer Suchtentwicklung. Allerdings kann es zu einer Toleranzentwicklung kommen, die bei erneut auftretenden Beschwerden eine weitere Dosisanpassung erfordert.[118]

13.16 Morphisches Feld

Als morphisches Feld (engl. „morphic field"), ursprünglich auch als morphogenetisches Feld, bezeichnete der britische Biologe Rupert Sheldrake ein hypothetisches Feld, das als „formbildende Verursachung" für die Entwicklung von Strukturen sowohl in der Biologie, Physik, Chemie, aber auch in der Gesellschaft verantwortlich sein soll. Von der Naturwissenschaft wird die Hypothese als pseudowissenschaftlich eingestuft, dennoch wird die wissenschaftliche Überprüfung der Hypothese in Einzelfällen gefordert. Auch Vertreter der Sozialwissenschaften haben die Hypothese ernsthaft diskutiert.

[118] https://de.wikipedia.org/wiki/Morphin

Der in der Entwicklungsbiologie verwendete Begriff des morphogenetischen Feldes ist nicht identisch mit den von Sheldrake angenommenen Feldern.

Sheldrake studierte Biochemie am Clare College der Universität Cambridge und Philosophie an der Universität Harvard. Er interessierte sich dafür, wie Pflanzen und auch alle anderen Lebewesen ihre Form erhielten. Eine einzelne Zelle spaltet sich in anfangs identische Kopien, die mit jeder weiteren Zellteilung spezifische Eigenschaften annehmen; einige Zellen werden zu Blättern, andere zu Stängeln. Diese Differenzierung genannte Veränderung ist irreversibel.

Die Entwicklung von einer einzelnen Zelle zu einem komplexen Organismus ist Gegenstand der Entwicklungsbiologie. Die wichtigsten Mechanismen bei der Differenzierung der Organismen wurden von ihr aufgeklärt.

Seit den 1920ern wurde diskutiert, dass die Regulation der Entwicklung eines Embryos sowie die Gliedmaßenregeneration die Existenz unbekannter „morphogenetischer Felder" impliziere. Abgelöst wurde die Diskussion durch die Entdeckung der differentiellen Genexpression, die die Musterbildung zumindest zum großen Teil erklären konnte. Erst in den 1990ern konnten Faktoren gefunden werden, die tatsächlich solche „Felder" festlegen – sie werden als Morphogene bezeichnet.

Sheldrake entwickelte eine andere Hypothese. In dieser wird die Existenz eines universellen Feldes postuliert, welches das „Grundmuster" eines biologischen Systems kodieren soll. Er nahm zunächst Bezug auf den davor bereits bestehenden Begriff des morphogenetischen bzw. Entwicklungs-Feldes, formulierte ihn aber im Rahmen seiner Hypothese neu.

Nach Sheldrakes Ansicht ist es einer Form, die bereits an einem Ort existiert, ein Leichtes, auch an irgendeinem anderen Ort zu entstehen. Nach dieser Hypothese wirkt das morphische Feld nicht nur auf biologische Systeme, sondern auf jegliche Form, beispielsweise auch auf die Bildung von Kristallstrukturen. Dies nannte Sheldrake 1973 ein morphisches Feld, später auch das Gedächtnis der Natur. Seine Hypothese veröffentlichte er 1981 in seinem Buch A New Science of Life (deutsch: „Das schöpferische Universum. Die Theorie des morphogenetischen Feldes").

In seinem 1988 veröffentlichten Werk Presence of the Past: A Field Theory of Life. (deutsch: „Das Gedächtnis der Natur. Das Geheimnis der Entstehung der Formen in der Natur") erweiterte er seine Hypothese dahingehend, dass die morphischen Felder auch die Naturgesetze selbst erfassen. Nach dieser Sichtweise bestünde die Natur möglicherweise nicht aus Naturgesetzen, sondern eher aus Gewohnheiten.

Im Unterschied zum elektromagnetischen Feld als „energetischem Typus der Verursachung" soll dieses Feld keine Energie zur Verfügung stellen. Die Hypothese eines morphischen Feldes dient als Erklärungsmodell für das genaue Aussehen eines Lebewesens (als Teil seiner Epigenetik) und sollte am Verhalten und der Koordination mit anderen Wesen beteiligt sein. Dieses morphogenetische Feld soll eine

Kraft zur Verfügung stellen, welche die Entwicklung eines Organismus steuert, sodass er eine Form annimmt, die anderen Exemplaren seiner Spezies ähnelt. Ein Rückkoppelungsmechanismus namens morphische Resonanz soll sowohl zu Veränderungen an diesem Muster führen als auch erklären, warum etwa Menschen während ihrer Entwicklung die spezifische Form ihrer Art annehmen.

Bereits 1958 hatte der Chemiker und Philosoph Michael Polanyi in seinem Buch „Personal Knowledge: Towards a Post-Critical Philosophy" (S. 348–359) ein sehr ähnliches Konzept entwickelt, das er ebenfalls als morphogenetische Felder bezeichnet hatte. Andere Vorläufer sind die ebenfalls weitgehend unbeachtete Theorie morphogenetischer Felder des Biologen Alexander Gurwitsch aus den 1920er Jahren und die noch ältere, um die vorhergehende Jahrhundertwende erstellte Entelechie-Theorie des Embryologen Hans Driesch.

Eines von Sheldrakes Beweismitteln war die Arbeit des Forschers William McDougall von der Harvard-Universität, der in den 1920er Jahren die Fähigkeit von Ratten untersucht hatte, aus Labyrinthen herauszufinden. Er hatte herausgefunden, dass Ratten, nachdem andere vor ihnen das Labyrinth gelernt hatten, schneller hindurch fanden. Zuerst brauchten die Ratten 165 Fehlversuche, bevor sie jedes Mal ohne Fehler durch das Labyrinth fanden, aber nach einigen Generationen waren es nur noch 20 Fehlversuche. McDougall glaubte, dass der Grund dafür in einer Art von Lamarckschem Evolutionsprozess lag. Sheldrake hingegen sah darin den Beweis für die Existenz eines Feldes. Die Ratten, welche das Labyrinth zuerst durchliefen, schufen nach seiner Ansicht ein

Lernmuster innerhalb eines „Rattenfeldes", auf das die Nachkommen dieser Ratten zurückgreifen konnten, auch wenn sie nicht verwandt waren. Für die Versuche wurde stets dasselbe Labyrinth verwendet, Geruchsspuren wurden außer acht gelassen.

Ein anderes Beispiel kam aus der Chemie, in der sich ein anderes noch ungeklärtes „Lernverhalten" bei der Züchtung von Kristallen abspielte. Wenn eine neue chemische Verbindung erstmals hergestellt wird, geht der Kristallisationsprozess langsam vonstatten. Wenn andere Forscher das Experiment wiederholen, stellen sie fest, dass der Prozess schneller abläuft. Chemiker schreiben dies der gestiegenen Qualität späterer Experimente zu – die Fehler der früheren Versuche waren schon dokumentiert und wurden nicht erneut begangen. Sheldrake hingegen glaubte, dass dies ein weiteres Beispiel für ein morphogenetisches Feld sei. Die Kristalle, die bei den ersten Versuchen gezüchtet worden waren, hätten ein Feld erschaffen, auf das die Kristalle der später durchgeführten Experimente zurückgegriffen hätten.

Seit damals wurde eine Reihe von anderen Beispielen hinzugefügt. Sowohl das Verhalten von Affen in Japan beim Putzen ihrer Nahrung als auch die Fähigkeit von europäischen Vögeln zu lernen, wie man Milchflaschen öffnet, wurden als Beispiele einer „nichtlokalen" Kraft bei Verhalten und Lernfähigkeit angeboten.

Morphische Felder werden von Sheldrake postuliert, um die Ganzheitlichkeit selbstorganisierender Systeme zu erklären. Er leitet aus seinen Beobachtungen ab, dass man diese nicht allein aus der Summe ihrer Bestandteile heraus oder aus deren Wechselwirkungen erklären kann. Das von Sheldrake genannte Gedankenmodell, dass Formen von selbstorganisierenden Systemen durch morphische Felder ausgeprägt werden, ordnet demnach Atome, Moleküle, Kristalle, Zellen, Gewebe, Organe, Organismen, soziale Gemeinschaften, Ökosysteme, Planetensysteme, Sonnensysteme und Galaxien. Mit anderen Worten, sie ordnen Systeme auf allen Stufen der Komplexität und sind die Grundlage für die Ganzheit, die wir in der Natur beobachten, die mehr ist als die Summe ihrer Teile. Dies ist eine erste, vereinfachte Definition für morphische Felder.

Als populärwissenschaftlichen Aufhänger seiner Theorien verwendet Sheldrake häufig Hinweise auf ein Experiment, das der südafrikanische Naturforscher Eugène Marais in den 1920er Jahren angeblich durchgeführt haben soll: In einen Termitenbau wird ein durchgehender, senkrechter Spalt von mehreren Zentimetern Breite geschlagen, danach wird in dessen Mitte eine über die Ränder hinausragende Stahlplatte fixiert, so dass die beiden Hälften des Baus voneinander getrennt, die Schnittflächen aber noch offen sind. Dies habe nun nicht verhindern können, dass die Termiten auf beiden Seiten der Platte bei der Reparatur des Schnittes ähnliche Bögen errichten, die sich – wäre die Platte nicht – exakt treffen würden. Marais berichtet in seiner Schrift „The Soul of the White Ant" zwar über diese angebliche Beobachtung, macht aber keinerlei spezifische Angaben etwa über die Breite des Schnittes etc. Detaillierte Angaben, wie exakt sich die Konstruktionen tatsächlich treffen, liegen ebenfalls nicht vor.

Eine weitere Beobachtung Marais', auf die Sheldrake häufiger rekurriert, nämlich das Einstellen jeglicher Tätigkeit des Termitenvolkes beim Tod der Königin, ist in der Tat nachweisbar. Die Wissenschaft führt dies heute in der Regel auf das Ausbleiben und Fehlen (messbarer) Pheromonausscheidungen der Königin zurück.

Sheldrakes Kernaussage, in der er einige Ideen Marais' aufgreift, ist die, dass es einen übergeordneten Plan geben müsse, nach dem die Termiten konstruieren. Da dieser Plan nicht in der kleinen Termite selbst sein könne, müsse er außerhalb zu suchen sein. Kritiker wenden dazu ein, dass Marais wie Sheldrake das „Prinzip der bedingten Wahrscheinlichkeiten" übersähen: Kleine Änderungen, die nach bestimmten Regeln verlaufen, führen in ihrer Addition zu einer hohen Komplexität, ohne dass ein Gesamtplan überhaupt vorliegen müsse.

994 veröffentlichte Sheldrake das Buch Sieben Experimente, die die Welt verändern könnten. Darin schlägt Sheldrake sieben Experimente vor, mit deren Hilfe sich seine Hypothese bestätigen oder widerlegen ließe:

- Ein Experiment zur Überprüfung der in einigen Fällen berichteten Fähigkeit von Haustieren, die Rückkehr ihres Besitzers vor dessen Ankunft zu spüren.

- Ein Experiment zur Fähigkeit von Brieftauben, zu ihrem Taubenschlag zurückzufinden. Normalerweise wird diese auf ein magnetfeldempfindliches Sinnesorgan der Taube zurückgeführt.

- Ein Experiment zur hochorganisierten Struktur von Termitenvölkern.

- Ein Experiment zum Gefühl, zu spüren, dass man von hinten angestarrt wird.

- Ein Experiment zu Wahrnehmungen in Phantomgliedmaßen nach der Amputation.

- Die Kritik der Konstanz der universalen Gravitationskonstante. Bisher wissenschaftlich nicht untersucht, da Sheldrake noch keine falsifizierbare Hypothese zu dieser Frage angab.

- Ein Experiment zur Wirkung der Erwartungen des Experimentators auf das Experiment. Normalerweise wird diese erklärt im Rahmen des Experimentator-Effekts oder Rosenthal-Effektes.

Eines dieser Experimente veröffentlichte er in der Studie „Der siebte Sinn der Tiere" (1999). Die Studie wird häufig als methodisch mangelhaft abgelehnt.
Im Jahr 2003 schrieb er in „Der siebte Sinn des Menschen" über eine Wahrnehmung, die von sehr vielen Menschen berichtet wird. Das Buch enthielt ein Experiment, bei dem die Versuchspersonen mit angelegten Augenbinden entscheiden mussten, ob sie von hinter ihnen sitzenden Personen angestarrt würden. Die Entscheidung, ob die hinten sitzende Person gerade die Versuchsperson mit der Augenbinde anschaute oder woanders hinblickte, wurde per Zufall ermittelt

(Münzwurf oder Zufallszahlentabelle). Nach einem Signal in Form eines lauten Klickgeräuschs musste die Versuchsperson entscheiden, ob sie gerade angestarrt wurde. Falls die Versuchspersonen falsch geraten hatten und man ihnen das erzählte, rieten sie bei künftigen Versuchen seltener falsch. Nach zehntausenden von Einzelversuchen lag der Punktestand bei 60 Prozent, wenn die Versuchsperson angestarrt wurde (also über dem Zufallsergebnis), aber nur bei 50%, wenn sie nicht angestarrt wurde (was dem Zufallsergebnis entspricht). Dieses Ergebnis weist auf einen schwachen Sinn für das Angestarrtwerden hin, und auf keine Sinneswahrnehmung dafür, nicht angestarrt zu werden. Sheldrake behauptet, diese Experimente seien sehr oft und mit übereinstimmenden Ergebnissen in Hochschulen in Connecticut und Toronto sowie in einem Wissenschaftsmuseum in Amsterdam wiederholt worden.

Seit September 2005 war Sheldrake Direktor des Perrott-Warrick-Projekts, das aus einer dem Trinity College in Cambridge zugute gekommenen Stiftung finanziert wird. Das Projekt untersucht unerklärte Fähigkeiten von Menschen und Tieren.[119]

13.17 Multiple Persönlichkeiten

Die dissoziative Identitätsstörung (DIS) nach DSM IV, DSM 5 und ICD 11 (Entwurf) oder multiple Persönlichkeitsstörung (MPS) nach DSM III und ICD 10 ist eine dissoziative Störung,

---

[119] https://de.wikipedia.org/wiki/Morphisches_Feld

bei der Wahrnehmung, Erinnerung und Erleben der Identität der eigenen Person betroffen sind. Sie gilt als die schwerste Form der Dissoziation. Die Patienten haben abwechselnde, unterschiedliche Vorstellungen von sich selbst, wobei scheinbar unterschiedliche Persönlichkeiten entstehen, die wechselweise die Kontrolle über das Verhalten übernehmen. An das Handeln der jeweils „anderen Persönlichkeit(en)" können sich die Betroffenen entweder nicht oder nur schemenhaft erinnern, oder sie erleben es als das Handeln einer fremden Person. Folgestörungen sind Depressionen, Angst, psychosomatische Körperbeschwerden, Selbstverletzung, Essstörungen, Suchterkrankungen und Beziehungsprobleme.

Als Ursache werden Entwicklungsstörungen im Gehirn aufgrund extrem negativer Lebensumstände während der Kindheit angesehen. Entsprechende funktionelle und anatomische Veränderungen im Gehirn sind bei Betroffenen in ihrem Erwachsenenalter vielfach durch statistische Auswertung von Gehirn-Scans nachgewiesen worden.
Auf der Grundlage einer Vielzahl von Einzelstudien mit weit auseinanderliegenden Ergebnissen wurde 2011 die Verbreitung von DIS in der Allgemeinbevölkerung auf etwa 1-3% geschätzt. Bei Patienten in psychiatrischen Kliniken, bei jugendlichen Krankenhauspatienten, und bei Teilnehmern an Programmen gegen Drogenmissbrauch, Essstörungen und Zwangsstörungen lag die Verbreitung in Nordamerika, Europa und der Türkei bei 1-5 %. Signifikante Unterschiede nach Geschlecht wurden nicht festgestellt.

Betroffene haben zeitweise alternativ wechselnde Vorstellung von sich selbst. Dies betrifft beispielsweise grundlegende Einstellungen und Gefühle. Die Wechsel sind begleitet von parallelen Wechseln in messbaren Anzeichen der Aktivität des vegetativen Nervensystems, wie Puls, Blutdruck, Muskelspannung, Sehschärfe und vielem mehr. Die Wechsel sind eher fließend als plötzlich, und die Betroffenen nehmen sie in der Regel lange Zeit nicht als Wechsel, sondern als unklare Störungen wahr. Deshalb bleibt DIS oft lange unerkannt oder falsch diagnostiziert.

Dem Wechsel physiologischer Werte (Puls, Blutdruck, etc.) entspricht auch ein markanter Wechsel in der Aktivität des Gehirns, wie mit bildgebenden Verfahren wiederholt nachgewiesen wurde. Bei derartigen Verfahren zeigten sich sogar Unterschiede zwischen authentischer und simulierter (gespielter) DIS. Auch spezifische anatomische Abweichungen im Gehirn von DIS-Patienten wurden wiederholt festgestellt.

Nach jahrzehntelanger Auswertung einer sehr großen Anzahl von Krankengeschichten besteht in Fachkreisen nahezu Einigkeit darüber, dass DIS durch besondere Störungen der Entwicklung während der Kindheit verursacht wird. Extrem negative Lebensumstände überwältigender Art wie Vernachlässigung, Misshandlung und Missbrauch, insbesondere bis zum Alter von 5 Jahren, können die Entwicklung einer einheitlichen Persönlichkeit verhindern. Stattdessen kann es zu einer Aufspaltung und Abkapselung von Gedächtnisinhalten kommen, die sich verfestigen und schließlich zu wechselnden und sich gegenseitig ausschließenden

Teilpersönlichkeiten führen. Die Ergebnisse gezielter Gehirnforschung in diesem Bereich haben diese Auffassung in vollem Umfang bestätigt.[120]

[120] https://de.wikipedia.org/wiki/Dissoziative_Identit%C3%A4tsst%C3%B6rung

14 Buchstabe N

14.1 Narkose

Die Allgemeinanästhesie oder Narkose (von altgriechisch ναρκώδης narkōdēs „erstarrt") ist eine Form der Anästhesie, deren Ziel es ist, Bewusstsein und Schmerzempfindung des Patienten auszuschalten, um diagnostische oder therapeutische Eingriffe (Operationen) durchführen zu können und sowohl für den Patienten als auch für den Arzt optimale Voraussetzungen dafür zu schaffen. Dazu werden ein oder mehrere Narkosemittel (Allgemeinanästhetika) verabreicht, die im zentralen Nervensystem wirken, unter Umständen auch Wirkstoffe zur Entspannung der Skelettmuskulatur. Der Patient ist dabei nicht erweckbar, im Unterschied zu Lokal- und Regionalanästhesieverfahren, bei denen die Schmerzausschaltung über die Blockade von Nervenfasern nur einzelne Regionen des Körpers umfasst.

Die Allgemeinanästhesie wird meist unter geplanten Umständen im Rahmen einer Operation durchgeführt, wird jedoch auch bei interventionellen Eingriffen sowie bei Eingriffen in der Veterinärmedizin eingesetzt. Bei der endotrachealen Intubation beim Atemwegsmanagement in der Notfall- und Intensivmedizin kann ebenfalls eine Narkose eingesetzt werden, zur Fortführung der Beatmungstherapie ist anschließend eine Sedierung ausreichend.

In der Mitte des 19. Jahrhunderts wurden erstmals Allgemeinanästhesien im heutigen Sinne durchgeführt, aber erst durch die Entwicklung moderner Narkosegeräte, Methoden der

Atemwegssicherung, gut steuerbarer Anästhetika und technischer Überwachungsverfahren sowie durch die Etablierung des Fachgebietes der Anästhesiologie, der Ausbildung spezialisierter Fachärzte und der Entwicklung von Richtlinien und Algorithmen erreichte die Allgemeinanästhesie ihren Status als risikoarmes Routineverfahren, welches schmerzhafte Eingriffe in die Körperintegrität in heutigem Ausmaß und Verbreitung erst ermöglicht. Eine Narkose ist, ebenso wie eine Operation, ein ärztlicher Eingriff in die Körperintegrität, der eine entsprechende Vorbereitung und Aufklärung des Patienten und dessen informierte Einwilligung erfordert.

Eine allgemein anerkannte Definition des Zustandes der Allgemeinanästhesie existiert nicht. Eine solche besteht aus verschiedenen Dimensionen, was sich schon im 19. Jahrhundert in der Namensgebung der Ätheranwendung widerspiegelte. Anästhesie setzt sich aus dem altgriech. ἀν- „un-, nicht" und αἴσθησις „Wahrnehmung" zusammen.

Narkose ist aus altgriechisch νάρκωσις, nárkōsis entlehnt und seit dem 18. Jahrhundert im Deutschen nachweisbar. Verwandte Wörter im Griechischen sind das Verb ναρκάειν, narkáein, „betäuben", „erstarren" und das Substantiv νάρκη, nárkē, „die Lähmung", „Schläfrigkeit".

Die beiden Bezeichnungen betonen verschiedene Aspekte, die eine Betäubung mit Äther bewirkte, auf der einen Seite die Abwesenheit unangenehmer Empfindungen, auf der anderen Seite die Bewegungslosigkeit, die eine Operation ermöglichte. Die Begriffe Allgemeinanästhesie und Narkose werden heute als Beschreibung weitgehend synonym genutzt.

Heute werden von den meisten Autoren als Dimensionen einer Allgemeinanästhesie Bewusstseinsausschaltung (mentale Komponente), Schmerzausschaltung (Analgesie, sensorische Komponente) sowie Bewegungslosigkeit (motorische Komponente, gegebenenfalls als Muskelrelaxation) unterschieden. Üblicherweise geht dies mit der Dämpfung vegetativer Reaktionen (reflektorische Komponente auf Schmerzreize: Blutdruckanstieg, beschleunigte Herzfrequenz) und einem Gedächtnisverlust (Amnesie) einher. Ob und in welchem Ausmaß jede dieser Komponenten für die Durchführung benötigt wird, wird kontrovers diskutiert, beispielsweise stört eine leichte Bewegung des Patienten in Allgemeinanästhesie nicht notwendigerweise Eingriffe an anderen Körperregionen.

Moderne Definitionsversuche definieren auf dieser Grundlage die Allgemeinanästhesie als eine medikamenteninduzierte Bewusstlosigkeit, während der die Patienten, auch durch Schmerzimpulse, nicht erweckbar sind ("General Anesthesia is a drug-induced loss of consciousness during which patients are not arousable, even by painful stimulation", American Society of Anesthesiologists). Eine andere Formulierung definiert eine Allgemeinanästhesie als eine durch den Arzt (iatrogen) induzierte, umkehrbare (reversible) Unempfindlichkeit des gesamten Organismus mit dem Ziel, eine Intervention zu ermöglichen.

Die Grenze einer Allgemeinanästhesie zu einer (Analgo-)Sedierung ist fließend. Bei dieser werden ebenfalls die Funktionen des zentralen Nervensystems gedämpft, der Patient ist jedoch erweckbar. Sedierung und Anästhesie unterscheiden sich jedoch auch in Hinsicht auf Beeinträchtigung der Atemfunktion und des Kreislaufes. Je tiefer eine Sedierung ist, desto mehr ist von einer Beeinträchtigung dieser lebensnotwendigen Funktionen auszugehen. Als Konsequenz müssen bei zunehmender Sedierungstiefe weitgehendere Maßnahmen durch Überwachung und gegebenenfalls Stabilisierung durchgeführt werden, etwa die Verabreichung von Sauerstoff mittels Maske (Insufflation). Bei der Allgemeinanästhesie als maximale Ausprägung dieses Spektrums muss die Atemfunktion komplett übernommen werden und unter Umständen kreislaufstabilisierende Maßnahmen mit entsprechenden Mitteln (Infusionen, kreislaufunterstützende Medikamente) eingesetzt werden.

Die Prämedikation vor einer Anästhesie/Operation bewirkt eine leichte Sedierung, das Hauptziel ist jedoch die angstlösende Wirkung (Anxiolyse).

Bei Lokal- und Regionalanästhesieverfahren wird über die Blockade von Nervenfasern eine Schmerzausschaltung in einzelnen Regionen des Körpers ermöglicht; das Bewusstsein ist im Unterschied zur Allgemeinanästhesie nicht betroffen, Atmung und Kreislauffunktion sind unverändert.

Hypnosetechniken werden zum Erreichen einer Trance, gekennzeichnet durch geänderte Aufmerksamkeit und Entspannung, eingesetzt. Die verschiedenen Qualitäten einer

Allgemeinanästhesie werden nicht erreicht. Es gibt Hinweise, dass der Einsatz von Hypnose als schmerztherapeutisches Verfahren oder in Kombination mit Anästhesieverfahren (Hypnoanästhesie) positive Effekte auf das Ergebnis von Operationen hat. Es gibt jedoch keine guten Belege für eine Wirksamkeit, die bisher verfügbaren Daten beruhen auf sehr unterschiedlichen Studien mit kleinen Fallzahlen, so dass eine abschließende Bewertung nicht möglich ist.[121]

14.2 Neurodermitis

Das atopische Ekzem (griechisch ατοπία, atopía – „Ortlosigkeit", „nicht zuzuordnen"; griechisch έκζεμα, ekzema – „Aufgegangenes") ist eine chronische, nicht ansteckende Hautkrankheit, die zu den atopischen Erkrankungen gehört.

Weitere geläufige Bezeichnungen sind Neurodermitis, atopische Dermatitis und endogenes Ekzem. Außerdem wird die Erkrankung auch als chronisch konstitutionelles Ekzem, Asthmaekzem und Prurigo Besnier bezeichnet. Die Bezeichnung Neurodermitis stammt aus dem 19. Jahrhundert. Damals meinte man, die Ursache der Hauterkrankung sei eine Nervenentzündung. Später wurde diese Ansicht widerlegt, die Bezeichnung ist aber weiterhin geläufig.

Hauptsymptome sind rote, schuppende, manchmal auch nässende Ekzeme auf der Haut und ein starker Juckreiz. Die

[121] https://de.wikipedia.org/wiki/Narkose

Erkrankung verläuft schubweise und hat ein individuelles, vom Lebensalter abhängiges Erscheinungsbild.

Das atopische Ekzem gilt als nicht heilbar, ist aber behandelbar. Die am meisten verbreitete Behandlung besteht hauptsächlich aus der Bekämpfung der charakteristischen Hauttrockenheit und der äußerlichen Anwendung von entzündungshemmenden Wirkstoffen. Es gibt weitere Therapien, die unter anderem nicht nur äußerliche Behandlungen einschließen, bspw. durch eine Ernährungsumstellung mit Einnahme von B-Vitaminen.

Das atopische Ekzem ist in Industriestaaten eine verbreitete Krankheit. 5–20% der Kinder und 1–3% der Erwachsenen sind von der Krankheit betroffen. In Deutschland erkranken bis zur Einschulung 8–16% aller Kinder am atopischen Ekzem. Bei etwa 60% der Betroffenen tritt die Erkrankung im ersten Lebensjahr auf, bei 90% bis zum fünften Lebensjahr. Oft vermindern sich die Symptome mit dem Älterwerden und verschwinden mit Beginn der Pubertät. Von den ursprünglich Betroffenen sind im Erwachsenenalter bis zu 70% beschwerdefrei.

Das atopische Ekzem wird immer häufiger beobachtet. Im Vergleich zur Mitte des 20. Jahrhunderts ist heute von einem vier- bis sechsmal häufigeren Auftreten auszugehen. Die Gründe dafür sind noch nicht bekannt. Als mögliche Ursachen werden häufigere Allergien, veränderte Lebensumstände und verstärkte Hygiene (Hygienehypothese) diskutiert.

Die Ursachen des atopischen Ekzems sind bislang nicht vollständig geklärt. Experten sehen im komplexen Krankheitsgeschehen und seinem sehr individuellen Verlauf ein Zusammenspiel aus genetischen Faktoren, immunologischen Veränderungen und Umwelteinflüssen.[122]

14.3 Neurolinguistische Programmierung (NLP)

Das Neuro-Linguistische Programmieren (kurz NLP) ist eine Sammlung von Kommunikationstechniken und Methoden zur Veränderung psychischer Abläufe im Menschen, die unter anderem Konzepte aus der Klientenzentrierten Therapie, der Gestalttherapie, der Hypnotherapie und den Kognitionswissenschaften sowie des Konstruktivismus aufgreift.

Die Bezeichnung „Neuro-Linguistisches Programmieren" soll ausdrücken, dass Vorgänge im Gehirn (= Neuro) mit Hilfe der Sprache (= linguistisch) auf Basis systematischer Handlungsanweisungen änderbar sind (= Programmieren).

NLP wurde von Richard Bandler und John Grinder in den 1970er Jahren innerhalb des Human Potential Movements entwickelt. Sie definierten NLP als „das Studium über die Struktur subjektiver Erfahrung".

Ursprüngliches Ziel der NLP-Entwickler war es, die Wirkfaktoren erfolgreicher Therapie herauszufinden und an andere weitervermitteln zu können. Sie vermuteten, dass es sich bei

---

[122] https://de.wikipedia.org/wiki/Atopisches_Ekzem

den Wirkfaktoren vor allem um die kommunikativen Fähigkeiten und Verhaltensweisen der Therapeuten selbst handelt und nicht primär um die gewählte fachliche Ausrichtung.

Das Neuro-Linguistische Programmieren wurde von dem damaligen Mathematikstudenten und späteren Psychologen Richard Bandler und dem Linguisten John Grinder Anfang der 1970er Jahre an der University of California in Santa Cruz entwickelt. Es war als neues Verfahren der Kurzzeit-Psychotherapie konzipiert. Sie definierten NLP als das Studium der Struktur subjektiver Erfahrung und der Folgerungen daraus.

Grinder war zeitweise Assistent bei Gregory Bateson, dem ebenfalls ein Einfluss auf das NLP nachgesagt wird. Bateson war zunächst begeistert von Bandlers und Grinders erster Publikation, in der sie ein Modell erfolgreicher sprachlicher Interventionen präsentierten, das sie aus dem Studium von Virginia Satir und Fritz Perls gewonnen hatten. Bateson schrieb das Vorwort zu diesem Buch und schlug Bandler und Grinder vor, Milton Erickson zu studieren und ein Modell von dessen therapeutischen Strategien zu entwickeln. Später distanzierte sich Bateson jedoch von Bandler und Grinder.

In den ersten Jahren interessierten sich Bandler und Grinder insbesondere für diese oben genannten außergewöhnlich erfolgreichen Therapeuten unterschiedlicher Ausrichtung und versuchten herauszufinden, welche Vorgehensweisen sie in ihren Therapiegebieten so erfolgreich sein ließ. Bandler und Grinder analysierten die Sprache und die Körpersprache dieser drei Therapeuten und versuchten, aus deren Vorgehen bestimmte Interventionstechniken herauszufiltern, die zusammen mit Erkenntnissen aus der Linguistik zum Grundstock der ersten NLP-Schule wurden. Ein eindeutig festgeschriebenes theoretisches Gerüst fehlt dem NLP jedoch.

Erste Berichte wurden in zwei Büchern Mitte der 1970er Jahre bekannt. Bandler und Grinder kamen zunächst zur Entwicklung des PRS-Konzepts (von Preferred Representational System), das davon ausgeht, dass Menschen, individuell unterschiedlich, vorrangig über bestimmte Sinneswahrnehmung die Umwelt wahrnehmen.

Im Jahre 1976 folgte aus der Analyse der Sprachstrukturen von Perls und Satir das Meta-Modell des NLP. Das Meta-Modell versteht sich als Sprachmodell, mit dem im NLP-Sinne Informationen über Gedankenmodelle des Kommunikationspartners gesammelt und ausgewertet werden und das zwischen einer Oberflächen- und einer Tiefenstruktur menschlicher Kommunikation unterscheidet.

1979 folgte aus der Beobachtung des Hypnotherapeuten Erickson das Milton-Modell. Später kamen Untersuchungen an herausragenden Künstlern, Managern, Verkäufern, Pädagogen u.a. hinzu und erweiterten das NLP-Methodenbündel.

NLP vereinte zunächst verschiedene psychotherapeutische Ansätze, u.a. aus der Hypnotherapie, Familientherapie und Gestalttherapie zu ziel- und lösungsorientierten Verfahren der Therapie sowie anderer Bereiche der Kommunikation (z.B. Coaching, Managementtechniken). Dagegen verstehen viele spätere Vertreter NLP nur noch als ein Modell der zwischenmenschlichen Kommunikation und Sammlung unterschiedlicher psychologischer Verfahren und Modelle, die zu einer effizienteren zwischenmenschlichen Kommunikation und Einflussnahme führen sollen. Sie reduzieren NLP damit auf seine Technologie und lassen seine epistemologischen und methodologischen Grundlagen außer Acht. Der Großteil der Untersuchungen fand in den frühen 80er Jahren statt. In neuerer Zeit entstand an der University of Surrey ein Projekt „NLP and Learning".

Die meisten NLP-Anwender und -Verbände betrachten dagegen NLP weder als Wissenschaft noch als eine Form der Psychotherapie, sondern als ein Modell menschlichen Lernens und menschlicher Kommunikation. Es gehört heute neben der Transaktionsanalyse, dem Psychodrama, der themenzentrierten Interaktion und einigen anderen Verfahren zu den am weitesten verbreiteten Methoden der Kommunikations- und Verhaltenstrainings auf dem Weiterbildungsmarkt.

Die Werkzeuge des NLP werden vor allem außerhalb des akademischen Lehrbetriebes weiterentwickelt und laufend ergänzt.

Anfang der 1980er Jahre wurde NLP etwa zeitgleich von Thies Stahl und Gundl Kutschera nach Deutschland, bzw. Österreich importiert und damit auch in Europa populär. In der Folge entstanden konkurrierende Ausbildungsinstitute mit verschiedenen Abschlüssen. Später wurden die Ausbildungsinhalte und die Ausbildungsdauer über nationale Verbände festgeschrieben.

Als zentrale Grundannahme des NLP gilt, dass innere Vorgänge und innere Wahrnehmung des Menschen gleichgesetzt werden und dass zur Diagnose psychischer Störungen die Befunde aus einer Befragung des Klienten verwendet werden. Dem liegt folgende Annahme zugrunde:

Der Mensch nimmt die Umwelt mit seinen Sinnen wahr:

1. Visuell (mit dem Sehsinn, d.h. mit den Augen)

2. Auditiv (mit dem Hörsinn, d.h. mit den Ohren)

3. Kinästhetisch (spüren, d.h. mit allen Teilen seines Körpers, siehe Tiefensensibilität / Haptische Wahrnehmung)

4. Olfaktorisch (mit dem Geruchssinn, d.h. mit der Nase)

5. Gustatorisch (mit dem Geschmackssinn, d.h. mit der Zungen- und Rachenschleimhaut)

Die fünf Kommunikationskanäle werden mit VAKOG abgekürzt („visuell, auditiv, kinästhetisch, olfaktorisch und gustatorisch").

Das NLP geht davon aus, dass ein oder zwei Sinneskanäle bevorzugt verwendet werden. Hierbei handelt es sich häufig um visuelle und akustische oder visuelle und kinästhetische Repräsentationen. Die Theorie der Lerntypen basiert auf dieser Einteilung. In kontrollierten Untersuchungen lassen sich jedoch keine bevorzugten Repräsentationssysteme feststellen.

Die Prägung (‚Lerntyp') hat Auswirkungen darauf, wie viel Information bei einer Ansprache ankommt bzw. verloren geht. Klänge (z.B. Wörter), Bilder, Gerüche, Geschmacksempfindungen oder Gesten sind bei Menschen durch die Erfahrung miteinander verknüpft. So kann der Klang einer bestimmten Türklingel beispielsweise mit Erinnerungen an ein damit verbundenes Ereignis verknüpft sein, welches schon lange zurückliegt.

Die vorgegebene Prägung als Lerntyp bedarf der Ergänzung durch spezifische Lernstrategien. Verknüpfungen zwischen automatisch auftauchenden Gedanken oder Gefühlen und willentlich beeinflussbaren Vorgängen werden mit der Technik des Ankerns hergestellt. Damit knüpft der NLP-Anwender bewusst neue emotionale Konnotationen oder nutzt bereits vorhandene.

Nicht nur Gedanken lassen sich so für die therapeutische Arbeit nutzen, sondern auch Gefühle. Werden bei Glücksgefühlen bewusst bestimmte Bewegungen oder Gesten eingeübt, so lassen sich diese Gefühle später mit diesen Bewegungen oder Gesten wieder aktivieren. Der Öko-Check dient als Instrument zur Prüfung auf soziale oder systemische Verträglichkeit (Verträglichkeit mit der Umwelt des Klienten).

Dabei wird geprüft, ob sichergestellt ist, dass die Veränderungen mit der Werteordnung des Klienten und seinem sozialen Umfeld übereinstimmen. Eine Veränderung sollte nur erwünschte Konsequenzen haben. Eine Form des Öko-Checks ist der Future-Pace.

Der Future-Pace dient als ‚Schritt in die Zukunft' der Zukunftsabfrage auf Kongruenz (Übereinstimmung) mit den eigenen Wünschen. Er spielt eine zukünftige Situation mental durch. Man stellt sich innerlich vor, wie ein neues Verhalten umgesetzt wird, z.B. ein Hochsprung. Dabei durchlebt der Sportler in Zeitlupe die inneren Bilder, Klänge und Gefühle, die zu seinem Sprung über die Latte gehören. Er spielt die einzelnen Schritte des Laufes inkl. der Muskelanspannungen im Kopf wie einen inneren Spielfilm durch. Das Gehirn weiß damit im Voraus, was es später in der Wirklichkeit zu tun hat.

Ein zentrales Element des NLP sind die NLP-Vorannahmen, welche von Bandler und Grinder als Verhaltensgrundmuster beim 'Modellieren' erfolgreicher Persönlichkeiten genannt wurden. Die zwölf wichtigsten „Vorannahmen" sind:

1. Die Landkarte ist nicht das Gebiet.

2. Menschen treffen innerhalb ihres Modells von der Welt grundsätzlich die beste ihnen mögliche Wahl.

3. Jedes Verhalten ist durch eine positive Absicht motiviert. Das Akzeptieren einer subjektiv positiven Absicht ignoriert nicht die möglichen Auswirkungen einer

Handlung. Sie dient im beratenden Kontext dazu, ein negatives Selbstbild umzudeuten.

4. Menschen haben alle Ressourcen in sich, die sie brauchen (um ihre Probleme zu lösen).

5. Der positive Wert eines Individuums bleibt konstant, aber die Angemessenheit des Verhaltens kann bezweifelt werden.

6. Es gibt in der Kommunikation keine Fehler oder Defizite. Alles ist Feedback. Durch diese Vorannahme wird der Weg zur verletzungsfreien Annahme von Kritik eröffnet. Einseitige Schuldzuweisungen sind auch nach Paul Watzlawick (Interdependenz) grundsätzlich falsch.

7. Die Bedeutung der Kommunikation liegt in der Reaktion, die man erhält. Nicht, was Du tust, zählt, sondern wie Deine Umgebung auf Dich reagiert.

8. Wenn etwas nicht funktioniert, tue etwas anderes. Offen zu sein für alles, was funktioniert. Die Bereitschaft zur Suche nach Lösungsalternativen.

9. In einem ansonsten gleichbleibenden System kontrolliert das Element mit den größtmöglichen Verhaltensmöglichkeiten das System. Es wird Verhaltensflexibilität vom Berater eingefordert.

10. Widerstand beim Klienten bedeutet mangelnde Flexibilität auf Seiten des Beraters. Es gibt immer einen dritten Weg.

11. Der Sinn jeder Kommunikation ist nicht die Absicht, sondern die Reaktion, die sie beim Gegenüber auslöst. Diese Annahme korrespondiert mit dem Axiom von Paul Watzlawick: Wahr ist nicht, was A gesagt hat; wahr ist, was B verstanden hat.

12. Wenn jemand etwas Bestimmtes tun kann, so ist es möglich, dieses Verhalten zu modellieren (nachzumachen) und es weiterzugeben.

NLP als Methodensammlung nimmt für sich in Anspruch, auf bestimmten wissenschaftlichen Theorien und Annahmen zu basieren. U.a.:

- Die auf William James zurückgehende Theorie der sinnesspezifischen Repräsentationssysteme als Grundbausteine der Informationsverarbeitung und des subjektiven Erlebens.

- Die Klassische Konditionierung (Pawlow), im NLP Ankern genannt.

- Das Modell einer grundsätzlichen Zielorientierung menschlichen Handelns (TOTE, Strategien) (Miller, Galanter, Karl Pribram).

- Die von Noam Chomsky (Transformationsgrammatik) und die darauf aufbauenden und unter dem Einfluss der Postulate von Alfred Korzybski („Die Landkarte ist nicht das Gebiet") durch Bandler und Grinder abgewandelten Modelle der Sprache (Metamodell).

- Die sozial-kognitive Lerntheorie von Albert Bandura mit dem von Bandler und Grinder verwandten Modelling-Ansatz (in der Psychologie Expertise-Forschung).

- Die aus der therapeutischen Arbeit von Fritz Perls, Virginia Satir und Milton H. Erickson resultierende Grundannahme der Existenz funktionalautonomer Persönlichkeitsanteile mit bewussten und unbewussten Prozesskomponenten.

- Der Konstruktivismus als grundlegendes Weltbild im NLP, dass Wissen, Erkenntnisse, Zusammenhänge und Ideen vom Menschen konstruiert sind.

NLP integriert diese Methoden in ein eigenes Aussagen-Gebäude, ohne jedoch insgesamt den Anforderungen einer geschlossenen wissenschaftlichen Theorie zu genügen. Diese Entwicklung in der Geschichte von NLP vollzog sich abseits der Wissenschaft.

Aufgrund der multimodalen Struktur (Methodensammlung aus ca. 30 NLP-Formaten) ist eine generalisierende wissenschaftliche Anerkennung des NLP als Kommunikationshilfe kaum möglich, obwohl einzelne Methoden aus anerkannten wissenschaftlichen Schulen entlehnt sind. Es gibt NLP-Anwender, die NLP als eine Art „Werkzeugkoffer" betrachten, der die therapeutischen Möglichkeiten eines psychologischen Beraters erweitert. Eine wissenschaftliche Analyse von 315 Studien aus 35 Jahren empirischer NLP-Forschung belegt jedoch, dass die Wirksamkeit einiger dieser „Werkzeuge" als widerlegt gilt.

Eine andere Herangehensweise will die Neuro-Linguistische Psychotherapie (NLPt) ermöglichen; ein jüngerer Zweig des NLP, der seit Anfang 2007 in Österreich als Psychotherapiemethode anerkannt ist. Mit der NLPt sollen die methodischen Mängel der allgemeinen NLP als Kommunikationspraxis überwunden und eine den Ansprüchen der therapeutischen Aufgabenstellung entsprechende Ausbildung mit wissenschaftlich anerkannten Standards innerhalb der Erweiterung konventioneller Verhaltenstherapie geprägt werden. Dies ist jedoch bisher nicht erfolgt. In Deutschland wird deshalb NLPt als Therapiemethode nicht anerkannt.

NLP wird von seinen Anwendern nicht als ein in sich geschlossenes Lehrsystem betrachtet. Sie haben die Einstellung, dass es möglich und sinnvoll ist, einzelne Methoden aus unterschiedlichen Schulen isoliert voneinander zu erlernen und gezielt zur Verbesserung von Kommunikation einzusetzen. Durch die Vielzahl der möglichen Vorgehensweisen unterscheidet sich NLP damit grundsätzlich von anderen therapeutischen Vorgehensweisen.

NLP verwendet so genannte „NLP-Formate". Als „Format" wird eine bestimmte Handlungsabfolge einer Sitzung oder eines Gespräches bezeichnet. Die einzelnen Interventionen eines Trainers sind innerhalb dieser Formate klar bestimmt. Einzelne Formate werden in Gruppen mit Hauptformaten zusammengefasst.

Allen Formaten ist gemeinsam, dass sie sich an der Stärkung von inneren Ressourcen orientieren, den Schwerpunkt in die Aufarbeitung der Vergangenheit des Klienten setzen, mit besonderem Augenmerk auf Veränderungsarbeit in den kritischen Bereichen (Interventionen, z.B. HistoryChange, Neuprägung). Ressourcenstärkung dient zur Überwindung von Problemen, Schwellenängsten, Blockaden oder Störungen. Ergänzend hierzu wird großer Wert auf eine humanistische Haltung des Beraters in der Arbeit mit Klienten gelegt. Die eigentliche Arbeit in der Beratung läuft entlang klar vorgegebener Handlungs- und Gesprächsformeln ab.

Der Klient kann mit Hilfe von NLP-Formaten auch in eine leichte Trance (ohne bewusstseinserweiternde Elemente) geführt werden und in dieser Entspannung innere Bilder oder Gefühle betrachten. Das hängt vom Ziel der Intervention und von den vorhandenen Ressourcen der Beteiligten (Berater und Klient) ab. Die wichtigsten Bestandteile im laufenden Prozess sind die Autosuggestion, das Dissoziieren, das Ankern und das Reframing.

Viele NLP-Formate entstammen klassischen Therapieformen oder sind in jahrelanger Arbeit durch sog. Modellierung (auch Benchmark oder Kopieren genannt) entstanden. So gibt es Modelle zur positiven Umdeutung von Wahrnehmungen, zur Zielfindung, zum Ankern, zur Veränderung von Submodalitäten (gedanklicher Muster zur Erinnerung von wichtigen Vorgängen) und Arbeit mit gegebenen bzw. projizierten Abläufen in der Gedankenwelt oder dem realen Erleben des Klienten sowie verschiedene Strategiemodelle, mit denen Benchmarking oder Ideenfindung erlernt werden.

Andere Formate des NLP nutzen das Reframing oder die Konklusion paradoxer Sichtweisen, um den Klienten aus unangenehmen Sichtweisen herauszuentwickeln. Grundlage des NLP ist die Annahme, dass hinter jedem Ergebnis eine (oft unbewusste) Strategie steht, so dass auch einem „Misserfolg" eine Planung zugrunde liegt. Diese so genannten „Meta-Programme", von denen angenommen wird, dass sie die zum Teil unbewussten Entscheidungsprozesse begleiten, sollen mit Hilfe zumeist verhaltenstherapeutischer Interventionen gezielt verändert werden. Das Bewusstsein des Klienten soll dazu angeregt werden, auf der Basis von zuvor visualisierten oder beschriebenen Zielen auch neue Strategien zu entwickeln. Da diese sich nach R. Bandler im Denken, also im Gehirn abspielen, geht es nun darum, Menschen beizubringen, wie sie mit ihren vorhandenen Ressourcen neue, hilfreiche Verhaltensweisen entwickeln können.

Der Begriff „Programmieren" versteht sich innerhalb des NLP nicht als manipulativ, da sämtliche Interventionen unter Abfrage der ethischen und moralischen Werte des Klienten abgestimmt werden. Dies geschieht, gerade weil sich NLP-Trainer durchaus der Tatsache bewusst sind, dass sich das Instrumentarium für manipulative Veränderungen beim Klienten eignen könnte, die diesem nicht bewusst sind. Solche unbewussten Manipulationen, die etwa Ziel von Verkaufsgesprächen oder Verhandlungen sein könnten (siehe auch Verkaufspsychologie), versucht NLP durch ethische Standards zu vermeiden. Die Absicht besteht vielmehr darin, Klienten und Klientinnen zu helfen, sich gegenüber Programmen, die normalerweise unbewusst ablaufen, zu emanzipieren und damit ihre Lebensqualität zu steigern.

NLP befasst sich im weitesten Sinn mit menschlicher Kommunikation und kann als eine auf stetige Weiterentwicklung angelegte Methodensammlung angesehen werden. Anhänger dieser Sichtweise betrachten NLP als eine Vielzahl einzelner, voneinander abgegrenzter Handlungsanweisungen (sogenannter NLP-Formate) für die Arbeit mit Menschen in Veränderungssituationen. Andere NLP-Anwender sehen weniger die Methoden und die Formate im Vordergrund, sondern die konstruktivistische Sicht auf Kommunikation und die lösungsorientierte Herangehensweise des NLP.

NLP beansprucht nicht, wissenschaftlich begründet zu sein.

In vielen NLP-Methoden wird versucht, zunächst zum Gegenüber „einen Draht", den Rapport herzustellen. Als Mittel dazu wird das Spiegeln (Pacing) verwendet, das dann ein Führen (Leading) ermöglichen soll.

- Pacing (Anpassen, Mitgehen, „Spiegeln") spiegelt den Kommunikationspartner und basiert auf der Annahme, dass sich Menschen, die sich gut verstehen, einander angleichen (unter anderem in Tonfall, Lautstärke, Sprechtempo, Körperhaltung, Distanz, Direktheit des

Auftretens). Allerdings konnte nicht bestätigt werden, dass es vorteilhaft ist, wenn ein Berater dasselbe System nutzt wie der Klient. Zudem hat sich gezeigt, dass das bewusste Nachahmen der Körpersprache und Sprechweise zu negativen Reaktionen führen kann.

➢ Leading (Führen) hingegen eröffnet neue körpersprachliche oder tonale Signale, um im Gespräch die Führung zu übernehmen. Dies muss nicht im selben Augenblick wie beim Gegenüber geschehen, sondern kann auch zeitversetzt ablaufen und sollte sich im Gespräch mit Pacing abwechseln. Leading kann eine manipulative Zielsetzung haben (beispielsweise im Verkaufstraining), oder aber das Ziel verfolgen, in einem beratenden oder therapeutischen Setting den Klienten zu einem anderen Umgang mit seiner Problematik zu führen.

NLP nimmt für sich in Anspruch, umfassend anwendbare Werkzeuge für die unterschiedlichsten Probleme zur Verfügung zu stellen. Das konkrete Vorgehen ist allerdings nicht standardisiert, da NLP keine eigene Theorie zur Verfügung stellt. Abhängig von den jeweiligen äußeren Umständen (Setting), in denen NLP verwendet wird, werden Kommunikationsstrategien, Suggestionstechniken, Motivationstechniken oder die so genannten NLP-Formate angewendet oder gelehrt.

Als Grundannahme dient die Auffassung, dass es ein sogenanntes „subjektives Wahrheitsempfinden" gibt. Auf Basis des Körpergefühls, der bildlichen Gedanken und des inneren sprachlichen Ausdrucks eines Menschen entstehen gedankliche Abbilder, sogenannte innere Landkarten. Nach Auffassung des NLP ist das „subjektive Wahrheitsempfinden" ein Ausdruck dieser inneren Modelle und hilft einem Menschen, sich sozial zu orientieren.

Ausgangspunkt für eine NLP-Anwendung ist die innere Landkarte eines Klienten. Der Klient wird vom NLP-Berater für die eigene Problemwahrnehmung (in dieser Landkarte) sensibilisiert. Mit Hilfe der NLP-Formate soll diese Problemwahrnehmung beim Klienten verändert werden und neue Verhaltens-Strategien entwickelt werden. Die spezifischen NLP-Kommunikationsmittel, insbesondere Pacing und Leading, setzt der NLP-Berater ein, um dem Klienten durch die Schritte der NLP-Formate zu leiten.

In der Regel wird der Klient angeleitet, sich die Inhalte seiner inneren Bilder bewusst zu machen. Diese Bilder werden u.a. nach der Art der Sinneswahrnehmung (Sehen, Hören, Riechen, Schmecken und Fühlen) differenziert. Diese verschiedenen Sinneswahrnehmungen werden „Sinnesmodalitäten" genannt, die Unterteilung derselben wird als Submodalität bezeichnet. Der Klient soll befähigt werden, den emotionalen Gehalt seiner inneren Bilder durch die Veränderung der Submodalitäten gezielt zu verändern. Dabei soll der Klient zu einer selbstbestimmten Lösung kommen. Der Berater versucht durch die Anwendung geeigneter NLP-Formate dafür den richtigen Rahmen zu liefern.[123]

[123] https://de.wikipedia.org/wiki/Neuro-Linguistisches_Programmieren

14.4 Neurose

Unter Neurosen (wörtlich etwa Nervenkrankheit, aus griechisch νεῦρον Nerv und -ose für Krankheit) wurden seit William Cullen (1776) nervlich bedingte rein funktionelle Erkrankungen verstanden, d.h. ohne Nachweis einer organischen Läsion. So sprach man z B. von Herzneurosen. Seit der Zeit Sigmund Freuds wurde hierunter eine leichtgradige psychische Störung verstanden, die durch einen Konflikt verursacht wird. Neurosen wurden damals den Psychosen, schwereren seelischen Störungen, gegenübergestellt.

Inzwischen wurde der Begriff zugunsten einer differenzierteren Aufteilung in verschiedene Störungsgruppen weitestgehend aufgegeben, weil man so den verschiedenen unter „Neurosen" zusammengefassten Störungsbildern besser gerecht werden konnte und sich die damit verbundenen theoretischen Annahmen, vor allem in Hinsicht auf psychische und körperliche Verursachung, in dieser Form nicht halten ließen.

Der Begriff wird im aktuellen US-amerikanischen diagnostischen Inventar DSM-IV weitgehend vermieden. Stattdessen wird im DSM-IV von psychischen Störungen in rein deskriptivem Sinne (Querschnitt = Ist-Zustand) gesprochen. In der ICD-10 (Kapitel V) der WHO sind alle F4-Diagnosen mit dem Begriff „Neurotische Störungen" überschrieben – aber auch hier taucht der Begriff danach kaum mehr auf. Teilweise finden sich ähnliche Zustandsbilder auch unter F6 (Persönlichkeitsstörungen).

Psychodynamisch orientierte Autoren sehen den Begriff z.B. in psychogenetischer Hinsicht (Längsschnitt = Gesichtspunkt der Entwicklung) jedoch weiterhin als notwendig an, siehe Abschnitt Neuere Klassifikationssysteme (Hoffmann & Hochapfel 2003). Vorgenannte Autoren definieren Neurosen als überwiegend umweltbedingte Erkrankungen, die eine Störung im psychischen und/oder körperlichen und/oder im Bereich der Persönlichkeit bedingen.

In der modernen Verhaltenstherapie spielt der Begriff „Neurose" außerhalb der oben genannten ICD-10-Nennung keine nennenswerte Rolle mehr. Erkrankungen, die früher als Neurosen bezeichnet worden wären, sind nach lerntheoretischem Konzept durch erlernte Fehlanpassung hervorgerufen. Die auslösenden Faktoren sind als Stressoren anzusehen.

Nach der zum Teil heute nicht mehr vertretenen Sicht ist die Neurose eine allgemeine psychische Verhaltensstörung längerer Dauer. Sie ist dadurch gekennzeichnet, dass sie erst im Laufe der Entwicklung entstanden ist. Zur Bestätigung solcher Diagnosen müssen organische Störungen als Ursache des Fehlverhaltens ausgeschlossen werden. Seine ihm charakteristischen Verhaltensstörungen vermag der Neurotiker nicht zu kontrollieren, er ist sich seines Leidens jedoch bewusst und an sich fähig, dessen Ursachen zu ergründen.

Gemäß Freuds Theorie führt dieses geistige Streben zu ersten therapeutischen Ergebnissen, vor allem in Anwendung der Traumanalyse. Der Psychotiker ist dazu tendenziell außerstande, da bei ihm auch der Realitätsbezug nicht mehr vorhanden ist. Die Übergänge zur Neurose sind jedoch fließend. So stellen zum Beispiel auch die Träume der Gesunden („normalen" Neurotiker) nach Freud im weitesten Sinne „psychotische" Vorgänge dar, infolge des im Schlaf momentan geschwächten Ich-Vermögens, die im Traum erlebte Realität von der den Träumer umgebenden Wirklichkeit zu unterscheiden.

Zwangsstörungen (z.B. „Waschzwang"), Hysterien, Hypochondrien, Phobien (z.B. Soziophobie), Angststörungen, schizoide und paranoide Störungen werden zu den Neurosen gezählt. Als differentialdiagnostisches Kriterium zur Abgrenzung von der Psychose gilt unter anderem auch, dass die Neurotiker ihre Probleme als in ihnen selbst liegend zu erkennen vermögen, während die von einer Psychose Betroffenen im akuten Fall an dem Unvermögen leiden, ihre innere Situation (‚Stimmen hören' u.ä.) von der sie umgebenden Realität zu differenzieren.

Es gibt verschiedene Grade dieser Zwänge, so dass nicht alle Patienten einer Behandlung bedürfen. Als subjektiv erleichternd wirkt sich die weite Verbreitung eines bestimmten Typs von Neurose in der jeweils betroffenen Kultur aus, der dadurch zur sozialen Norm wird. Dadurch wird das Gefühl sozialer Ausgrenzung beziehungsweise Minderwertigkeit (s.o.) abgeschwächt. Die Gleichsetzung solcher „Normalität" mit der Bedeutung des Begriffes „Gesundheit" wurde von Freud mit höchster Skepsis betrachtet.

Durch die Klassifikationssysteme ICD-10 und DSM-IV wurde der ausschließlich auf den Theorien der Psychoanalyse beruhende Begriff Neurose durch deskriptiv neutrale Bezeichnungen (s.o.) ersetzt. In der offiziellen Nomenklatur dieser Systeme kommt nur noch das Adjektiv neurotisch vor. Begründung für dieses, wenn auch nicht völlig konsequent durchgeführte, Vorhaben, den Begriff Neurose zu meiden, ist

1. die unzulängliche Abgrenzbarkeit zur Psychose, da dies nach den Maßgaben der WHO und zur Differenzialdiagnostik wichtig ist.

2. die nicht mögliche scharfe Abgrenzung zwischen neurotischem und gesundem Verhalten.

3. die Theoriegebundenheit des Begriffs.

Er stammt aus der Psychoanalyse Sigmund Freuds und impliziert somit bestimmte theoretische Vorstellungen über das Zustandekommen von psychischen Störungen, die von anderen Theorierichtungen nicht akzeptiert werden. Jedoch ist bei manchen deutschsprachigen Ärzten und Psychotherapeuten die traditionelle Unterscheidung zwischen Neurose und gesundem Verhalten weiterhin üblich. Befürworter sehen zudem einen hohen praktischen und wissenschaftlichen Wert in dem Begriff; das Konzept vielfältiger Neurosen sei gleichzeitig als ein Konzept für die Vielfältigkeit von Persönlichkeitsstrukturen zu werten.

Der schottische Arzt William Cullen verstand 1776 unter dem Begriff Neurose alle psychischen Erkrankungen und nicht entzündlichen Störungen des Nervensystems. Das hat insofern noch eine aktuelle Bedeutung, da bis heute im medizinischen Ausbildungssystem das Fachgebiet Psychiatrie mit dem der Neurologie in besonderer Weise verbunden ist. Der Nervenarzt ist auch für die Psyche zuständig.

Der Begriff war zu Zeiten von Cullen wie auch heute umstritten und stellte das psychiatrische Versorgungssystem nach Auffassung namhafter zeitgenössischer Psychiater dort in Frage, wo er nicht genügend rezipiert wurde (Dörner 1975). Der Begriff Neurose war mit der Entstehung der Psychiatrie eng verbunden und stammte nicht nur von Sigmund Freud.

Freud verhalf dem Begriff der Neurose zwar zu weitgehender Verbreitung, war für diese Entwicklung aber keineswegs alleine verantwortlich. Freud begann seine berufliche Karriere als Nervenarzt und war von den materialistischen Vorstellungen seiner Zeit nicht frei. Er arbeitete in einem physiologischen Labor, als man ihm Gelegenheit gab, in Paris die klinische Arbeitsweise von Jean-Martin Charcot kennenzulernen, der dort Suggestionsbehandlungen durchführte. Dies bewirkte einen Wandel in der Zielrichtung seiner bisherigen naturwissenschaftlichen Arbeiten. Freud dehnte seine Theorien ausgehend von der Sexualität z.T. bis auf die Kultur- und Gesellschaftskritik hin aus. Maßgeblich dafür waren seine systematischen individualpsychologischen Kenntnisse (Neurosenlehre), die er auf die Gesellschaft übertrug (Ideologiekritik), siehe z.B. sein Spätwerk „Das Unbehagen in der Kultur".

Freud wandte den Begriff Neurose insbesondere auf die leichtgradigen psychischen Störungen an, die man heute auch als funktionelle Störungen, d.h. ohne organisches Korrelat bezeichnet. Die Frage, ob bei schwereren psychischen Krankheiten (Psychosen) nicht doch körperliche Bedingungen stets eine Rolle spielen, ist bis heute nicht zweifelsfrei geklärt. Zweifelsfrei gilt das nur für die ausdrücklich so genannten organischen Psychosen. Freud öffnete seine Neurosentheorie auch für diese zweifelhaften Fälle der lange Zeit als endogene Psychosen bezeichneten psychischen Erkrankungen. Er sprach hier von narzisstischen Neurosen, während man diese Formen sonst als chronische Paranoia oder als Dementia paranoides bezeichnete.

Die neurotische Symptombildung ist in der Psychoanalyse der Ausdruck eines unbewussten Konflikts. Bei den klassischen Psychoneurosen entspricht er einem ungelösten frühkindlichen Konflikt. Im Gegensatz dazu werden Aktualneurosen durch einen Konflikt im unmittelbaren Erleben ausgelöst. Durch die Analyse wird dieser Konflikt bewusst gemacht und dadurch Heilung ermöglicht. Neurosen werden nach der psychoanalytischen Theorie u.a. ausgelöst durch Störungen in bestimmten kindlichen Entwicklungsphasen. Eine Persönlichkeitsstörung (Charakterneurose), welche zumeist ich-synton ist, wird durch eine frühe Störung in der Entwicklung ausgelöst.

Speziell in der klassischen Psychoanalyse und der Psychiatrie der Freud'schen Schule und deren Nachfolgern wird angenommen, dass eine Neurose durch einen inneren, unbewussten Konflikt verursacht wird. Freud entwickelte zur Veranschaulichung der Krankheitsdynamik ein Strukturmodell der Psyche. Freud sprach von einem psychischen Apparat, der aus drei Instanzen, dem Ich, dem Es und dem Über-Ich bestehe. Bei dem unbewussten Konflikt komme es zu fehlender Anpassung des Ichs als Mittler zwischen Innenwelt und äußerer Realität. Diese mangelnde Adaptation des Ichs an alltägliche äußere Belastungen wird auf mangelhaft kontrollierbare, weil unbewusste, Einflüsse des „Es" oder des „Über-Ichs" zurückgeführt. Das „Es" vertritt dabei den triebhaften Pol der Psyche, das „Über-Ich" die Rolle eines Zensors oder Richters.

Die mangelnde Anpassung ist im späteren Leben häufig stellvertretende Folge eines unbewältigten frühkindlichen Traumas. Durch dieses akute Trauma oder durch leichtere sich wiederholende chronische Traumatisierungen kommt es nach der psychoanalytischen Theorie zu einer vermehrten Abwehrbereitschaft gegen diese schmerzlichen Erinnerungen. Freud gebrauchte den Begriff Neurose ab 1895 in noch heute gültigem Sinne.

Carl Gustav Jung formuliert hierzu, dass ohne schon vorher vorhandene bewusste Begriffe eine Apperzeption unmöglich sei, woraus sich viele neurotische Störungen ergäben. Im Unbewussten existieren gewisse Inhalte, welche mangels apperzipierender Begriffe (von „greifen", comprehendere) nicht ins Bewusstsein aufgenommen werden könnten. Deren oft beträchtliche Energie verlagere sich auf normalerweise wenig betonte, aber bewusste Inhalte und erhöhe deren Intensität ins Pathologische. Es entstünden dadurch nur scheinbar grundlose Phobien und Obsessionen (überspannte Ideen, Idiosynkrasien, hypochondrische Vorstellungen, intellektuelle Perversitäten), welche sich sozial, religiös oder politisch äußern könnten.

Die Primärtheorie von Arthur Janov erklärt die Neurose in anderer Weise als die klassische Freud'sche Schule. In der Primärtheorie versucht ein Kind psychische Konflikte zwischen natürlichen Bedürfnissen (Es) und diesen natürlichen Bedürfnissen entgegenstehenden Lebensbedingungen (im weitesten Sinne als „Über-Ich" zu verstehen) dadurch zu lösen, dass es die Bedürfnisse aus dem bewussten Erleben verdrängt. Im Alter von etwa sechs Jahren, was je nach Lebensbedingungen variieren kann, gewinne das Kind die grundsätzliche Erkenntnis, dass es mit seinen natürlichen Bedürfnissen niemals anerkannt werde. Dies führe zu einem sogenannten „Umkippen". Die Tendenz zur Verdrängung von Bedürfnissen nehme ab diesem Zeitpunkt überhand und wird im primärtherapeutischen Sinne als neurotisch bezeichnet.[124]

14.5 Neurotransmitter

Neurotransmitter (von altgriechisch νεῦρον neuron, deutsch ‚Sehne', ‚Nerv' und lateinisch transmittere, deutsch ‚hinüber schicken', ‚übertragen') sind Botenstoffe, die an chemischen Synapsen die Erregung von einer Nervenzelle auf andere Zellen übertragen (synaptische Transmission).

[124] https://de.wikipedia.org/wiki/Neurose

Die Neurotransmitter werden im Zellkörper oder in der Endigung des Axons vom sendenden Neuron synthetisiert und in Quanten freigesetzt.

In die präsynaptische Membranregion des Neurons fortgeleitete elektrische Impulse, Aktionspotentiale, veranlassen über kurzzeitigen Calciumeinstrom die Ausschüttung der Botenstoffe aus Vorratsspeichern, den synaptischen Vesikeln. Dieser Vorgang ist eine Exozytose: Durch Fusion der Vesikelmembranen mit der präsynaptischen Membran wird das je enthaltene Quantum an Transmittermolekülen in den (extrazellulären) synaptischen Spalt freigesetzt und gelangt per Diffusion zu den Rezeptoren auf der postsynaptischen Membran der nachgeschalteten Zelle.

Diese Membranproteine der subsynaptischen Region erkennen den jeweiligen Transmitter spezifisch an seiner molekularen räumlichen Struktur und Ladungsverteilung durch komplementäre Strukturen. Die Bindung eines Transmittermoleküls führt zur strukturellen Veränderung des Rezeptorproteins, wodurch direkt (ionotrop) oder mittelbar (metabotrop) bestimmte Ionenkanäle in dieser Region vorübergehend geöffnet werden.

Abhängig von der Zahl an Rezeptoren mit gebundenem Transmitter entstehen so Ionenströme verschiedener Stärke mit entsprechenden postsynaptischen Potentialdifferenzen (PSP). Entweder sind diese – festgelegt über die Zuordnung von Rezeptoren in der Membran zu Ionenkanälen bestimmter Ionensorte – nun depolarisierend, so dass sie als exzitatorisches postsynaptisches Potential (EPSP) eine Erregung der nachgeschalteten Zelle fördern bzw. zur Bildung eines Aktionspotentials führen, oder aber so, dass sie diese als inhibitorisches postsynaptisches Potential (IPSP) hemmen bzw. eine Erregung verhindern.

Neben dem eigentlichen Neurotransmitter werden nicht selten noch Kotransmitter ausgeschüttet (Kotransmission), welche die Erregungsübertragung auf verschiedene Weise als Neuromodulatoren beeinflussen können. Die Bindung von Transmittern an Rezeptormoleküle ist in der Regel reversibel, nach Ablösung somit erneut möglich. Begrenzt wird ihre Wirkung nicht allein durch Diffusion, sondern durch enzymatische Spaltung (z.B. Cholinesterasen), Aufnahme in Gliazellen, präsynaptische Wiederaufnahme in das Neuron oder auch eine postsynaptische Internalisation samt Rezeptor (als Endozytose). Daneben ist postsynaptisch die prompte Inaktivation von Ionenkanälen (Desensitivierung) möglich. Weiterhin können präsynaptisch gelegene Autorezeptoren für den Transmitter dessen Freisetzung negativ rückgekoppelt beschränken. Darüber hinaus sind zahlreiche weitere präsynaptische Rezeptoren bekannt, überwiegend metabotrop G-Protein-gekoppelte Rezeptoren, womit sich vielfältige Modifikationen synaptischer Übertragung ergeben.

Für die Wirkung einer synaptischen Transmission ist nicht die präsynaptisch als Transmitter ausgeschüttete chemische Substanz entscheidend, sondern die postsynaptisch ausgebildete Empfänglichkeit der nachgeordneten Zelle. Beispielsweise ruft der gleiche Transmitter Acetylcholin im Skelettmuskel – vermittelt über ionotrope nikotinische NM-Cholinozeptoren – eine Depolarisation hervor, jedoch im

Herzmuskel – vermittelt über metabotrope muskarinische M2-Cholinozeptoren – eine Hyperpolarisation. Im einen Fall führt dies zu einer Erregung von Skelettmuskelfasern, im anderen Fall zu einer Abnahme der Erregbarkeit von Herzmuskelzellen.

Der wichtigste Transmitter im peripheren Nervensystem ist Acetylcholin, so nicht nur an der motorischen Endplatte von Muskelfasern, sondern auch im parasympathischen Teil des vegetativen Nervensystems sowie präganglionär im sympathischen Teil, postganglionär wird hier meist Noradrenalin ausgeschüttet (doch sind z.B. die Schweißdrüsen cholinerg innerviert).

Der wichtigste Neurotransmitter im zentralen Nervensystem (ZNS) ist Glutamat, mit erregender Wirkung; die wichtigsten Transmitter inhibitorischer Synapsen sind Gamma-Aminobuttersäure (GABA) und Glycin. Andere häufige Neurotransmitter sind Dopamin und Serotonin neben Acetylcholin und Noradrenalin, auch bei Synapsen im ZNS.[125]

14.6 New Age

New Age (engl. „Neues Zeitalter") war eine im letzten Drittel des 20. Jahrhunderts gebräuchliche Bezeichnung für Esoterisches im Umfeld der Hippie-Bewegung. Ursprünglich etwa synonym mit dem astrologisch begründeten Begriff „Was-

[125] https://de.wikipedia.org/wiki/Neurotransmitter

sermannzeitalter", wurde „New Age" jedoch bald unabhängig davon in sehr freier Weise verwendet. Oft ist auch von einer New-Age-Bewegung die Rede, was aus Sicht der Soziologie jedoch problematisch ist. Gegen Ende des 20. Jahrhunderts kam die Bezeichnung „New Age" aus der Mode.

Das Schlagwort „New Age" wurde, soweit bis heute bekannt, erstmals 1804 von William Blake im Vorwort zu seiner Dichtung Milton verwendet. 1864 veröffentlichte der Amerikaner Warren Felt Evans eine Schrift mit dem Titel „The New Age and Its Message", wobei mit der Botschaft (message) die Lehren Emanuel Swedenborgs gemeint waren.

Ab 1894 erschien in England eine modernistische Zeitschrift namens „The New Age" mit wechselnder, teils politischer (sozialistischer), teils literarischer Ausrichtung, die ab 1907 unter der Federführung von Alfred Richard Orage u.a. auch spirituellen Themen gewidmet war.

Eine gewisse Verbreitung fand der Begriff new age jedoch erst durch die theosophischen Schriften von Alice Bailey, und allgemein bekannt wurde er schließlich um 1970 im Umfeld der kalifornischen Protestbewegung. In diesem Zusammenhang war er zunächst etwa synonym mit „Wassermannzeitalter"; die damit verbundenen astrologischen Vorstellungen traten jedoch sehr schnell in den Hintergrund.

„New Age" ist ein sehr unscharfer Sammelbegriff. Es etablierte sich nie eine klare Definition, und die Bezeichnung wurde in sehr freier Weise verschiedensten Strömungen und

Gruppierungen zugeordnet. Laut Kocku von Stuckrads Einführung „Was ist Esoterik?" (2004) konnten zwar ideengeschichtlich gewisse Kontinuitäten in den beteiligten religiösen Traditionen aufgezeigt werden, die empirisch-soziologische Analyse ergebe jedoch, „dass von einer einheitlichen Bewegung mit übereinstimmenden Ansichten keine Rede sein kann".

Beispiele für Versuche einer engeren Begriffsbestimmung reichen von der These des Soziologen Hans Sebald, die New-Age-Bewegung sei eine „romantische Bewegung", über den Entwurf einer Weltanschauung des New Age durch den Philosophen und Soziologen Christof Schorsch bis zu der (primär auf Deutschland bezogenen) Ansicht des Religionswissenschaftlers Christoph Bochinger, es handele sich weder um eine Bewegung noch um eine Weltanschauung, sondern um einen hauptsächlich durch einige Buchverlage geprägten „Sammelbegriff für Religion im Abendland unter den Bedingungen der Moderne, die sich aus dem kirchlichen Rahmen gelöst hat".

Im Rückblick wird „New Age" vielfach mit der Protestbewegung der 1960er Jahre in Zusammenhang gebracht, obwohl die Bezeichnung damals noch kaum gebräuchlich war. In dieser Perspektive bezeichnet „New Age" die gesamte alternative Bewegung seit den 1960er Jahren.

Demgegenüber weist der Kulturhistoriker und Religionswissenschaftler Wouter J. Hanegraaff in seiner Monographie New Age Religion and Western Culture (1996) auf bedeutende Unterschiede zwischen der Bewegung der 1960er und jener der 1980er Jahre hin: In den 1960ern handelte es sich vorwiegend um Jugendliche, die politisch links orientiert waren und zu radikalen politischen Aktionen neigten; auch war der Gebrauch psychedelischer Drogen sehr verbreitet.

In den 1980ern hingegen beschränkte sich die Bewegung nicht mehr auf eine bestimmte Generation, Karl Marx und Che Guevara spielten keine Rolle mehr, politische Aktionen gehörten nicht mehr zum typischen Handlungsrepertoire, und anstelle von Drogen bevorzugte man Meditationen und andere spirituelle Techniken der „Bewusstseinserweiterung".

Im deutschen Sprachraum kam die Bezeichnung „New Age" erst gegen Ende der 1970er Jahre in Gebrauch, und den Höhepunkt ihrer Verbreitung hatte sie hier etwa von 1985 bis 1988. Durch die zunehmende kommerzielle Verwendung erhielt sie ab den 1980er Jahren – zunächst im englischen Sprachraum – für bisherige Anhänger einen negativen Beigeschmack, und auch prominente Vertreter wie Fritjof Capra distanzierten sich davon. Heute wird „New Age" nur noch selten als Selbstbezeichnung verwendet und häufig sogar als Schimpfwort betrachtet.

Die Ursprünge der Bewegung oder des kultischen Milieus (Hanegraaff), das mit dem Begriff „New Age" verbunden ist, lassen sich mindestens bis zum Okkultismus des 18. Jahrhunderts zurückverfolgen.

In einem engeren Sinn bezeichnet Hanegraaff die UFO-Kulte der 1950er Jahre als „Proto-New-Age-Bewegung". Dabei handelt es sich um ein Milieu, in welchem vermeintliche

Sichtungen von UFOs mit einer herannahenden Apokalypse in Verbindung gebracht wurden. Diese UFO-Kulte waren teilweise von der theosophischen Lehre von Alice Bailey beeinflusst, die auch die Bezeichnung „New Age" einbrachte.

In den 60er Jahren kamen „alternative" Lebensgemeinschaften wie die im schottischen Findhorn hinzu, in denen anfangs auch eine apokalyptische Erwartungshaltung herrschte. Da die Apokalypse jedoch ausblieb, etablierte sich stattdessen (anscheinend ausgehend von Findhorn) der Glaube, dass das neue Zeitalter bereits begonnen habe, aber nicht, wie erwartet, als Katastrophe über die Menschheit hereingebrochen sei, sondern lediglich die Möglichkeit eröffne, durch eine veränderte Lebensweise und innere Haltung der Menschen verwirklicht zu werden. Diese frühe New-Age-Bewegung (Hanegraaff nennt sie new age sensu stricto) ging von Großbritannien aus, war stark theosophisch und anthroposophisch geprägt, und das zentrale Thema war das neue Wassermannzeitalter.

In den 1970er Jahren wurde die Bezeichnung „New Age" im englischen Sprachraum in weiteren Kreisen gebräuchlich und mit einer Vielzahl „alternativer" Ideen und Zielsetzungen verbunden. Parallel dazu entwickelte sich das Bewusstsein, einer Bewegung anzugehören. Der Schwerpunkt verlagerte sich nach Nordamerika, wo vor allem die kalifornische „Gegenkultur" (counterculture) und die Tradition der Neugeist-Bewegung (new thought movement) bedeutende Einflüsse ausübten.

Theosophische und anthroposophische Elemente wie das Konzept des Wassermannzeitalters traten in der Vielfalt der Themen in den Hintergrund. In den 80ern fasste diese breitere Bewegung (new age sensu lato bei Hanegraaff) dann auch im deutschsprachigen Raum Fuß, und der Soziologe Christof Schorsch schrieb 1988, in Deutschland sei „eine soziale Bewegung entstanden, die längst eine auch soziologisch relevante Größenordnung erreicht" habe.

Demgegenüber vertrat der Religionswissenschaftler Christoph Bochinger in seiner 1994 publizierten Dissertation „New Age" und moderne Religion die Auffassung, dass hierzulande von einer konsistenten Bewegung oder gar von einer Weltanschauung nicht die Rede sein könne, sondern in erster Linie von einer Marketing-Inszenierung einiger Buchverlage.

Vor allem in den USA war in den 1980er und 1990er Jahren ein starker Trend zu beobachten, New-Age-Spiritualität mit dem Streben nach materiellem Erfolg zu verbinden, und das war nach Heelas das auffallendste Kennzeichen des späten New Age und in den 1990er Jahren der am schnellsten wachsende Sektor.

Mitte der 1990er Jahre trat insbesondere im deutschsprachigen New-Age-Milieu ein starkes Interesse an Verschwörungstheorien auf, wie sie etwa Jan van Helsing verbreitet. In diesem Zusammenhang öffnete sich das bislang eher linksliberale und großenteils unpolitische Milieu rechtsextremem Gedankengut.

Als Gründe für dieses plötzliche Umschwenken in einen pessimistischen Diskurs sieht Nicholas Goodrick-Clarke die politische Situation nach Margaret Thatcher und Ronald Reagan und das Ausbleiben der erhofften spirituellen Wandlung, das durch Verschwörungsfantasien plausibel werden konnte.

Eine bedeutende Rolle spielte auch die verstärkte Hinwendung zu keltisch und germanisch orientierten Richtungen des Neuheidentums.

Da der Terminus „New Age" seit den 1980er Jahren in Misskredit geriet und heute nur noch selten als Selbstbezeichnung verwendet wird, betrachtet von Stuckrad die New-Age-Bewegung als eine bereits abgeschlossene Episode der Religionsgeschichte, die nur noch durch externe Zuschreibungen (von Kritikern und mit der Sache befassten Wissenschaftlern) künstlich am Leben gehalten werde. Das Milieu, das zeitweilig als New-Age-Szene bestand, sei allerdings – ebenso wie die hauptsächlichen Themen – weiterhin vorhanden und könne zu großen Teilen einfach als moderne Esoterik bezeichnet werden.[126]

14.7 Nichtlokalität

Lokalität ist in der Physik die Eigenschaft einer Theorie, dass Vorgänge nur unmittelbare Auswirkungen auf ihre direkte

[126] https://de.wikipedia.org/wiki/New_Age

räumliche Umgebung haben. Nichtlokalität lässt auch zu, Effekte mit Fernwirkungen vorherzusagen. Bei Nichtlokalität bzw. Lokalität geht es prinzipiell um die Frage, ob oder unter welchen Bedingungen ein Ereignis ein anderes Ereignis beeinflussen kann. (Unter Ereignis versteht man in der Physik einen beliebigen physikalischen Vorgang, der zu einer bestimmten Zeit an einem bestimmten Ort stattfindet.) Die Beantwortung dieser Frage fällt in den unten ausgeführten physikalischen Theorien jeweils unterschiedlich aus.

In der klassischen Physik bzw. der newtonschen Mechanik wird diese Fragestellung (nämlich wann welche Ereignisse sich beeinflussen können) nicht explizit untersucht, jedoch ergibt sich als direkte Folge der newtonschen Grundannahmen (absolute Zeit, absoluter Raum usw.), dass prinzipiell jedes Ereignis jedes andere beeinflussen kann. Mit anderen Worten, es sind beliebige Fernwirkungen möglich. Typisches Beispiel ist das (veraltete) klassisch-newtonsche Konzept der Gravitation, in dem sie beliebig fern und instantan wirkt.
In der Kopenhagener Deutung der (nichtrelativistischen!) Quantenmechanik sieht die Situation wieder anders aus. Da bei der Entwicklung der Quantentheorie (obwohl später entstanden) die Relativitätstheorie nicht beachtet wurde, sondern die Quantentheorie gänzlich aus nicht-relativistischen Prinzipien aufgebaut wurde, kann es nicht verwundern, dass das Prinzip der Lokalität hier nicht gilt.

Grundsätzlich besagt die Quantenmechanik, dass für die Verteilung der Ergebnisse einer Messung bestimmter physikalischer Größen ("Messwerte") lediglich Wahrscheinlichkeiten angegeben werden können. Ein typisches Beispiel ist die

Aufenthaltswahrscheinlichkeitsverteilung eines Elektrons im Atom, im Atomorbital. Sie ist nirgends null, weder sehr nah am Atomkern, noch in einer Entfernung von Lichtjahren (obgleich dort sehr niedrig bzw. fast null). Diese Aufenthalts-Wahrscheinlichkeitsverteilung wird durch das Betragsquadrat der Amplitude der Wellenfunktion beschrieben. Im Augenblick einer wirklichen Messung („Wo ist das Elektron jetzt?") kollabiert die Wellenfunktion: Am Ort des Elektrons wird sie eins, überall sonst null.

Die Frage, auf die die Quantenmechanik nur implizit eine Antwort gibt, ist, ob dieser Kollaps der Wellenfunktion instantan (augenblicklich) erfolgt oder sich "nur" mit Lichtgeschwindigkeit fortpflanzt. Mit anderen Worten: Wenn eine Ortsmessung eines Elektrons auf der Erde erfolgt, wie schnell ändert die Wellenfunktion ihren Wert auf null auf Alpha Centauri? Sofort oder erst in vier Jahren? Die implizite Antwort der Quantentheorie heißt: Der Kollaps der Wellenfunktion erfolgt instantan, ist also nicht-lokal (impliziert daher Fernwirkungen). Genau diesen Umstand bezeichnet man als Quanten-Nichtlokalität.

Diese sehr theoretischen Ausführungen kann man jedoch bereits mit so genannten verschränkten Paaren praktisch nachspielen, wo eine quantenmechanische Messung an einem Ort einen Kollaps der Wellenfunktion an einem anderen Ort nach sich zieht. Dabei zeigt sich, dass zwar der Kollaps der Wellenfunktion instantan erfolgt, jedoch keine echten Informationen übertragen werden können, sodass die Einstein-Kausalität dennoch erhalten bleibt. Diese Ergebnisse entsprechen der Kopenhagener Interpretation der Quantenmechanik, die der Wellenfunktion keine unmittelbare physikalische Realität zuschreibt, sondern nur den Messergebnissen. Der "Kollaps" der Wellenfunktion ist daher kein messbares Phänomen, das heißt: kein physikalisches Phänomen, das mit Lichtgeschwindigkeit "übertragen" werden müsste.

Unser Wissen über die realisierte Möglichkeit des Messprozesses an einem Teil des verschränkten Paares schließt lediglich bestimmte Messergebnisse an dem anderen Teil aus. Welche Messergebnisse ausgeschlossen sind, weiß man jedoch nur, wenn man das erste Messergebnis kennt. Diese Information muss klassisch, also unter Berücksichtigung von Lokalität, übertragen werden.

Allerdings bietet diese sogenannte Quantenteleportation die Möglichkeit einer besonders sicheren Verschlüsselung: Wenn Sender und Empfänger jeweils einen Teil eines verschränkten Paares besitzen, so können sie einander verschlüsselte Botschaften zusenden, die prinzipiell von dritten nicht unbemerkt abgehört werden könnten (Quantenkryptografie). Allerdings gilt das nur für den Fall, dass der "Lauscher" einen klassischen Messvorgang bei der Bestimmung des Quantenzustands eines abgefangenen Teilchens verwendet. Einer Gruppe von US-Wissenschaftlern des Massachusetts Institute of Technology gelang es im November 2006 in einer nach dem BB84-Protokoll verschlüsselten Nachricht bis zu 40 % der Übertragung unbemerkt abzuhören – allerdings in einer Simulation und unter Laborbedingungen. Die Resultate des Experimentes wurden am 25. April 2007 in der Fachzeitschrift Physical Review A veröffentlicht.[127]

14.8 Nocebo-Effekt

Der Nocebo-Effekt (von lateinisch nocere ‚schaden', nocebo ‚ich werde schaden') ist – analog zum Placebo-Effekt (lat. placebo ‚ich werde gefallen') – eine scheinbare negative Wirkung eines Arzneimittels. Er bezeichnet eine Reaktion auf ein medizinisches Präparat ohne spezielle Wirkung bzw. auf die gerüchteweise die Gesundheit oder das Wohlbefinden nachhaltig beeinträchtigende Wirkung einer umweltverändernden Maßnahme. Im Gegensatz zur positiven Wirkung beim Placebo-Effekt ergibt sich beim Nocebo-Effekt eine negative Reaktion.

Entdeckt wurde der Nocebo-Effekt, als nach Verabreichung wirkstofffreier Präparate – so genannter Placebos – negative, krank machende Auswirkungen auftraten. Wenn die negative Wirkung überwiegt, wird korrekterweise von einem Nocebo (statt Placebo) gesprochen. Im medizinwissenschaftlichen Sprachgebrauch werden heute im weiteren Sinne auch alle anderen Maßnahmen oder jegliche Einflussgrößen als Nocebo bezeichnet, die ohne naturwissenschaftlichen Nachweis einer spezifischen Wirkung eine negative Reaktion bewirken können. Auch kann sich ein Nocebo-Effekt zu anderweitig erklärbaren Negativwirkungen addieren.

[127] https://de.wikipedia.org/wiki/Lokalit%C3%A4t_(Physik)

Der Nocebo-Effekt – oft auch als negativer Placebo-Effekt bezeichnet – beruht, wie auch der Placebo-Effekt, unter anderem auf einer bestimmten Erwartungshaltung. Die Erwartungshaltung kann demnach auch unbewusst sein und auf Lernmechanismen wie z.B. Konditionierungen beruhen. So kann beim Patienten die Befürchtung aufgebaut werden, dass bestimmte äußere Einwirkungen „krank machen". Diese Personen erkranken dann auch tatsächlich, beziehungsweise es können die entsprechenden Symptome bei ihnen beobachtet und auch gemessen werden. Einem anderen gängigen Erklärungsmodell zufolge handelt es sich dabei um eine negative selbsterfüllende Prophezeiung (selffulfilling prophecy). Zu Auslösern oder Verstärkern gehören u.a. (Fehl-)Diagnosen von Ärzten oder ausführliche Erläuterungen zu möglichen Nebenwirkungen (z.B. bei wissenschaftlichen Studien).

Die von den Betroffenen beklagten Nebenwirkungen sind meist Erkrankungen, denen im Allgemeinen ein hoher Grad an psychosomatischen Ursachen zugeschrieben wird. So äußert sich der Nocebo-Effekt üblicherweise durch subjektive Symptome, wie beispielsweise Übelkeit, Kopfschmerzen, Erschöpfung oder Benommenheit. Daneben sind allerdings auch objektive Symptome diagnostizierbar. Dies sind vor allem Hautausschlag, erhöhter Blutdruck und erhöhte Herzfrequenz. Diese Symptome können leicht und von vorübergehender Natur, aber auch chronisch und im Extremfall sogar letal sein. Der Nocebo-Effekt zeigt sich am deutlichsten in einer krankmachenden Angst vor eingebildeten Gefahren.

Nocebo-Symptome treten signifikant häufiger bei Frauen als bei Männern auf. Bei älteren Menschen ist die Wahrscheinlichkeit für das Auftreten des Nocebo-Effektes höher als bei Jüngeren.

Der dem Nocebo-Effekt zugrundeliegende psychische Mechanismus ist im Wesentlichen unbekannt. Nach dem gegenwärtigen Kenntnisstand spielen die Konditionierung und die Erwartungshaltung eine wesentliche Rolle.

Es lassen sich auch physiologische Komponenten im Zusammenhang mit dem Nocebo-Effekt identifizieren. Offensichtlich spielt bei psychisch bedingten Schmerzen der in der Darmschleimhaut gebildete Botenstoff Cholecystokinin (CCK) eine Rolle. Er löst im Gehirn eine Schmerzreaktion aus und hat auch bei Phobien eine entscheidende Funktion. Dieser durch Angst ausgelöste Botenstoff ist vermutlich dafür verantwortlich, dass bei einer Medikamenteneinnahme dann gehäuft Nebenwirkungen auftreten, wenn der Patient diese erwartet.

Der Nocebo-Effekt lässt sich insbesondere in placebokontrollierten Doppelblind-Studien für die Neuzulassung von Medikamenten beobachten. In diesen Studien werden alle Patienten über mögliche zu erwartende Nebenwirkungen des Wirkstoffes informiert – unabhängig davon, ob sie diesen Wirkstoff oder ein Placebo erhalten. Etwa ein Viertel der Placebo-Empfänger klagt dann über die entsprechenden, ihnen zuvor erläuterten Nebenwirkungen.

Ein Beispiel ist das Auftreten einer Hypervagotonie, die sich in einer Doppelblindstudie eines Calciumantagonisten bei Patienten durch Herzrhythmusstörungen manifestierte, obwohl diese nur das Placebo erhalten hatten. In einer anderen Studie klagten 19% der Probanden, welche das Placebo in einer placebokontrollierten Doppelblind-Studie mit insgesamt 109 gesunden Probanden erhalten hatten, über Nebenwirkungen. In einer früheren Studie, in welcher 67 placebokontrollierte klinische Studien ausgewertet wurden, klagten durchschnittlich 23% der Probanden, die nur das Placebo erhalten hatten, über mindestens eine störende Nebenwirkung. Der Anteil an Probanden, der nach Einnahme des Placebos über Nebenwirkungen klagt, hat eine erheblich höhere Inzidenz von 27% bis 71%, wenn sie nach den Nebenwirkungen befragt werden.

So wie zur Beurteilung der Wirkung eines Medikamentes in einer placebokontrollierten Doppelblind-Studie der Placebo-Effekt der Kontrollgruppe von der Wirkung des eigentlichen Wirkstoffes subtrahiert wird, kann der Nocebo-Effekt der Kontrollgruppe zur Ermittlung der eigentlichen Nebenwirkungen des Wirkstoffes prinzipiell ebenfalls subtrahiert werden.

Der Nocebo-Effekt soll nach Hypothesen – über die aber kein aktueller wissenschaftlicher Konsens besteht – auch eine Rolle bei negativen Wahrnehmungen im Zusammenhang mit Funkmasten („Elektrosmog") oder Atomkraftwerken spielen.

Der Nocebo-Effekt kann auch bei Tieren beobachtet werden.

Ein signifikanter Anteil von Probanden klagt nach simulierten Auffahrunfällen, bei denen der Pkw nur vermeintlich beschleunigt wurde, über Beschwerden im Bereich der Halswirbelsäule, die mehrere Tage andauern können. Offensichtlich erwartet man Schmerzen und sie stellen sich auch ein.[128]

14.9 Noradrenalin

Noradrenalin oder Norepinephrin (INN) ist ein Neurotransmitter und ein Hormon. Es wird vom Körper im Nebennierenmark und im Locus caeruleus produziert. Es ist dem Adrenalin verwandt und regt das Herz-Kreislauf-System an. Wie die Vorsilbe Nor- anzeigt, trägt Noradrenalin im Vergleich zum Adrenalin keine Methylgruppe (-CH3) an seiner Aminogruppe. Daher zeigen Noradrenalin und Adrenalin zum Teil physiologisch unterschiedliche Wirkungen.

Eine pathologisch erhöhte Konzentration an Noradrenalin im Blut findet sich beim Krankheitsbild der Herzinsuffizienz.

Noradrenalin wird neben dem Adrenalin als Hormon in den Nebennieren produziert und ins Blut abgegeben (Fluchtreflex). Es wirkt vorwiegend an den Arteriolen und führt über Aktivierung von Adrenozeptoren zu einer Engstellung dieser Gefäße und damit zu einer Blutdrucksteigerung.

---

[128] https://de.wikipedia.org/wiki/Nocebo-Effekt

Die wichtigste Funktion von Noradrenalin ist seine Rolle als Neurotransmitter im Zentralnervensystem und dem sympathischen Nervensystem. Damit unterscheidet sich Noradrenalin vom Adrenalin, welches nur eine untergeordnete Neurotransmitterrolle besitzt.

Noradrenalin wird im peripheren Nervensystem von sympathischen Nervenfasern ausgeschüttet. Es ist eine Überträgersubstanz (Neurotransmitter) der postganglionären Synapsen des sympathischen Nervensystems und entfaltet dort weitgehend die gleiche Wirkung wie Adrenalin. Die Eliminierung des Noradrenalins aus dem synaptischen Spalt erfolgt hauptsächlich durch Wiederaufnahme in die präsynaptische Zelle über den Transporter, kann aber auch enzymatisch inaktiviert werden. Noradrenalin-Wiederaufnahmehemmer führen zu einer Erhöhung der Noradrenalin-Konzentration und somit zu einer Erhöhung des Sympathikotonus.

Im Locus caeruleus, einer relativ kleinen, dunkelfarbigen Zellgruppe in der vorderen Rautengrube, einem Teil der Brücke (Pons) wird ein Großteil des Noradrenalins des ZNS produziert. Benzodiazepine vermindern die Aktivität des Locus caeruleus und reduzieren damit den Transport von Noradrenalin zum Vorderhirn.

Die Produktion von Noradrenalin erfolgt in den Nebennieren und im Nervensystem aus Dopamin mittels des Enzyms Dopaminhydroxylase. Als Kofaktor und Elektronendonator spielt Vitamin C eine Rolle.[129]

14.10 Nosologie

Nosologie (auch Krankheitslehre) ist die Lehre von der medizinischen Einteilung der Erkrankungen. Die Nosologie war zeitweise ein Teilgebiet der Pathologie. Der Begriff leitet sich ab von altgriechisch νόσος [nosos] = „Krankheit" und -λογος [-logos, -logie] = „Wort, Lehre". Das Adjektiv zu Nosologie lautet nosologisch = die Nosologie betreffend; Krankheiten systematisch beschreibend.

Eine systematisch vorgehende Nosologie umfasst möglichst alle Methoden der Erforschung und Erkennung von Krankheitsprozessen (Diagnose), um damit zur detaillierten wissenschaftlichen Beschreibung von validen Krankheitseinheiten beizutragen.

Die Einteilung, Benennung und Erkennung (Diagnose) einer Krankheit kann nach folgenden Gesichtspunkten erfolgen:

- nach Symptomen (Symptomatologie)
- nach Beobachtung des Krankheitsverlaufs und der Vorhersage des Ausgangs einer Krankheit (Prognose)

[129] https://de.wikipedia.org/wiki/Noradrenalin

- nach der Häufigkeit (Epidemiologie)
- nach pathologisch-anatomischen Befunden (Pathologie)
- nach spezifischen gestörten Funktionen (Pathophysiologie)
- nach Entstehung und Entwicklung einer Krankheit (Pathogenese)
- nach bildgebenden Verfahren bei einem betroffenen Organ
- nach der Ursache (Ätiologie)
- nach dem Ansprechen auf bestimmte Therapien (ex iuvantibus, „Klärung der Diagnose vom Heilerfolg her")

Die Vereinigung von abstrakter Kategorisierung und konkreter nosographischer Detailgenauigkeit ist ein in sich gegensätzliches Verfahren und wird daher als Fiktion betrachtet. Die Abgrenzung und Nomenklatur unterschiedlicher Krankheitseinheiten im Verlauf der Medizingeschichte entspricht jedoch auf rein sprachlicher Ebene dem Vorgang der Begriffsbildung, siehe Semiologie, Etymologie und Erkenntnistheorie.

Krankheiten wurden erstmals im 18. Jahrhundert nach dem Vorbild der botanischen Namensgebung durch den Arzt und

Botaniker Sauvages in Montpellier klassifiziert. Diesen traditionellen medizinischen Anschauungen sind jedoch diejenigen der Psychopathologie gegenüberzustellen, wie sie auch von der Psychosomatik vertreten werden. In diesen Teilgebieten werden unterschiedliche Theorien der Krankheitsentstehung vertreten, die sich praktisch in ihrer Methodik voneinander unterscheiden und auf das von der Philosophie behandelte Leib-Seele-Problem zurückgehen. Sowohl in der Pathologie als auch in der Psychopathologie wird jedoch bei der Entstehung von Krankheiten von mangelnder Anpassung oder Adaptation auf Anforderungen und Belastungen gesprochen (Noxen, Stressoren, Traumata).

Verschiedene Klassifikationsmöglichkeiten einzelner Erscheinungsformen werden gleichzeitig miteinander bzw. parallel angewandt.

Das verbreitetste Klassifikationssystem ist die ICD der Weltgesundheitsorganisation (WHO). Die von der WHO vertretene Definition von Gesundheit als „Zustand völligen körperlichen, seelischen und sozialen Wohlbefindens" ist für die Definition des Krankheitsbegriffs als Störung von Gesundheit zu beachten. Diese Definition nennt sich auch kurz das bio-psycho-soziale Krankheitsmodell, wobei die Hierarchie dieser Stufenleiter zu berücksichtigen ist (vgl. Situationskreis). Das Instrument der WHO ist in seiner ureigenen Intention bei der Abhandlung psychiatrischer Sachverhalte eher deskriptiv-pragmatisch (symptomatologisch) ausgerichtet und weist daher gewisse notwendige Nachteile bei der Berücksichtigung anderer nosologischer Gesichtspunkte auf.

Als Modell einer Klassifikation nach ätiologischen Gesichtspunkten sei das psychiatriegeschichtlich relevante triadische System der klassischen deutschen Psychiatrie genannt. Im Unterschied zu einer symptomorientierten Klassifikation (Querschnittsaspekt) ist die verlaufsorientierte Klassifikation (Längsschnittaspekt) als eine am Krankheitsverlauf orientierte Einteilung aufzufassen. Ein Beispiel dafür ist etwa die Unterscheidung der Dementia praecox von anderen Demenzen und von den Paraphrenien.

In der Schweizer Armee wird die sogenannte Nosologia Militaris verwendet.[130]

14.11 Nymphomanie

Die Nymphomanie (von altgriechisch νύμφη nýmphē „Braut" sowie μανία manía „Wahnsinn", „Raserei"; siehe auch Nymphen ist die Bezeichnung für ein gesteigertes Verlangen von Frauen nach Geschlechtsverkehr. Von Nymphomanie spricht man in der Regel jedoch nur, wenn der Wunsch nach Sexualität mit Promiskuität, also häufigem Partnerwechsel einhergeht.

Bei Männern wird dieses Phänomen als Satyriasis (nach dem griechischen Satyr, dem männlichen Gegenpol zur Nymphe, häufig ithyphallisch dargestellt) oder „Donjuanismus" bezeichnet. In der Wissenschaft gilt der Begriff Nym-

---

130 https://de.wikipedia.org/wiki/Nosologie

phomanie als veraltet. Synonym wird auch der Begriff „Klitoromanie" verwendet, ein extrem übersteigertes nymphomanes Verhalten auch als „Metromanie" bezeichnet, während als geschlechtsneutraler Begriff auch „Erotomanie" Verwendung findet.

Der Begriff Nymphomanie bzw. Nymphomane oder Nymphomanin wird heute in der Regel als abwertende Beschreibung gebraucht und ist in hohem Maße von kulturellen Wertvorstellungen und Sitten, insbesondere von der aktuellen, historisch sehr wandelbaren Sexualmoral abhängig. Besonders fraglich ist, welches Sexualverhalten als „normal" und welches als „gesteigert" angesehen werden soll.

Der Begriff der Nymphomanie wird in der humanmedizinischen Fachliteratur kaum verwendet, wobei auch neutralere Begriffe wie Hypersexualität aufgrund der inhaltlichen Problematik umstritten sind. In der Antike war der Begriff anders belegt. Der älteste Nachweis des Begriffes findet sich auf einer Tafel aus der Grotte Melissani auf Kefalonia, einer antiken Kultstätte des Hirtengottes Pan.

In der Tiermedizin ist der Begriff nach wie vor gebräuchlich und bezeichnet ein Symptom bei verschiedenen Störungen der Eierstockfunktion.

Trotz der kulturellen Relativität des Begriffs verweist das, was man mit Nymphomanie zu bezeichnen versucht, zumindest in einigen Fällen tatsächlich auf psychische Probleme der betroffenen Menschen, unter denen diese auch tatsächlich subjektiv leiden. So ist aus tiefenpsychologischer Sicht eine

Fixierung zwischengeschlechtlichen (oder auch gleichgeschlechtlichen) Verhaltens auf die Ebene des Sexuellen oft Ausdruck einer psychisch tief sitzenden Bindungsangst, die in einer auf den sexuellen Aspekt einer Beziehung reduzierte Bindung jenes Bedürfnis nach Nähe auszuleben versucht, das als tiefere partnerschaftliche Bindung ängstlich vermieden wird. Sexualität wird dann zur Sucht und Ersatzbefriedigung für wirkliche Liebe, vergleichbar mit anderen Süchten wie Alkoholismus oder Drogenkonsum. Psychotherapie kann dazu beitragen, die Ursachen derartigen Suchtverhaltens zu verstehen und therapeutisch zu verändern.

In der Psychiatrie gilt ein übermäßig gesteigerter Geschlechtstrieb als Symptom oder, in der axialen Bewertung im ICD und im DSM-IV, als Indikator für die Diagnose verschiedener Persönlichkeitsstörungen. Das „Krankheitsbild Nymphomanie" ist dagegen inzwischen aus dem DSM-IV entfernt, im ICD-10 ist es hingegen aufgeführt.

Im gesellschaftlichen Diskurs ist die Frage des Zusammenhangs zwischen Nymphomanie und psychischer Störung sehr umstritten und oft Ausdruck unterschiedlicher moralischer Wertvorstellungen. So neigen konservative Menschen eher dazu, hier einen Zusammenhang zu sehen, während liberal eingestellte Menschen Nymphomanie mitunter gar als Ausdruck von Emanzipation interpretieren.

Im Bereich der Prostitution und Pornografie wird der Begriff als eine Art Aushängeschild benutzt. Prostituierte bezeichnen sich in ihren Inseraten oft ausdrücklich als nymphoman, auch Anzeigen für Telefonsex beziehen sich oft wörtlich oder sinngemäß auf diesen Begriff. In Illustrierten und im Internet werden zahlreiche – angeblich – sexhungrige Frauen vorgestellt.[131]

[131] https://de.wikipedia.org/wiki/Nymphomanie

15 Buchstabe O

15.1 Omniatherapie

In der von Thomas A. M. Windelschmidt konzipierten Omniatherapie liegt ein holistisches Denken zu Grunde. Man nimmt alles, insbesondere auch einen Menschen, in seiner Ganzheit aus

Körper – Geist – Seele

wahr und versucht, als „ein Werkzeug" den Patienten bei der Lösung von Problemen auf allen Ebenen zu unterstützen.

Im Fokus steht dabei die Psyche bzw. genauer das Unterbewusste des Hilfesuchenden. Ziel ist es, herauszufinden, welche Gedanken und Gefühle dazu geführt haben, Probleme im Hier und Jetzt zu manifestieren, um in einem zweiten Schritt zu versuchen, diese unbewussten Abläufe liebevoll aufzulösen.

In jedem Fall muss eine Voraussetzung für eine erfolgreiche Umsetzung unabdingbar gegeben sein, nämlich das „Wollen" der beteiligten Personen, etwas Neues zuzulassen, um damit eine gewünschte Veränderung überhaupt erst zu ermöglichen. Wenn dies der Fall ist, sind phantastische Ergebnisse möglich, die mich jedes Mal aufs Neue überraschen.

15.2 Omniavision

Zum Gesamtkonzept der Omniavision gehören u.a. das Reframingcoaching und die Omniatherapie. Auf die Erkenntnisse der Omniavision wird z.B. zurückgegriffen beim Seelencoaching, beim Siegersystem, bei der Submediation und beim Konzept "Der Counselor".

Bei allen Konzepten, Coachings und Therapieangeboten wird ein holistisches Denken verfolgt. Der Mensch wird in seiner Ganzheit aus

Körper – Geist – Seele

wahrgenommen. Ziel ist es, als „ein Werkzeug" den Protagonisten bei der Lösung von Problemen auf allen Ebenen zu unterstützen.

Diese dreiteilige ganzheitliche Betrachtungsweise (Trinität) betrifft nicht nur die Ebenen aus Körper, Geist und Seele, sondern auch:

Zeugung – Leben – Tod

Unterbewusstes – Wachbewusstsein – Überbewusstsein

Vergangenheit – Gegenwart – Zukunft

Im Fokus steht dabei die Psyche bzw. genauer das Unterbewusste des Hilfesuchenden. Das Ziel ist es, herauszufinden, welche Gedanken und Gefühle dazu geführt haben, Probleme im Hier und Jetzt zu manifestieren, um in einem zweiten Schritt zu versuchen, diese unbewussten Abläufe liebevoll aufzulösen.

Die Omniavision beinhaltet u.a. Bestandteile der Supervision, der Psychologie (inkl. positiver Psychologie), der Psychotherapie, der systemischen Therapie (inkl. Familienaufstellung), des NLP und der Hypnotherapie.

15.3 Östrogen

Estrogene (standardsprachlich Östrogene, von altgriechisch οἶστρος oístrŏs, latinisiert oestrus „Stachel", „Leidenschaft"), auch Follikelhormone genannt, sind die wichtigsten weiblichen Sexualhormone aus der Klasse der Steroidhormone. Sie werden hauptsächlich in den Eierstöcken (Ovarien) in Follikeln und im Gelbkörper, zu einem geringeren Teil auch in der Nebennierenrinde, produziert. Während der Schwangerschaft werden die Estrogene auch in der Plazenta gebildet. Auch Männer produzieren im Hoden kleine Mengen an Estrogenen; zudem wird ein gewisser Teil des Testosterons im Fettgewebe durch ein Enzym, die sog. Aromatase, in Estrogene umgewandelt.

Estrogene sind Steroide, die als Grundgerüst Estran (13β-Methyl-gonan) besitzen. Die erstmalige Isolierung von Estrogenen und die Bestimmung der Struktur von Estrogenen erfolgte 1929 durch den deutschen Chemiker Adolf Butenandt.

Estrogene fördern die Reifung einer befruchtungsfähigen Eizelle. Durch Estrogene wird die Gebärmutterschleimhaut gut durchblutet, der Muttermund öffnet sich, und das Gebärmutterhalssekret wird durchlässig für Spermien. Estrogene signalisieren der Hypophyse die Eizellreife und lösen damit indirekt den Eisprung aus. Die Konzentration der Estrogene ändert sich erheblich im Verlauf des weiblichen Zyklus. Gesteuert wird die Produktion von der Hypophyse über die Gonadotropine (FSH und LH). Nach der Menopause fällt die Estrogensynthese im weiblichen Körper stark ab.

Im Blut werden Estrogene meist an Eiweiß gebunden transportiert. An bestimmten Organen (z.B. der weiblichen Brust und der Gebärmutter) befinden sich spezifische Estrogenrezeptoren, an die sich die Estrogene binden. Die Estrogene werden direkt zum Zellkern transportiert und beeinflussen so die Aktivität der Zellen. In der Antibabypille sind Estrogene enthalten.

Estrogene wirken physiologisch auf die Knochen in Form eines Epiphysenschlusses und Hemmung der osteoklastären Knochenresorption; eine Verminderung des Estrogenspiegels im Blut kann zu Osteoporose (Knochenschwund) führen. Estrogene haben auch eine stimulierende Wirkung auf das Immunsystem, weswegen Estrogentherapien gelegentlich als Nebenwirkung die Aktivierung latenter Autoimmunerkrankungen haben. Zudem erhöhen Estrogene im Hirn die Sensibilität für das Hören; ein verminderter Estrogenspiegel, etwa nach der Menopause, verschlechtert dagegen das Hörvermögen. Das Hormon ist essentiell für das Speichern von Gedächtnisinhalten von Geräuschen und Sprache.

Als Nebenwirkung von Estrogenpräparaten kann systemischer Lupus erythematodes, Erythema nodosum, Pruritus und Erythema multiforme (alles Autoimmunreaktionen) auftreten. Estrogen kann negative Auswirkungen auf die Psyche haben; die Nebenwirkungen eines Estrogenpräparates enthalten den Hinweis, dass dies „sehr selten <1/10.000... psychische Erkrankungen...sowie Schlaflosigkeit und Depressionen" hervorrufen kann. Bei einigen Tieren wie Fischen und Fröschen wurden unter Einfluss von Estrogenen und Halogenkohlenwasserstoffen künstliche Geschlechtsumwandlungen beobachtet.

Von den natürlichen Estrogenen zeigen lediglich Estriol und – in hoher Dosierung – Estradiol bei oraler Anwendung eine Wirkung. Wegen schneller Metabolisierung besitzen Estradiol und andere natürliche Estrogene bei parenteraler Applikation eine flüchtige und bei oraler Applikation nur geringe Wirkung. Aus diesem Grunde werden vorwiegend künstliche Estrogene medikamentös eingesetzt, die meist als Ester der natürlichen Verbindungen oder als substituierte Derivate wesentlich langsamer metabolisiert werden und damit länger wirksam sind.[132]

15.4 Ordnung

Es gibt zwei Arten von Ordnungen: Normative Ordnungen gebieten ein Tun und verbieten ein Anderes. Das Befolgen

[132] https://de.wikipedia.org/wiki/Estrogene

der Ordnung oder der Verstoß dagegen wird positiv oder negativ sanktioniert. Das Befolgen der Ordnung ist Voraussetzung für die Zugehörigkeit zum sozialen System. Sie haben eine Bewertung des Verhaltens und meist auch desjenigen, der sich verhält, zur Folge. Und es gibt eine bewertende Instanz, extern, möglicherweise aber auch intern(alisiert) in Form von Gewissen.

Systemische Ordnungen verlangen nichts. Sie verbieten nichts. Es geht vielmehr um eine immanente Gegebenheit. Systemische Ordnung erfüllt sich gewissermaßen selbst, ist aber doch nicht gleich wie ein Naturgesetz, von dem es keine Abweichung gibt. Ich kann nicht bewirken, dass Wasser bergauf fließt. Ich kann aber entgegen einer systemischen Ordnung handeln. Wenn ich mich gemäß der Ordnung verhalte, ist die Wahrscheinlichkeit grösser, dass ich zufrieden lebe. Wenn ich mich nicht danach richte, ist es wahrscheinlicher, dass ich unglücklich werde oder leide.

Es gibt keine Instanz der Bewertung. Das System selbst führt zu Konsequenzen. Ich selbst bin derjenige, der dann die Konsequenzen als angenehm oder unangenehm beurteilt. Der Umgang mit normativen Ordnungen ist: ich muss. Der Umgang mit systemischen Ordnungen ist: wenn ich dies und das tue, hat dies Konsequenzen, mit denen ich leben muss. Ich kann mich so verhalten, wenn ich mit den Konsequenzen zu leben bereit bin.

Wenn man sie genau betrachtet, kann man sie auf evolutionäre Auslese zurückführen: Sie sind das Ergebnis einer Jahrtausende alten Selektion, die Systemen mit genau dieser

Ordnung einen Überlebensvorteil gegenüber solchen gebracht hat, die vielleicht andere Ordnungen hatten und wegen ihres Nachteils untergegangen sind. Die Schöpfung wird fortfahren, Mutationen hervorzubringen oder Verhaltensänderungen. Niemand bewertet das als gut oder schlecht. Manche werden den Anforderungen ihrer Umwelt besser gerecht werden, andere weniger. Letztere gehen unter oder sterben aus. So ähnlich ist das mit den systemischen Ordnungen.

Im Folgenden geht es nicht um normative Ordnungen, sondern um systemische. Die Vermischung beider Begriffe hat viel Missverständnisse hervorgerufen vor allem beim Verständnis der Arbeit von Bert Hellinger. Viele haben gemeint, er würde (neue oder reaktionäre) normative Ordnungen postulieren.

Sein Stil und der Umstand, dass er die beiden Ordnungsarten nicht explizit differenziert hat, haben vielleicht dazu beigetragen. Wenn man versteht, dass es um systemische Ordnungen geht, kann sich bei denen, die sich nicht gerne von außen sagen lassen, was sie zu tun haben, viel Widerstand lösen.

Es ist das Verdienst von Bert Hellinger, dass er für Familiensysteme derartige systemische Ordnungen erkannt und benannt hat. Mathias Varga von Kibéd und Insa Sparrer haben diese weiter systematisiert und auf grundlegende Ordnungen zurückgeführt, die für alle Systeme gelten, also z. B. auch für Organisationen. Es sind die Folgenden:

1. Zugehörigkeit

Es geht hier um die Frage der Systemgrenze: Es gibt diejenigen, die dazu gehören und die, die nicht dazu gehören. Es gibt keine dritte Möglichkeit. In Familiensystemen wird die Zugehörigkeit über Abstammung vermittelt. Die Phänomenologie der Familienaufstellungen hat gezeigt, dass es dabei um die biologische Abstammung geht. Die Adoption durchbricht diese nicht. Diese Ordnung besagt, dass niemand, der biologisch abstammt, ausgeschlossen werden kann, ohne dass dies Folgen hat. Das Schicksal sogenannter schwarzer Schafe oder von Angehörigen, von denen niemand spricht (vor allem früh verstorbenen Kindern), wird in späteren Generationen partiell nachgelebt, um an sie zu erinnern. Man kann dieses Prinzip noch differenzieren in ein Prinzip des Nichtausschlusses und ein Prinzip der Gleichwertigkeit der Zugehörigkeit: Das Recht auf Zugehörigkeit ist für alle Systemmitglieder gleichwertig. Dieses Prinzip sichert die Systemexistenz.

2. Reihenfolge

Intrasystemisch (also innerhalb eines Systems) gilt der Vorrang des früheren vor dem späteren, wobei es nicht um Lebensalter, sondern um die Dauer der Zugehörigkeit geht. Also Eltern vor den Kindern, die älteren Kinder vor den jüngeren (die Geschwisterreihenfolge spielt also eine Rolle). Dieses Prinzip sichert das Systemwachstum. Intersystemisch (also zwischen den

Systemen) hat das jüngere Vorrang vor dem älteren: Wenn Kinder eigene Familien gründen, haben diese Vorrang vor den Herkunftsfamilien. Dieses Prinzip sichert die Systemfortpflanzung.

Auch hier wurde viel missverstanden. Es geht nicht darum, dass die Vorrangigen den Nachrangigen alles sagen und vorschreiben können, was sie wollen. Ein Respekt vor dieser Ordnung bedeutet also keine Rückkehr zur Repression durch die Eltern. Es geht um Achtung des Vorranges, des Umstandes, dass der andere vorher da war und seinen Platz vorher hatte.

Und dass ihm dieser Platz nicht streitig gemacht wird. Zwischen Eltern und Kindern ist dies noch eher nachvollziehbar, aufgrund des Erfahrungsabstandes einer Generation. Innerhalb der Geschwisterreihenfolge sind die Auswirkungen dieser Ordnung subtiler. Es gibt Kulturen, in denen nach dem Tod des Vaters der älteste Sohn die Rolle des Familienoberhauptes übernimmt. Das ist ein Ausdruck dieser Ordnung.

3. Einsatz

Der höhere Einsatz für ein System hat Vorrang vor dem geringeren. Dieses Prinzip sichert die Immunkraftbildung.

4. Fähigkeit

Die größere Fähigkeit in einem System hat Vorrang vor der geringeren Fähigkeit. Dieses Prinzip sichert die Individuation. Es gibt eine Hierarchie der Ordnungen: die jeweils vorhergehende ist Basis für die nächste: Ist auf einer primären Ebene die Ordnung gestört, können die weiteren Ordnungen gar nicht greifen.[133]

[133] http://www.manuel-aicher.com/uploads/media/Ordnung_und_Liebe_01.pdf

16 Buchstabe P

16.1 Parästhesie

Eine Parästhesie (griechisch παραίσθησις, par-aisthesis, „neben, daran vorbei"-Wahrnehmung) ist eine nicht-schmerzhafte Empfindung im Versorgungsgebiet eines Hautnervs ohne erkennbare adäquate physikalische Reize. Sie wird von den Betroffenen meist als Kribbeln, „Ameisenlaufen", Pelzigkeit, Prickeln, Jucken, Schwellungsgefühl und Kälte- oder Wärmeempfindung beschrieben. Wahrscheinlich beruhen Parästhesien auf Schädigungen der nicht myelinisierten Endaufzweigungen sensibler Nervenfasern und dadurch bedingten spontanen Entladungen, sie können jedoch auch durch die Schädigung sensibler Bahnen des Zentralnervensystems verursacht werden. Die Berührungsempfindung der Haut (z.B. geprüft mit einer Feder) kann in dem betroffenen Gebiet durchaus normal sein.

Demgegenüber entstehen elektrisierende Missempfindungen (Sensibilitätsstörungen) durch Reizung eines Nervenstamms. Störungen der vegetativen Fasern können sich als schmerzhaft brennendes Gefühl (Kausalgie) äußern. Ein gemindertes Gefühl bei Berührung der Haut, von den Betroffenen oft als Taubheit empfunden, wird als Hypästhesie bezeichnet. Eine fehlende Berührungsempfindung nennt man Anästhesie.

Parästhesien können als Nebenfolgen akuter Vergiftungen und – dauerhafter – auch bei Zuckerkrankheit oder Alkoholsucht im Rahmen von Polyneuropathien („Mehrfach-Nerven-Erkrankungen") auftreten.

- Schmerzhaft-brennend als Kausalgien treten Parästhesien vor allem bei akuten bis subakuten Durchblutungsstörungen der Nerven auf, z.B. bei peripherer arterieller Verschlusskrankheit und Arteriosklerose.

- Unangenehm elektrisierend und weit fortleitend stellen sie sich oft bei direkter Nervenreizung dar, etwa flüchtig im Rahmen einer Lumbalpunktion, vorübergehend bei Plexusanästhesierung und elektrischen Muskeluntersuchungen (z.B. Elektromyografie), ggf. länger andauernd oder wiederkehrend bei unvollständigen Nervendurchtrennungen im peripheren Nervensystem oder plötzlich einsetzend als eine Ischialgie bei größeren Bandscheibenvorfällen.

Ferner können sie als Nebenwirkung von Medikamenten wie Venlafaxin, Buspiron, Buprenorphin, Mirtazapin, Oxaliplatin, Topiramat oder Paroxetin und anderen Serotonin-Wiederaufnahmehemmern vorkommen. Sie können sich auch psychogen als Symptome bei einer Panikattacke einstellen.

Insbesondere leichte Parästhesien können auch ohne ersichtlichen Grund auftreten und haben in der Regel nichts zu bedeuten.[134]

[134] https://de.wikipedia.org/wiki/Par%C3%A4sthesie

16.2 Paranoia

Paranoia (griechisch παράνοια paránoia, aus παρὰ parà „wider" und νοῦς noûs „Verstand"; wörtlich also „wider den Verstand", „verrückt", „wahnsinnig") ist im engeren Sinn die Bezeichnung für eine psychische Störung, in deren Mittelpunkt Wahnbildungen stehen. Häufiger taucht der Begriff jedoch in seiner adjektivischen Form paranoid auf, der auf Verfolgungsängste oder Verfolgungswahn hinweist. Die Betroffenen leiden an einer verzerrten Wahrnehmung ihrer Umgebung in Richtung auf eine feindselige (im Extrem bösartig verfolgende) Haltung ihrer Person gegenüber. Die Folgen reichen über ängstliches oder aggressives Misstrauen bis hin zur Überzeugung von einer Verschwörung anderer gegen sich.

Das Spektrum paranoider Reaktionen reicht von neurotischen Formen einer paranoiden Neigung bis zu schweren psychotischen Ausprägungen. Die neurotische paranoide Persönlichkeit ist durch übertriebene Empfindlichkeit gegenüber Zurückweisung, besondere Kränkbarkeit sowie Misstrauen gekennzeichnet. Sie neigt dazu, neutrale oder freundliche Handlungen anderer als feindlich oder verächtlich zu interpretieren (paranoide Persönlichkeitsstörung). Häufig werden wiederkehrende und unberechtigte Verdächtigungen hinsichtlich der sexuellen Treue des Ehegatten oder Sexualpartners (Eifersuchtswahn) und streitsüchtiges Bestehen auf eigenen Rechten gefunden. Betroffene neigen andererseits zu übertriebener Selbstbezogenheit (ICD-10).

Paranoide Symptome sind sehr vielfältig und gesellen sich vielen Grunderkrankungen bei, darunter Neurosen, Psychosen, wie der Schizophrenie, vielen Persönlichkeitsstörungen und einigen degenerativen Erkrankungen. Die Verlaufsformen sind hier jeweils unterschiedlich. Sie zählen auch zur Symptomatik von Menschen, die lange unter echter oder gefühlter Verfolgung leiden mussten, aber nicht eigentlich psychotisch oder persönlichkeitsgestört sind. Paranoide Symptome können auch als Folge von anderen auslösenden Momenten wie somatischen Agenzien (Wirkstoffen), neurologischen und/oder psychiatrischen Erkrankungen auftreten.

Der Begriff Paranoia ist bereits seit der Antike gebräuchlich als allgemeiner Begriff für Geistesstörungen. J.C.A. Heinroth (1773–1843) verwendet 1818 den Begriff ebenfalls und versucht ihn moralphilosophisch als „Unfreyheit des Geistes" zu definieren, der mit Überspannung (Exaltation) einhergehe, bei dem aber die „Sinnesempfindung" ungestört sei.

Ludwig Snell (1817–1892) berichtete 1865 über Paranoia im Zusammenhang mit Monomanie, „wobei die Gesamtheit des geistigen Lebens überwiegend intakt bleibt".

Erst Emil Kraepelin definierte 1893 mit der 4. Auflage seines Lehrbuchs: „Als Verrücktheit bezeichnen wir die chronische Entwicklung eines dauernden Wahnsystems bei vollkommener Erhaltung der Besonnenheit." Damit konnte für Kurt Schneider 1949 die Paranoia in der Schizophrenie aufgehen bzw. in der Endogenität.

Der klinische Begriff Paranoia bezieht sich seit Ludwig Snell häufig auf eine multiple Wahnthematik, der auch andere Merkmale beigesellt sein können wie Fanatismus, oder schweres Querulantentum. Diese Psychose zeichnet sich auch „durch die Entwicklung eines einzelnen Wahns oder mehrerer aufeinander bezogener Wahninhalte aus, die im Allgemeinen lange, manchmal lebenslang, andauern; der Inhalt des Wahns oder des Wahnsystems ist sehr unterschiedlich". Schließlich ist die gravierendste Form, die paranoide Schizophrenie, „durch beständige, häufig paranoide Wahnvorstellungen gekennzeichnet, meist begleitet von akustischen Halluzinationen und Wahrnehmungsstörungen; Störungen der Stimmung, des Antriebs und der Sprache, katatone Symptome [hingegen] fehlen entweder oder sind wenig auffallend".

Bemerkenswerterweise bleiben die kognitiven Fähigkeiten der paranoiden Person erhalten, mit Ausnahme der verzerrten Wirklichkeitswahrnehmung in Bezug auf den Wahntopos. Paranoia als wahnhafte Störung ist wesentlich durch die Präsenz „nicht-bizarrer" Wahnvorstellungen charakterisiert, die mindestens einen Monat anhalten (DSM-IV-TR). Im Gegensatz zu bizarren könnten diese Befürchtungen im Prinzip real sein, sind es aber regelmäßig nicht. Eine unter wahnhafter Störung leidende Person wurde früher oft „Paranoiker" genannt.

Primär werden heute fünf Formen unterschieden: In der grandiosen, selbst-überwertigen Richtung sind dies Erotomanie (Liebeswahn) und Größenwahn. Demgegenüber stehen Eifersuchtswahn (pathologische Eifersucht), Verfolgungswahn und somatischer Wahn (Hypochondrie); daneben gibt es eine Mischvariante und einen unspezifischen Typ. Paranoia kann eine eigenständige Pathologie oder auch Symptom anderer Krankheiten sein (z.B. Bipolare Störung, Altersdemenz oder organische Hirnschäden, Delirium tremens).

Paranoia als individualpathologisches, psychiatrisches Syndrom ist seit der Mitte des 19. Jahrhunderts gut erforscht worden. Wegweisend war vor allem die Arbeit des deutschen Psychiaters Emil Kraepelin (1856–1926), dessen Lehrbuch der Psychiatrie in der Ausgabe von 1899 die psychotische Ausprägung definierte als „die aus inneren Ursachen erfolgende, schleichende Entwicklung eines dauernden, unerschütterlichen Wahnsystems, das mit vollkommener Erhaltung der Klarheit und Ordnung im Denken, Wollen und Handeln einhergeht".

Auch Sigmund Freud beschäftigte sich mit der Paranoia. Früher wurden mit Paranoia eine allgemeine Geistesstörung oder die Paraphrenie (paranoide Verlaufsform der Schizophrenie) bezeichnet. Der Begriff der Paraphrenie wird heute noch von der Leonhardschen Klassifikation verwendet, in der er eine der drei systematischen Schizophrenien bezeichnet.

Der Patient hat das Gefühl, verfolgt zu werden, und entwickelt Verschwörungstheorien. Ein paranoider Mensch glaubt oft, dass andere beabsichtigen, ihn zu schädigen, zu betrügen oder auch zu töten. Oft kann er dafür auch „Beweise" präsentieren, die für ihn völlig überzeugend scheinen, für Außenstehende dagegen überhaupt nichts besagen. Diese Überzeugungen sind wahnhaft. Der Patient ist durch nichts von ihnen abzubringen, rationale Argumente und Überzeugungsversuche von Außenstehenden haben keinen Erfolg und sind vielmehr kontraproduktiv, da sie das Misstrauen der paranoiden Person nur noch verstärken.

Sofern Paranoia nicht als eigenständiges, sondern als akzessorisches Symptom einer Grunderkrankung erscheint, wie etwa bei paranoider Schizophrenie oder der Bipolaren Störung, kann sie nur im Kontext dieser Erkrankung therapiert werden. Prinzipiell können Psychotherapie, medikamentöse Behandlungen oder sogar Operationen (z.B. bei Hirntumoren) notwendig werden.

Das Objekt des Verfolgungswahns ist von Fall zu Fall sehr verschieden. Manchmal wird beispielsweise der Geheimdienst des jeweiligen Landes hinter der Verfolgung vermutet. Die Methoden etwa der Überwachung im wahnhaften Szenario passen sich dabei tendenziell dem jeweils aktuellen Stand der Technik an. Bei Systemwechseln (z.B. nach dem Zweiten Weltkrieg, nach der Wiedervereinigung Deutschlands) wechselt oft auch der vermeintliche Verfolger (z.B. Stasi – BND). Hierin zeigt sich, dass der Verfolgungswahn vor allem in einer Veränderung der Denkvorgänge besteht, während die Denkinhalte variieren können.

Wiederum kann auch organisiertes Handeln wahnhafte Züge annehmen, indem unmäßige Handlungen als unvermeidlich zur Abwehr von möglichen Gefahren konstruiert werden.

Max Wertheimer, der Begründer der Gestalttheorie, hat mit dem deutschen Psychiater Heinrich Schulte ein sozialpsychologisches Modell zum Verständnis der Paranoia vorgeschlagen: Demzufolge wäre die Paranoia als Sonderform des Beziehungswahns zu verstehen – ein Mensch, dem es nicht gelingt, Teil eines Wir zu sein und der diese Kluft zwischen sich und den anderen nicht ertragen kann, schlägt eine Brücke zu den anderen, indem er sich mit ihnen zumindest in einem „Ersatz-Wir" von Verfolgern und Verfolgtem verbunden sieht. Dementsprechend wird die Chance auf Heilung auch primär in der Wiederherstellung guter sozialer Beziehungen gesehen. Hierbei handelt es sich allerdings nur um eines der vielen Modelle, die zum Begriff der „Paranoia" entwickelt wurden.[135]

16.3 Parasympathomimetikum

Parasympathomimetika (Mehrzahl von Parasympathomimetikum) sind Arzneimittel, welche die Wirkung des Parasympathikus nachahmen. Dabei wird Acetylcholin als Botenstoff eingesetzt. Man unterscheidet zwischen direkten und indirekten Parasympathomimetika.

[135] https://de.wikipedia.org/wiki/Paranoia

Direkte Parasympathomimetika wie Carbachol, Bethanechol, Methacholin, Pilocarpin oder Arecolin greifen als Agonisten unmittelbar an den muscarinergen Acetylcholinrezeptoren an. Der endogene Transmitter Acetylcholin würde sich für eine pharmakologische Therapie nicht eignen, da er binnen Millisekunden durch die Cholinesterasen inaktiviert wird.

Indirekte Parasympathomimetika wie Physostigmin, Rivastigmin, Pyridostigmin, Neostigmin oder Distigmin hemmen Cholinesterasen und somit den Abbau von Acetylcholin. Die Bezeichnung „indirekte Parasympathomimetika" ist hier allerdings schlecht gewählt, da Acetylcholin als Transmitter sowohl im Parasympathikus, im Sympathikus als auch an der motorischen Endplatte der Skelettmuskulatur vorkommt und die Acetylcholinesterase auch dort gehemmt wird.

Parasympathomimetische Wirkungen dieser Stoffe sind unter anderem eine Verengung der Pupillen, eine Stimulation des Speichelflusses sowie therapeutische Effekte bei Darm- und Blasenatonie.

Diejenigen Cholinesterasehemmer, die auch zentralnervöse Wirkungen entfalten, werden bei leichter bis mittelschwerer Alzheimererkrankung eingesetzt (Rivastigmin, Donepezil, Galantamin; Tacrin nur noch selten). Ihre Effektivität ist umstritten.

16.4 Parentifizierung

Parentifizierung oder Parentifikation (lateinisch parentes „Eltern", facere „machen") ist ein Begriff aus der Familientherapie, mit dem zumeist eine schädliche Umkehr der sozialen Rollen zwischen Elternteilen und ihrem Kind bezeichnet wird. Eine Parentifizierung in diesem Sinne findet statt, wenn sich das Kind aufgefordert und/oder verpflichtet fühlt, seinerseits die nicht-kindgerechte, überfordernde und seine weitere Entwicklung blockierende „Eltern-Funktion" gegenüber einem oder beiden Elternteil(en) wahrzunehmen.

Im Rahmen familientheoretischer Überlegungen bedeutet eine solche Rollenumkehr eine Störung der familiären Hierarchie und der Generationsgrenzen. Die Auswirkung einer derart verzerrten Familienstruktur auf die weitere Entwicklung des parentifizierten Individuums wird vor allem von Seiten der strukturellen Familientherapie als schädigend beurteilt.

Die Erstbeschreibung der Psychodynamik einer Parentifizierung geht auf den ungarischen Psychotherapeuten Iván Böszörményi-Nagy (1965) zurück. Er definierte den Begriff neutral als zeitweilige oder dauerhafte subjektive Verzerrung einer Beziehung, in der sich entgegen der objektiven Situation eine Eltern-Kind Beziehung eingestellt habe. Dies kann sowohl innerhalb von Erwachsenenbeziehungen geschehen, als auch in völliger Umkehr des natürlichen Generationsverhältnisses im Eltern-Kindverhältnis. Die Auswirkungen einer solchen Umkehr für einen Heranwachsenden können je nach Umstand entwicklungsfördernd oder nachhaltig entwicklungsschädigend sein.

Die neuere Forschung unterscheidet entsprechend in „adaptive" und „destruktive" Formen einer Parentifizierung. Ebenso wird hier eine „instrumentelle" (ein Kind übernimmt Erwachsenenaufgaben) von einer „emotionalen" Parentifizierung unterschieden. Letztere wird zugleich als die eher schädigendere Form beurteilt: es handelt sich hier um Eltern, die „vom Kind im Sinne eines Partnerersatzes in unangemessener Weise Liebe und Zuneigung einfordern, sie in ihre persönlichen Probleme altersinadäquat einbeziehen oder sie als Friedensstifter in der Familie fungieren lassen."

Im Falle der Parentifizierung verschwimmen hierarchische Grenzen innerhalb des Familiensystems. Es kommt beim Kind zu einer Überhöhung gegenüber Elternteil(en) per Delegation und/oder per selbst initiierter Überhöhung (des Kindes). Es sieht sich unbewusst und aufgrund der (meist ebenfalls unbewussten) Erwartungen, Handlungen und Forderungen jenem Elternteil gegenüber als (un-)entsprechend verantwortlich. Es gerät in eine Parentifizierungsdynamik, wenn es das Elternteil als bedürftig versteht, und es kann einerseits im Dienst der Familie, andererseits im Zeichen des eigenen Ehrgeizes jenem Elternteil gegenüber sich als überragend meinen (z.B. „kleiner Professor").

Transaktionsanalytiker gehen davon aus, dass die Entscheidung des Kindes zu Parentifizierung zu einem bestimmenden Element, einem Skript, seines „Lebensfahrplanes" werden kann.

In einem gesunden Umfeld wird zwischen der Eltern- und Kindebene klar unterschieden. Damit muss sich das Kind um Aufgaben und Konflikte auf der Elternebene nicht kümmern, was entlastend für es wirkt. Eltern, die ihre Konflikte auf Elternebene unter sich selbst austragen, ersparen es dem eigenen Kind, Stellung beziehen und damit Loyalität (für den einen/gegen den anderen) wählen zu müssen. Es ist insofern zum Wohle des Kindes, wenn ihm gar nicht erst erlaubt wird, sich (auf Elternebene) einzumischen.

Auch wo ein Kind („nur") als Partnerersatz (eines Elternteils) fungiert (siehe auch perverses Dreieck/Triangulierung), wird die Generationsgrenze verletzt und auch in so einem Fall wird von Parentifizierung gesprochen.

Die klassische Variante der Parentifizierung (Delegation) kann als eine Bindungsstörung desjenigen Elternteils (welches an das Kind unbewusst „delegiert") betrachtet werden. Dabei erwartet die elterliche Bezugsperson gewissermaßen, dass das Kind als verlässlich(er)es Bindungsobjekt zur Verfügung steht, wenn beispielsweise jenes Elternteil selbst unter Parentifizierung leidet. Oder dessen Lebenssituation ist durch problematische Partnerschaften, Trennung und Scheidung, Selbstunsicherheit, Substanzmissbrauch, psychische Störungen oder Krankheiten erschwert. Aufgrund der Eigenproblematik, kann das Kind überlastet sein oder es wird von ihm als „bedürftig" aufgefasst.

Häufig kommt es zu einer Weitergabe der „vertauschten Rollen" über nachfolgende Generationen, da dem parentifizierten Erwachsenen gewissermaßen innerliche Rückendeckung von demjenigen fehlt, dem gegenüber er sich parentifziert zeigt, und er dazu tendiert, diese später nachholend bei seinem eigenen Kind zu suchen.

Parentifizierte Kinder können durch längerfristige Überforderung wichtige Aspekte ihrer eigenen Kindheit (wie z.B. Spontaneität, Lebhaftigkeit, Sorglosigkeit) aufgeben. Dadurch auftretende Defizite in ihrer emotionalen Entwicklung können zu vielgestaltigen und - in manchen Fällen - schwerwiegenden Problemen und Störungen führen. Diese Entwicklungsstörungen aus der Kindheit können sich bis ins Erwachsenenalter auswirken.

Parentifizierung kann nicht nur aus einer Delegation durch Eltern erfolgen, sondern auch aus einem vom Kind missinterpretierten Ausgleichsbedürfnis gegenüber jenem „geschwächten" Elternteil resultieren („Ausgleichsstörung"). Bert Hellinger dazu wie folgt: „Die Verletzung der Rangordnung zeigt sich in einer Familie vor allem dort, wo ein Kind etwas für seine Eltern übernehmen will, um sie zu retten. Wenn ein Kind wahrnimmt, dass einer seiner Eltern so krank wird, dass er sterben muss, oder dass es zum Beispiel seine Mutter in den Tod zieht oder sie sich umbringen will, sagt es in seinem Herzen: „Lieber ich als du." Mit diesem inneren Entschluss offenbart es eine tiefe Liebe. Zugleich erhebt es sich über seine Eltern." Jener kindliche Versuch der „Übernahme" (einer Belastung eines Elternteils) kann als „Halten der Treue" gegenüber Eltern verstanden werden (wonach das Kind unbewusst glaubt, dass es ihm nicht besser als seinen Eltern ergehen dürfe). Das Kind tendiert dazu, bedürftigen Eltern (zurück) zu geben (bzw. etwas abnehmen zu wollen) und sich um diese sorgend (evtl. aufopfernd) zu kümmern.[136]

16.5 Pendel(n)

Ein Pendel, auch Schwerependel (früher auch Perpendikel, von lat. pendere „hängen") ist ein Körper, der, an einer Achse oder einem Punkt außerhalb seines Massenmittelpunktes drehbar gelagert, um seine eigene Ruheposition schwingen kann. Seine einfachste Ausführung ist das Fadenpendel, das aus einem an einem Faden aufgehängten Gewicht besteht und baulich einem Schnurlot gleicht.

Eine Eigenschaft des Schwerependels ist, dass seine Schwingungsdauer nur von der Länge, nicht aber von der Art, Gestalt oder Masse des Pendelkörpers abhängt, bzw. von der Größe der Auslenkung, vorausgesetzt, diese bleibt auf wenige Grad beschränkt. Dies wurde erstmals von Galileo Galilei festgestellt und nach den vertiefenden Untersuchungen durch Christiaan Huygens zur Regulierung der ersten genauen Uhren verwendet.

Das siderische Pendel (von lat. sidereus, zu: sidus = Stern(bild): auf die Sterne bezogen und lat.: pendere = hängen) entspricht baulich einem Lot. Es ist ein Hilfsmittel der Radiästhesie und weiterer esoterischer Lehren, mit dem versucht wird, bestimmte Informationen zu erhalten. Nach der

[136] https://de.wikipedia.org/wiki/Parentifizierung

Vorstellung der Anwender können damit unbewusste Inhalte sichtbar gemacht werden. Das Verfahren ist jedoch weder wissenschaftlich nachvollziehbar noch empirisch belegt.

Ausgangspunkt des Pendelns ist immer eine Frage, wobei eine positive, negative oder neutrale Antwort gesucht wird. Das Pendel kann dabei links oder rechts herumdrehen oder aber auf einer Linie hin- und herpendeln. Welche Bewegung welche Antwort repräsentiert, ist individuell festlegbar und kann sich sogar von Pendelsitzung zu Pendelsitzung ändern. Esoterische Pendel werden vor der Benutzung nach Aussage der Anwender „geeicht", um zu wissen, wie das Ergebnis zu interpretieren ist. Bei dieser Eichung handelt es sich jedoch nicht um ein wissenschaftlich oder technisch nachvollziehbares Verfahren, wie es zum Beispiel bei Messanlagen der Fall ist.

Ein typisches Pendel besteht aus einem etwa 2-3 cm langen kegelförmigen Metallkörper und einer 20 cm langen Schnur. Von den Radiästhesisten werden verschiedene Pendelformen benutzt. Beispielsweise Tropfenpendel, Isispendel, Perlpendel, Resonanzpendel oder Triangelpendel, die jeweils nach der Form bzw. besonderen Eigenart des pendelnden Gegenstandes benannt sind.

Als Material für das Pendel wird meist Messing und Kupfer verwendet, gefolgt von Edelsteinen. Weniger verbreitet sind Instrumente aus Holz oder Edelmetallen. Viele Anwender haben verschiedene Pendel für verschiedene Aufgaben. Manche Anwender sprechen Pendeln bestimmter Herstellungsart besondere Eigenschaften zu (z.B. gelten maschinell hergestellte als weniger günstig). Hierbei wird davon ausgegangen, dass bei der Herstellung schon bestimmte feinstoffliche Informationen einfließen, die qualitativen Einfluss haben. Manche Esoteriker besprechen ihr Pendel vor dem Gebrauch. Keine dieser Eigenschaften oder Methoden hat einen wissenschaftlich fundierten Hintergrund.

Einer der profiliertesten Pendler im deutschsprachigen Raum war Anton Stangl, aus Rothenberg im Odenwald, der durch seine zahlreichen Publikationen, Seminare und Vorträge das Thema Radiästhesie an die Öffentlichkeit brachte.

Das Tendieren des Pendels in die Richtung einer bestimmten Antwort kann mit dem Carpenter-Effekt erklärt werden. Bei diesem genügt es, wenn beim Pendler der Wunsch besteht, das Pendel möge in eine bestimmte Richtung gehen. Dadurch bringen unmerklich kleine Muskelbewegungen das Pendel in die gewünschte Richtung, ohne dass der Pendler bewusst den Anstoß geben muss.[137]

16.6 Peptide

Ein Peptid ist eine organische Verbindung, die Peptidbindungen zwischen Aminosäuren enthält. Nach deren Anzahl werden Oligopeptide mit wenigen von Polypeptiden mit vielen Aminosäuren unterschieden. Lange Polypeptidketten werden auch als Proteine bezeichnet, insbesondere die durch Proteinbiosynthese gebildeten.

---

[137] https://de.wikipedia.org/wiki/Siderisches_Pendel

Peptide, bei denen einzelne Aminosäuren in einer definierten Reihenfolge (Sequenz) linear zu einer Kette verbunden sind, können als ein kleines Protein betrachtet werden. Peptide mit zirkulär gebundenen Aminosäuren werden Cyclopeptide genannt. Peptide unterscheiden sich daneben vor allem durch ihre molaren Massen. Die Abgrenzung zu Proteinen nach Anzahl der verknüpften Aminosäuren ist fließend; bei einer Kette von mehr als ungefähr 100 verknüpften Aminosäuren, die sich zu einer bestimmten Form auffaltet, wird das Molekül gemeinhin als Protein bezeichnet. Peptide mit Glykosylierungen werden als Glykopeptide bezeichnet bzw. als Glykoproteine, Peptide mit Lipiden als Lipopeptide bzw. als Lipoproteine.

Organismen können Peptide durch Translation ausschließlich aus α-Aminosäuren der L-Form bilden, denn für diesen Prozess stehen allein die genetisch codierten Aminosäuren zur Verfügung, die an eine tRNA gebunden werden. Vereinzelt finden sich bei Lebewesen verschiedener Reiche auch D-Aminosäuren in Peptiden, diese sind jedoch Produkte spezieller Stoffwechselwege einer nichtribosomalen Peptidsynthese und nicht der Proteinbiosynthese. Peptide erfüllen eine große Anzahl physiologischer Funktionen und können beispielsweise als Hormone wirken, andere zeigen entzündungshemmende oder entzündungsfördernde Wirkungen; es gibt auch antimikrobielle Peptide mit antibiotischen oder antiviralen Wirkungen. In einigen Fällen ist ihre Wirkungsweise gut erforscht.

Die Bezeichnung Peptid wurde erstmals 1902 von Emil Fischer verwendet für die Ausgangsstoffe der Proteinabbauprodukte durch Pepsin im Pepton (zu griech. πεπτικός peptikos ‚verdauungsfähig' bzw. πεπτός peptos ‚gekocht'), begriffen als aus Monomeren aufgebaut, analog einem Polysaccharid.[138]

16.7 Phobie

Angststörung (auch: phobische Störung) ist ein Sammelbegriff für psychische Störungen, bei denen entweder eine übertriebene unspezifische Angst oder konkrete Furcht (Phobie) vor einem Objekt bzw. einer Situation besteht oder eine der Situation angemessene Angst fehlt. Auch die Panikstörung, bei der Ängste zu Panikattacken führen, zählt zu den Angststörungen.

Der Wortteil „-phobie" (von altgriechisch φόβος phóbos ‚Furcht', ‚Schrecken') wird dem angstauslösenden Objekt angehängt: Alliumphobie (Knoblauchangst), Nosokomiophobie (Krankenhausangst), Hydrophobie (Wasserangst, Wasserscheu), Thanatophobie (Angst vor dem Tod) etc.

Angst ist zunächst ein notwendiger und normaler Affekt. Die Definition dessen, was unter „Angst" zu verstehen ist, ist in anerkannter Weise vom Philosophen und Psychiater Karl

[138] https://de.wikipedia.org/wiki/Peptid

Jaspers gegeben worden: „Ein häufiges und qualvolles Gefühl ist die Angst. Furcht ist auf etwas gerichtet, Angst ist gegenstandslos."

Die Definition dessen, was als „Angststörung" zu verstehen ist, ist schwieriger zu formulieren. Die Kennzeichnung von Ängsten als „Störung" stützt sich auf Kriterien, die der Orientierung dienen können, letztlich aber unscharf bleiben. Wir geben hier mehrere „Definitionen" wieder, da jeder Autor andere „Kriterien" als besonders wichtig für die Hineinnahme in seine Definition empfindet und durch die vergleichende Darstellung ein Höchstmaß an Einblick in die Komplexität der Störung entsteht. Klarer und einfacher ist dagegen die definitorische Kennzeichnung der „Phobie" sowie die Abgrenzung der Phobien untereinander.

Eine Störung des Angsterlebens kann nach den Erkenntnissen der Wagnis-forschung aber auch in einem zu geringen Maß an Angst bestehen, was zu unbeherrschbaren Risikohandlungen verführen kann. Im Gegensatz zur Behandlung überdimensionierter Ängste besteht hier jedoch in der Regel kein unmittelbarer Leidensdruck.

Volker Faust (1995) nennt für die Abgrenzung „pathologische Ängste" (im Sinne einer Störung) gegen die „vielfältigen" angemessenen „Ängste" zwei Kriterien:

- die „Unangemessenheit" der Angstreaktion gegenüber den Bedrohungsquellen

- die Symptomausprägung, wie Angstintensität, Fortbestehen der Angst (Persistenz), abnorme Angstbewältigung und subjektiver und körperlicher Beeinträchtigungsgrad.

Angst kann vor allem dann den Stellenwert einer Krankheitsbeeinträchtigung gewinnen, wenn

- mögliche oder tatsächliche Bedrohung in ihrer Gefährlichkeit überschätzt werden (z.B. bei Herzphobie und Agoraphobie)

- Angst ohne konkrete Gefahr und Bedrohungswahrnehmung auftritt (z.B. bei Panikattacken).

Phobien unterscheiden sich von konkreten oder gerichteten einfachen Ängsten definitionsgemäß dadurch, dass bei ihnen im Sinne der Angstabwehr eine unrealistische, durch den Willen unbeeinflussbare Verschiebung des Angstobjekts gegen bessere Einsicht erfolgt ist. Dadurch wird der Kreislauf unzureichender Angstabwehr auf immer weitere Gegenstände ausgedehnt, denen zwar jeweils eine geringere Angstbesetzung eigen ist, die jedoch zu immer ausgedehnteren Vermeidungshaltungen führen. Einfache Angststörungen bleiben dagegen diffus oder an reale Situationen bzw. an ein real in gewisser Weise nachvollziehbares Objekt gebunden.

In Deutschland wird wie in den meisten europäischen Staaten zur Klassifikation und Diagnostik psychischer Störungen die sogenannte ICD der WHO herangezogen.

Obwohl Angst ein „Affekt" ist, werden Angststörungen, Panikattacken und auch phobische Störungen in der ICD-10, einem modernen Klassifikationssystem, nicht in der Rubrik F3 (Affektive Störungen), sondern im Kapitel F4 (Neurotische-, Belastungs- und somatoforme Störungen) kodiert. Menschen mit Angststörungen empfinden selber oft gar nicht die Angst als das hervorstechende Symptom. Stattdessen werden häufig körperliche Symptome, wie etwa Schwindel, Herzrasen, Zittern, verminderte Belastbarkeit oder auch Magen-Darm-Beschwerden, zuerst genannt.

Im Unterkapitel F4 der ICD-10 werden die Agoraphobie, die Sozialen Phobien und die spezifischen (isolierten) Phobien unterschieden bzw. einzeln klassifiziert. Bei der Agoraphobie wird weiterhin zwischen der Agoraphobie ohne Panikstörung und der Agoraphobie mit Panikstörung unterschieden. Die spezifischen Phobien können ebenfalls weiter in folgende Subtypen unterteilt werden: Tier-Typ (z.B. Spinnen, Katzen), Naturgewalten-Typ (z.B. Gewitter, Wasser), Blut-Injektion/Verletzungs–Typ (z.B. Injektion durch Spritze), situativer Typ (z.B. Flugzeug, Fahrstuhl) und andere nicht näher bezeichnete Typen.

Im Laufe der Zeit und der Weiterentwicklung der diagnostischen Klassifikationssysteme sind einige zuerst zu den phobischen Störungen zählende Störungsbilder genauer oder an anderer Stelle eingeordnet worden. Die WHO zählt beispielsweise die (nicht wahnhafte) Dysmorphophobie und die Nosophobie nicht mehr zu den phobischen Störungen, sondern zu den hypochondrischen Störungen. Auch bezüglich der Agoraphobie gibt es einige Forschungsergebnisse, die eine andere Klassifikation fordern (siehe das US-amerikanische DSM-IV).

Da sich prinzipiell spezifische Phobien gegen alle denkbaren Situationen oder Gegenstände entwickeln können, ist eine spezielle Bezeichnung jeder phobischen Störung auch innerhalb der spezifischen Phobien kaum sinnvoll. Andererseits ist es für die medizinische Behandlung wichtig, die genauen auslösenden phobischen Stimuli (z.B. Spinnen, Fahrstühle) zu dokumentieren, da die Verhaltenstherapie unter anderem mit der Konfrontation mit den angstauslösenden phobischen Stimuli arbeitet.[139]

16.8 Placebo-(Effekt)

Ein Placebo (lat. „ich werde gefallen") ist im engeren Sinn ein Scheinarzneimittel, welches keinen Arzneistoff enthält und somit auch keine durch einen solchen Stoff verursachte pharmakologische Wirkung haben kann.

Im erweiterten Sinn werden auch andere medizinische Scheininterventionen als Placebo bezeichnet, beispielsweise Scheinoperationen.

Placeboeffekte sind positive Veränderungen des subjektiven Befindens und von objektiv messbaren körperlichen Funktionen, die der symbolischen Bedeutung einer Behandlung zugeschrieben werden. Sie können bei jeder Art von

---

[139] https://de.wikipedia.org/wiki/Angstst%C3%B6rung

Behandlung auftreten, also nicht nur bei Scheinbehandlungen.

Placebo-Medikamente werden in placebokontrollierten klinischen Studien eingesetzt, um die therapeutische Wirksamkeit verschiedener, jeweils als Verum bezeichneter Verfahren möglichst genau erfassen zu können, idealerweise in Doppelblindstudien. Die Anwendung von Placebos zur Behandlung von Krankheiten außerhalb solcher Studien ist ethisch umstritten, wenn sie nicht auf einer informierten Einwilligung beruht und nicht im Rahmen der partizipativen Entscheidungsfindung zwischen Patient und Arzt erfolgt.

Das Gegenstück zum Placeboeffekt ist der Nocebo-Effekt. Hierbei handelt es sich um unerwünschte Wirkungen, die analog einer Placebowirkung auftreten können.

Der Begriff Placebo entstammt der christlichen Liturgie. Der Vers Placebo domino in regione vivorum (Ps 114,9 Vul) der Vulgata-Übersetzung des Kirchenvaters Hieronymus, die dem hebräischen Text folgt, lautet in Luthers Übersetzung „Ich werde wandeln vor dem Herrn im Lande der Lebendigen." (Ps 116,9 Lut 84) – damit stimmt sie mit der Vulgata-Übersetzung überein.

In der Septuaginta, der altgriechischen Übersetzung des Alten Testaments, wird dagegen das hebräische Verb für „gehen" oder „wandeln" nicht wortwörtlich, sondern in übertragener Bedeutung übersetzt. Dem entspricht die lateinische Übersetzung des Hieronymus nach der griechischen mit der Verbalphrase „placebo"; die deutsche Übersetzung dieses

Verses lautet dem entsprechend: „Ich werde wohlgefällig sein vor dem Herrn im Lande der Lebenden".

Die abschätzige Redensweise „jemanden ein Placebo singen" leitet sich aus dem Beerdigungsritus der katholischen Kirche her. Die Ursache für diesen Bedeutungswandel im späten Mittelalter vermutet man unter anderem in den Änderungen in der Gestaltung der Totenandacht, die es ermöglichten, dass der Wechselgesang mit diesem Vulgata-Vers von bezahlten Sängern und nicht mehr nur von den Trauernden selbst angestimmt wurde. „Placebo" galt somit als etwas Scheinheiliges, eine schmeichlerische und unechte Ersatzleistung.

Im 18. Jahrhundert schließlich wurde „Placebo" zum Bestandteil des medizinischen Wortschatzes in der heute gängigen Bedeutung.

Nach klassischer Definition ist ein Placebo ein Präparat, welches in einer für Medikamente üblichen Darreichungsform hergestellt wird, jedoch keine arzneilich wirksamen Inhaltsstoffe enthält.

In der Medizin wird zwischen verschiedenen Typen unterschieden:

- **Echte oder reine Placebos**

  Damit werden Scheinmedikamente bezeichnet, die nur Zucker oder Stärke enthalten. Auch Hilfsstoffe wie

Geschmackskorrigentien oder Farbstoffe können enthalten sein. In diese Kategorie gehören auch spezielle Placebo-Akupunkturnadeln, die nicht durch die Haut stechen, sondern in den Nadelhalter einfahren. Der Nadelhalter bleibt dann auf der Haut kleben.

- **Aktive Placebos**

  Für besondere klinische Prüfungen werden diese Placebos als Kontrolle eingesetzt. Sie haben nicht die Wirkung des Medikaments, sondern ahmen nur dessen Nebenwirkungen nach.

- **Pseudoplacebos**

  Es sind Medikamente, die jedoch im konkreten Anwendungsfall nach aktueller wissenschaftlicher Erkenntnis nicht wirken können, weil entweder die verabreichte Dosis zu niedrig ist oder das Wirkungsspektrum keinen spezifischen Einfluss auf die bestehende Krankheit hat. Wiesing bezeichnet alle „wissenschaftlich bemäntelten" Verfahren, die ohne eine wissenschaftliche Überprüfung vorgeben, wirksam zu sein, als Pseudoplacebos.

Placeboeffekte sind alle positiven psychischen und körperlichen Reaktionen, die nicht auf die spezifische Wirksamkeit einer Behandlung zurückzuführen sind, sondern auf den psychosozialen Kontext der Behandlung.

Die Begriffe „Placeboeffekt" und „Placeboantwort" (placebo response) werden häufig synonym verwendet. Enck unterscheidet zwischen den Begriffen, indem er „Placeboeffekt" im Sinne des Placeboeffektes bei klinischen Studien definiert, wo unter dem Begriff alle Faktoren zusammengefasst sind, die neben der spezifischen Wirksamkeit eines untersuchten Medikaments Einfluss auf das Untersuchungsergebnis haben, wie Regression zum Mittelwert, natürlicher Krankheitsverlauf, Spontanremission und schließlich die wahre Placeboantwort.

Die Placeboantwort beschreibt danach die individuelle Reaktion auf eine Behandlung, die auf Grund von psychosozialen Faktoren, wie Suggestion/Erwartungshaltung und Konditionierung ausgelöst wird. Ein gut dokumentiertes Beispiel für solche Placeboantworten ist die Genesung von Verhaltensauffälligkeiten oder -störungen durch ein plötzliches (un)erwartetes Ereignis – ein Traum, eine Vision, ein Blitzschlag u. ä. –, das in traditionellen Gesellschaften als „Berufung durch die Geister" zum Schamanen gedeutet wird.

Manche Autoren benutzen den Begriff „Placebowirkung" und definieren ihn als Wirkung des Kontextes der Placebogabe. Sie wollen damit hervorheben, dass Placebos selbst keine Wirkung haben, sondern die Ursache Kontextfaktoren bei der Gabe sind.[140]

[140] https://de.wikipedia.org/wiki/Placebo

16.9 Platonische Liebe

Platonische Liebe ist eine Form der Liebe, die seit der Renaissance nach dem antiken griechischen Philosophen Platon (428/427 v. Chr. – 348/347 v. Chr.) benannt wird, weil ihre philosophische Begründung auf seiner Theorie der Liebe fußt und weil ihre Befürworter sich auf ihn berufen. Im modernen Sprachgebrauch hat aber der Ausdruck „platonische Liebe" eine Bedeutung und Konnotationen, die mit dem ursprünglichen Konzept Platons wenig oder nichts zu tun haben.

Platon sieht in der Liebe (Eros) ein Streben des Liebenden, das diesen stets vom Besonderen zum Allgemeinen, vom Vereinzelten zum Umfassenden führen soll. Das geschieht der platonischen Theorie zufolge, wenn der Liebende Philosoph ist oder wird und als solcher auf eine von Platon beschriebene Weise mit der Liebe umgeht. Der im Sinne Platons Liebende wählt bewusst einen philosophischen Weg, der ihn zu immer höheren Erkenntnissen führen soll. Er richtet den erotischen Drang im Lauf eines gestuften Erkenntnisprozesses auf immer umfassendere, allgemeinere, höherrangige und daher lohnendere Objekte. Dabei erweist sich schließlich die allgemeinste auf diesem Weg erreichbare Wirklichkeit, die Platon als das Schöne an sich bestimmt, als das würdigste Objekt. Dort endet die Suche des Liebenden, denn erst dort findet er nach dieser Lehre vollkommene Erfüllung seines Strebens.

Im modernen Sprachgebrauch hingegen drückt die Bezeichnung einer Freundschaft als „platonisch" gewöhnlich nur aus, dass die befreundeten Personen kein sexuelles Interesse aneinander haben. Der Ausdruck wird auch für eine potenziell erotische Beziehung verwendet, bei der man freiwillig auf die sexuelle Befriedigung verzichtet oder umständehalber auf sie verzichten muss. Dabei kommt es nur auf den Verzicht als solchen an, nicht auf eine philosophische Motivation, Begründung oder Zielsetzung, die oft gar nicht vorhanden ist. Der Grund kann beispielsweise auch darin bestehen, dass die Fähigkeit oder Gelegenheit zu sexueller Betätigung fehlt oder diese unmöglich ist, da die geliebte Person ihr nicht zustimmt.

Für die unterschiedlichen Sachverhalte, die im Deutschen mit dem Begriff „Liebe" bezeichnet werden, gibt es im Altgriechischen differenzierende Bezeichnungen: eros (die mit heftigem Begehren verbundene „erotische" Liebe), philia (milde, freundschaftliche Liebe, Zuneigung) und agape (wohlwollende Liebe ohne das Motiv, dass der Liebende etwas vom Geliebten begehrt). Bei Platons Konzept, insoweit es der Ausgangspunkt für die später „platonisch" genannte Liebe ist, geht es um den Eros. Dabei verspürt der Liebende in sich einen schwerwiegenden Mangel. Daher strebt er intensiv nach etwas, was diesen Mangel ausgleichen könnte und aus diesem Grund zum Objekt seiner Liebe wird. Dieses Objekt will er erlangen, er will sich mit ihm verbinden oder es sich aneignen. Somit ist ein Hauptmerkmal einer im eigentlichen Wortsinn „platonischen" Liebe, dass sie erotisch ist, das heißt, dass der Liebende das Objekt seiner Liebe heftig begehrt. Dieses Begehren ist die Triebkraft seines Handelns.

Platon setzt sich in seinen Schriften nicht nur mit dem Eros auseinander, sondern auch mit einer freundschaftlichen oder familiären Liebe, deren Merkmal nicht erotisches Begehren, sondern nur eine dauerhafte Zuneigung ist. Für die Entstehung und Geschichte des Begriffs „platonische Liebe" ist diese Thematik aber kaum von Bedeutung, denn die Wurzel der später „platonisch" genannten Liebe ist der Eros, bei dem es aus der Sicht des begehrenden Liebenden um ein Gefälle zwischen eigenem Mangel und fremder Fülle geht.

Platon lässt in mehreren seiner fiktiven, literarisch ausgestalteten Dialoge die Gesprächspartner das Wesen und den Sinn der Liebe analysieren. Insbesondere der berühmte Dialog Symposion ist ganz diesem Thema gewidmet. Bei einem Gastmahl (Symposion, „Trinkgelage") halten die Teilnehmer Reden, in denen sie unterschiedliche, teils gegensätzliche Ansätze und Theorien darlegen. Bei dieser Art der Präsentation des Themas verzichtet Platon bewusst darauf, eine eigene Lehrmeinung vorzutragen und als solche zu kennzeichnen. Er überlässt das Fazit dem Leser. Dennoch wird aus der Art der Darbietung weitgehend deutlich, welche Auffassungen er für unzulänglich oder falsch hält und welche Argumente und Folgerungen seine Zustimmung finden.

Bei der Platon-Interpretation geht man traditionell – auch in der modernen Forschung – davon aus, dass die Überlegungen, die Platon in den Dialogen seinem Lehrer Sokrates in den Mund legt, im Wesentlichen seine eigenen sind. Auch Gedanken anderer Dialogteilnehmer können seine Position wiedergeben. Dies ist dann anzunehmen oder kann vermutet werden, wenn diese Äußerungen mit dem, was sonst über seine Philosophie bekannt ist, übereinstimmen oder zumindest vereinbar sind.

Hinsichtlich der Liebe, die seit der Renaissance als „platonisch" bezeichnet wird, ist der wichtigste Text die Rede des Sokrates im Symposion. Dort gibt Sokrates nicht eigene Erkenntnisse wieder, sondern beruft sich auf eine Belehrung, die ihm die Seherin Diotima in seiner Jugendzeit erteilt habe. Der Auffassung Diotimas, die er detailliert darlegt, stimmt Platons Sokrates ausdrücklich und vorbehaltlos zu, und er setzt sich für ihre Verbreitung ein. Daher herrscht in der Forschung heute die Ansicht vor, dass in Diotimas Ausführungen der Kern dessen zu finden ist, was Platons Liebeskonzept ausmacht. Das bedeutet aber nicht, dass seine Auffassung gänzlich mit der von ihr vorgetragenen identisch ist; wichtige und für das Thema relevante Bestandteile von Platons Philosophie wie die Ideenlehre, die Anamnesis-Theorie und die Unsterblichkeit der Seele werden von Diotima nicht oder nur andeutungsweise thematisiert.

Die Behauptungen von Sokrates' Gesprächspartnern im Symposion sind großenteils mit Platons Sichtweise unvereinbar und von einer sophistischen Denkweise geprägt, die der platonischen entgegengesetzt ist. Daher sind sie als Quellen für Platons Philosophie nur begrenzt verwertbar. Die Reden der anderen Dialogteilnehmer, die vor Sokrates das Wort ergriffen haben, sind aber nicht belanglos, sondern ein wesentlicher Teil eines gemeinsamen Bemühens um Erkenntnis. Inwieweit sie aus Platons Sicht auch brauchbare Ansätze enthalten, ist in der Forschung umstritten. Zumindest in der Rede des Aristophanes sind Gedanken zu finden, die Berührungspunkte mit der platonischen Liebestheorie aufweisen. Bestätigende und ergänzende Informationen zur Liebestheorie lassen sich anderen Dialogen Platons entnehmen (Phaidros, Politeia, Nomoi, Lysis).

Sigmund Freud war der Überzeugung, es gebe nicht mehrere Arten von Liebe, die sich ihrem Ursprung und ihrer Natur nach unterscheiden, sondern die Liebe sei etwas Einheitliches. Alle ihre Formen einschließlich des platonischen Eros hätten eine gemeinsame Wurzel, die Libido. Daher sei es legitim, den Begriff „Liebe" für alle Erscheinungsformen von Libido zu verwenden, gemäß dem allgemeinen Sprachgebrauch, der inhaltlich berechtigt sei. Bei der Verteidigung seiner Einheitlichkeitshypothese berief sich Freud auf Platon, dessen Lehre den Sachverhalt im Prinzip bereits beinhalte: [...] so mögen alle, die von ihrem höheren Standpunkt verächtlich auf die Psychoanalyse herabschauen, sich erinnern lassen, wie nahe die erweiterte Sexualität der Psychoanalyse mit dem Eros des göttlichen Plato zusammentrifft;

Der „Eros" des Philosophen Plato zeigt in seiner Herkunft, Leistung und Beziehung zur Geschlechtsliebe eine vollkommene Deckung mit der Liebeskraft, der Libido der Psychoanalyse. Befürworter der Psychoanalyse (Max Nachmansohn, Oskar Pfister) versuchten eine Übereinstimmung von Freuds Liebeskonzept mit demjenigen Platons aufzuzeigen. Allerdings sah Freud die gemeinsame Wurzel aller Formen von Liebe im Sexualtrieb und meinte, der sexuelle Impuls bleibe im Unbewussten intakt, auch wenn der Trieb mangels Gelegenheit zu direkter Befriedigung auf ein anderes Ziel umgelenkt worden sei wie in der „platonischen"

Liebe. Somit ist der Ausgangspunkt von Freuds Deutung der Liebe dem metaphysischen Ansatz Platons entgegengesetzt.

Freud vermutete einen generellen regressiven Charakter der Triebe; er versuchte alle Triebe auf ein Bedürfnis nach Wiederherstellung eines früheren Zustandes zurückzuführen. Bei seiner Darstellung dieser Hypothese führte er unter anderem den Kugelmenschenmythos im Symposion an. Dort habe Platon den Sachverhalt in mythischer Sprache ausgedrückt.

Eine psychologische Deutung von Platons Eros-Lehre unternahm Hans Kelsen in dem 1933 erschienenen Aufsatz Die platonische Liebe. Er interpretierte Platons philosophische Auseinandersetzung mit der Erotik als Folge eines ungelösten persönlichen Problems des Philosophen, das in dessen Leben eine zentrale und verhängnisvolle Rolle gespielt habe. Die sexuelle Komponente des platonischen Eros stelle sich als wesentlicher Bestandteil, als letzte Grundlage, als der Nährboden gleichsam dar, aus dem der vergeistigte Eros emporwächst. Platon sei im Gegensatz zu vielen bisexuellen Zeitgenossen rein homosexuell veranlagt gewesen. Diese Ausrichtung sei in Athen auf verbreitete Missbilligung gestoßen, denn sie sei als Gefährdung des Fortbestandes der Gesellschaft gesehen worden.

Als Homosexueller sei Platon in einen schweren inneren Konflikt zwischen Trieb und gesellschaftlicher Norm geraten, der ihn bewogen habe, seine sexuelle Orientierung durch metaphysische Verklärung zu rechtfertigen. Rechtfertigungsbedürftig sei insbesondere gewesen, dass er keine Familie gründete und damit eine staatsbürgerliche Pflicht vernachlässigte. Auch auf seine politische Einstellung habe sich sein persönliches Problem ausgewirkt; seine antidemokratische Grundhaltung lasse sich als notwendige Konsequenz aus seiner Homosexualität deuten.[141]

16.10 Posthypnotische Amnesie

Die Posthypnotische Amnesie (PHA) gilt als ein klassisches hypnotisches Phänomen. Das Vergessen von Inhalten hypnotischer Sitzungen kann therapeutisch gewünscht sein.

Beispiel: Der Patient wird in Trance mit verdrängten traumatischen Episoden aus der Vergangenheit konfrontiert, die für ihn aber bei einer bewussten Reflektion noch zu belastend sein können, um sich mit ihnen im Alltag auseinanderzusetzen. Mit entsprechenden Suggestionen soll dieses als belastend Erlebte am Wachbewusstsein vorbeigeschleust werden, um es nicht einer rationalen Analyse auszusetzen.

16.11 Postkognition

Retrokognition, wörtlich „nach der Erkenntnis", auch als Postkognition bekannt, bezeichnet eine Form des angeblichen „Zurücksehens" oder der „Nachhersage" eines Ereignisses

[141] https://de.wikipedia.org/wiki/Platonische_Liebe

oder Sachverhaltes aus der Vergangenheit, ohne dass hierfür rationales Wissen zum Zeitpunkt des Zurücksehens zur Verfügung gestanden hätte. Das Gegenstück hierzu bildet die Präkognition.

Der Begriff wurde von Frederic W. H. Myers geprägt, der Retrokognition als Wissen von einem vergangenen Ereignis verstand, das mit normalen Mitteln nicht hätte erlernt oder darauf geschlossen werden können, welches also nicht aus Schlussfolgerungen oder Erinnerungen resultiert.

Retrokognition galt lange Zeit als nicht überprüfbares Phänomen, da, um zu überprüfen, dass eine bestimmte retrokognitive Erfahrung tatsächlich aufgetreten ist, vorhandene Dokumente und menschliches Wissen über die Existenz dieses Ereignisses überprüft werden müssen, von denen nicht mit Sicherheit ausgeschlossen werden kann, dass die betreffende Person von diesen Dokumenten zuvor keine Kenntnis erlangt hatte, rationales Wissen zum Zeitpunkt des Zurücksehens wirklich ausgeschlossen werden kann.

Bei der Retrokognition erleben die Betroffenen einstige Ereignisse und Situationen so lebendig, als seien sie in die Vergangenheit zurückversetzt. Wohl aus diesem Grund entwickeln in einigen Mystery- bzw. Science-Fiction-Filmen und Fernsehserien Figuren diese Fähigkeit.[142]

[142] https://de.wikipedia.org/wiki/Retrokognition

16.12 Posttraumatische Belastungsstörung

Eine Posttraumatische Belastungsstörung (Abkürzung PTBS; englisch posttraumatic stress disorder, Abk. PTSD) ist eine psychische Erkrankung (ICD-10: F43.1). Einer PTBS gehen definitionsgemäß ein oder mehrere belastende Ereignisse von außergewöhnlichem Umfang oder katastrophalem Ausmaß (psychisches Trauma) voran. Dabei muss die Bedrohung nicht unbedingt die eigene Person betreffen, sondern sie kann auch bei anderen erlebt werden (z.B. wer Zeuge eines schweren Unfalls oder einer Gewalttat wird). Die PTBS tritt in der Regel innerhalb eines halben Jahres nach dem traumatischen Ereignis auf und geht mit unterschiedlichen psychischen und psychosomatischen Symptomen einher. Häufig kommt es zum Gefühl von Hilflosigkeit und durch das traumatische Erleben zu einer Erschütterung des Ich- und Weltverständnisses.

Weitere Synonyme für „Posttraumatische Belastungsstörung": Posttraumatische Belastungserkrankung, Posttraumatisches Belastungssyndrom, Psychotraumatische Belastungsstörung, basales psychotraumatisches Belastungssyndrom.

Besonderheiten der PTBS bei Kindern und Jugendlichen sind im Artikel Posttraumatische Belastungsstörung bei Kindern und Jugendlichen dargestellt.

Grundsätzlich ist die Ursache ein psychisches Trauma, wobei nicht jedes Trauma zwangsläufig zu einer Belastungsstörung führt. Mit zunehmender Anzahl an erlebten Traumata, steigt die Wahrscheinlichkeit, eine PTBS zu entwickeln.

Gemäß der Definition der AWMF, die auch Behandlungsrichtlinien für die PTBS erstellt hat, ist die

> „Posttraumatische Belastungsstörung [...] eine mögliche Folgereaktion eines oder mehrerer traumatischer Ereignisse (wie z.B. das Erleben von körperlicher und sexualisierter Gewalt, auch in der Kindheit (so genannter sexueller Missbrauch), Vergewaltigung, gewalttätige Angriffe auf die eigene Person, Entführung, Geiselnahme, Terroranschlag, Krieg, Kriegsgefangenschaft, politische Haft, Folterung, Gefangenschaft in einem Konzentrationslager, Natur- oder durch Menschen verursachte Katastrophen, Unfälle oder die Diagnose einer lebensbedrohlichen Krankheit), die an der eigenen Person, aber auch an fremden Personen erlebt werden können."

Diese Definition ist gemeinschaftlich von der Deutschsprachigen Gesellschaft für Psychotraumatologie (DeGPT), der Deutschen Gesellschaft für Psychotherapeutische Medizin und ärztliche Psychotherapie (DGPM), dem Deutschen Kollegium für Psychosomatische Medizin (DKPM) und der Deutschen Gesellschaft für Psychoanalyse, Psychotherapie, Psychosomatik und Tiefenpsychologie formuliert worden.

Die Diagnose einer Posttraumatischen Belastungsstörung soll nach aktuellem Stand des Klassifikationssystems ICD-10 nur dann gestellt werden, wenn alle für die Diagnose einer Posttraumatischen Belastungsstörung erforderlichen Symptome vorliegen (Vollbild einer Posttraumatischen Belastungsstörung), zusätzlich ein traumatisches Ereignis in der Biografie des Patienten nachweisbar ist und dieses Ereignis auch dem im ICD-10 geforderten Schweregrad entspricht. Liegen die Symptome einer Posttraumatischen Belastungsstörung nicht vollständig vor oder ist ein traumatisches Ereignis mit dem geforderten Schweregrad in der Biografie eines Patienten nicht nachweisbar, ist für die Erkrankung der Diagnoseschlüssel einer F. 43.2 (Anpassungsstörung) zu vergeben.

Gewalttätige Traumata in der Kindheit und Jugend – egal ob einmalig oder längerandauernd – führen oft zu tiefgreifenden Störungen in der Persönlichkeit der Opfer, die über die Symptomatik allgemeiner Posttraumatischer Erkrankungen hinausgehen. Bei langandauerndem Aufwachsen in einem gewaltgeprägten familiären oder sozialen Umfeld wirkt sich die Traumatisierung zudem in Form erzieherischer Prägung aus, die sich später in einer spezifisch geformten Denk-, Fühl-, Handlungs-, Kommunikations- und Wertestruktur niederschlägt.

Es wird vermutet, dass die klassischen Symptome einer Posttraumatischen Belastungsstörung (Übererregung, Vermeidung, Intrusion) häufig nach Monotraumata auftreten. Komplexe Störungsbilder (gestörte Affektregulation, selbstdestruktives Verhalten, Aufmerksamkeitsstörungen, Störungen des Bewusstseins, dissoziative Störungen, Veränderung der Bedeutungssysteme) werden nach chronischen Traumata oder Multitraumata erwartet und vor allem im angloamerikanischen Sprachraum als Komplexe posttraumatische Belastungsstörung bezeichnet.

Besonders schwere Formen einer PTBS sind das so genannte KZ-Syndrom bei Überlebenden des Holocaust und das speziell im englischen Sprachraum bekannte Post Vietnam Syndrome (PVS). Die Folgen der Traumatisierung der Menschen in Deutschland nach dem Zweiten Weltkrieg ist nach Aussagen der Bundeszentrale für politische Bildung bisher wenig erforscht.

Zur Zeit des Ersten Weltkriegs sprach man von der „bombshell disease"; in Deutschland wurden PTBS-Patienten damals als „Kriegszitterer" bezeichnet. Gegenwärtig stellt PTBS ein militärmedizinisches Problem bei den rückkehrenden Soldaten aus ihrem Afghanistan-Einsatz dar; an diesem Einsatz nehmen Deutsche, Amerikaner und Soldaten aus vielen anderen Ländern teil.

Eine Posttraumatische Belastungsstörung entsteht weder aufgrund einer erhöhten psychischen Labilität, noch ist sie Ausdruck einer (psychischen) Erkrankung – auch psychisch gesunde und gefestigte Menschen können eine PTBS entwickeln. Es gibt jedoch bestimmte Risikofaktoren, die es wahrscheinlicher machen, dass eine Person das Vollbild der PTBS entwickelt.

Die PTBS stellt einen Versuch des Organismus dar, eine traumatische, mitunter lebensbedrohliche Situation zu überstehen. Daher handelt es sich ursächlich nicht um eine Störung (Fehlfunktion), sondern um eine gesunde und zweckdienliche Reaktion. So konnten Neurowissenschaftler der Universität Utrecht zeigen, dass PTBS-Patienten ungewöhnlich schwach auf physischen Schmerz reagieren. Die ebenfalls geläufige Bezeichnung „Posttraumatische Belastungsreaktion" weist auf diese Unterscheidung hin, gleichzeitig verdeutlicht sie in ihrer begrifflichen Anlehnung den Unterschied zur so genannten Akuten Belastungsreaktion, welche als eine kurzfristige, auf die Überlebenssicherung abzielende Reaktion auftreten kann und nicht wie die PTBS zu einer nachhaltigen Beeinträchtigung führt.

Die Symptome der PTBS gibt es wahrscheinlich schon so lange wie es Menschen gibt. Immer wieder lassen sie sich in historischen Berichten feststellen, zum Beispiel in dem von Samuel Pepys, der 1666 das große Feuer von London miterlebte. Sechs Monate nach der Katastrophe schrieb er etwa in sein Tagebuch: „Wie merkwürdig, dass ich bis zum heutigen Tag keine Nacht schlafen kann, ohne von großer Angst vor dem Feuer erfasst zu werden; und in dieser Nacht lag ich bis fast zwei Uhr morgens wach, weil mich die Gedanken an das Feuer nicht losließen."

In der Medizin fand die PTBS aber erst in jüngster Zeit Beachtung. Ende des 19. Jahrhunderts prägte der deutsche Psychiater Emil Kraepelin den Begriff Schreckneurose um die Symptome zu beschreiben, die sich bei Opfern von schweren Unfällen und Verletzungen, besonders von Feuersbrünsten, Entgleisungen oder Zusammenstößen auf der Eisenbahn zeigten. Schon früh wurden die Symptome der PTBS vom Freud-Schüler Abram Kardiner beschrieben. Erst 1980 fand die Diagnose erstmals Eingang in das international bedeutsame amerikanische Diagnose-Manual DSM III (aktualisierte Version: DSM 5), das von der American Psychiatric Association (APA) herausgegeben wird. Dort ist das Syndrom heute unter 309.81 als eine Form der trauma- und stressorassoziertien Störungen gelistet. Nach der ICD-10 (International Classification of Diseases) der WHO hat die PTBS den Code F43.1.[143]

16.13 Präkognition

Präkognition (lateinisch: vor der Erkenntnis) ist die wissenschaftlich nicht nachgewiesene Fähigkeit, ein zukünftiges Ereignis oder einen Sachverhalt wahrzunehmen oder vorherzusagen. Zum Zeitpunkt der Voraussicht steht für das Erkennen kein rationales Wissen zur Verfügung – die Kausalität ist aufgehoben, weil die Präkognition zeitlich vor dem Ereignis liegt.

Präkognition wird neben Telepathie und Hellsehen in der Parapsychologie als Außersinnliche Wahrnehmung betrachtet. Mögliche Belege für die Existenz von Präkognition werden in der Parapsychologie untersucht.

[143] https://de.wikipedia.org/wiki/Posttraumatische_Belastungsst%C3%B6rung

Die Parapsychologie stellt quantitativ-statistische sowie qualitative Experimente an und erforscht Spontanphänomene, zu denen die präkognitiven Berichte gehören. Hans Bender hat in den 1980er Jahren in seinem Institut für Grenzgebiete der Psychologie und Psychohygiene in Freiburg im Breisgau das „episodische Material" geprüft und darunter angeblich in 39 % der Fälle Präkognition festgestellt.

Der Philosoph und Physiker Carl Friedrich von Weizsäcker meinte, es liege nahe, "zu den zwei wissenschaftlich zugänglichen Modi der zeitlichen Modallogik, der Faktizität und der Möglichkeit, einen dritten, unserer Wissenschaft bis heute unzugänglichen Modus hinzuzufügen, den man vielleicht zeitüberbrückende Wahrnehmbarkeit nennen würde." Doch eine Theorie hierzu müsse über Faktizität und Möglichkeit „ähnlich hinausgehen, wie die Quantentheorie über die Grundbegriffe der klassischen Physik," doch ist sie nicht bekannt.

Für den Engländer Jon Taylor spielen sich präkognitive Kontakte mit Gedanken über Ereignisse ab, nicht mit den Ereignissen selbst. Parapsychologische Experimente zur Präkognition seien nur erfolgreich gewesen, wenn die Versuchspersonen "Feedback" erhalten hätten. Er schreibt: „Doch da das Feedback in der Zukunft gegeben wird, muss es eine Art Verbindung zwischen dem Gehirn in der Zukunft und dem Gehirn in der Gegenwart geben, um die hellseherische Fähigkeit hervorzurufen. Daraus folgt, da eine ‚Gehirn-zu-Gehirn'-Verbindung ohnehin gefordert ist, die logische Interpretation, dass es diese Verbindung ist, die die Zielinformation trägt und nicht der hellseherische Kontakt mit dem Zielereignis selbst".

Diese hypothetische ‚Gehirn-zu-Gehirn'-Verbindung findet sich auch in ethnischen Religionen und philosophischen Lehren.

Hans Bender unternahm Versuche zur Präkognition mit der Schauspielerin Christine Mylius und dem holländischen Medium Gerard Croiset, mit dem er das sogenannte Platz-Experiment durchführte.

Auch die Experimente der Princeton Engineering Anomalies Research (PEAR) gehören in diesen Umkreis. Diese Forschungsgruppe unter Leitung von Robert Jahn nannte ihre Methode „Präkognitive Fernwahrnehmung" (Precognitive Remote Perception – PRP). Dabei wurde zufällig ein Ziel aus einer Reihe von Vorschlägen ausgewählt, das der abgeschirmte Empfänger im Labor nicht kennen konnte. Der Agent oder Sender begab sich an diesen Ort und beobachtete und notierte die Umgebung, während gleichzeitig der Empfänger verbal seine Impressionen beschrieb oder eine Skizze anfertigte. Die Auswertung geschah durch einen unabhängigen Juror nach einem festgelegten Schlüssel. Keines dieser oder anderer Experimente konnte das Phänomen bestätigen.

In seinem Buch „Seven Experiments that Could Change the World" (deutsch: Sieben Experimente, die die Welt verändern könnten; beide 1994) stellt der Biologe Rupert Sheldrake

Versuche vor, bei denen angeblich Hunde über große Distanzen hinweg erkennen konnten, wenn sich der Besitzer auf den Weg nach Hause begibt. Dies würde insofern eine spezielle Form der Präkognition sein, als die Tiere das Eintreffen des Besitzers längere Zeit im Voraus erkennen können. Die Ergebnisse von Sheldrakes Experimenten werden in der Wissenschaft kaum anerkannt.[144]

16.14 Primäre Gefühle

Gefühle werden unterschiedlich definiert. In Anlehnung an Damasio sollen hier primäre und sekundäre Gefühle unterschieden werden. Die primären Gefühle sind angeboren und haben ihren Sitz in den Mandelkernen. Sie sind unter anderem mit Aktivierungsmustern der Gesichtsmuskeln und damit mit typischen Gesichtsausdrücken (Mimik) gekoppelt. Diese sind ebenfalls angeboren und daher bei allen Menschen ähnlich. So hat man zum Beispiel Fotografien, die Menschen mit dem typischen Ausdruck von Angst, Freude usw. abbilden, in der ganzen Welt herumgezeigt. Die dargestellte Emotion wurde bei allen Völkern richtig erkannt. Primäre Emotionen haben eine große Bedeutung für die Empathie (s. u.).

Es gibt vermutlich sechs primäre Gefühle: Angst, Wut, Freude, Trauer, Überraschung, Ekel. Das biologisch wichtigste Gefühl ist die Angst. Sie hilft zu überleben, indem sie

[144] https://de.wikipedia.org/wiki/Pr%C3%A4kognition

im Rahmen des Alarmsystems die Körperkräfte in Bruchteilen einer Sekunde zweckgerichtet koordiniert und mobilisiert, spürbar, z. B. am Herzklopfen durch erhöhten Blutdruck und höhere Herzfrequenz. (Gefühle sind viel schneller als das Denken, dafür aber auch weniger genau.) Vermehrte häufige Angst kann über die Stressreaktion allerdings auch Körperschäden verursachen, sogar im Gehirn selbst (s. Burnout-Syndrom).

Die Gefühle wie: "Das liegt mir, das liebe ich." oder "Das mag ich nicht, das verabscheue ich" sind andererseits offensichtliche Beispiele für die Bewertungsfunktion der Gefühle. Alle Erinnerungen, alle Begriffe, alle Gedanken werden, soweit sie die Person auch nur geringfügig berühren, mit sogenannten "emotionalen Markern" (Damasio) versehen. Mit diesen Markern bewerten wir zum Beispiel alle Nahrungsmittel, alle Gegenstände des täglichen Gebrauchs und alle Mitmenschen, die irgendeinen Bezug zu uns haben. Der Vorteil dieser emotionalen Klassifizierung für das Vermeiden von Gefahren und damit für das Überleben ist offensichtlich. Denn sowohl die individuellen Erfahrungen gehen hier massiv ein als auch die durch die soziale Umwelt gelehrten Ansichten und Werturteile,

Für den Menschen bedeuten die ubiquitären Etiketten aber auch, dass er in der Regel subjektiv denkt. Denn immer, wenn er etwas beurteilt oder wenn er gar etwas entscheidet, gewichtet er die Argumente mit seinen emotionalen Markern, also zu seinem persönlichen Vorteil oder wenigstens seiner individuellen Einschätzung. Und wenn die Intelligenzfunktion bei Entscheidungen immer diejenigen Argumente präsentiert, die den größten Vorteil oder den geringsten Nachteil versprechen, dann bedeutet das auch, dass er immer egoistisch denkt und handelt, solange er nicht bewusst oder mittels erlernter Einstellungen gegensteuert.

Es gibt eine erhebliche Abhängigkeit der Leistung eines Menschen von seinen Emotionen. Jeder kennt das von schlechter Laune. Die nächste Abbildung zeigt die Abhängigkeit der Leistung von der Angst, die zum Beispiel ein Schüler vor der Schule oder vor dem Lehrer hat. Die meisten sogenannten "Flüchtigkeitsfehler", die das Kind zu Hause nicht machte, die aber in der Stresssituation der Klassenarbeit passieren (wo ja eigentlich höchste Konzentration herrscht), sind so zu erklären. Die Leistungssteigerung bei leichter Angst versuchen oft auch die Arbeitgeber in ihren Betrieben zu nutzen: Angst vor Verlust des Arbeitsplatzes oder auch nur der Zuneigung des Vorgesetzten, Angst vor Schließung oder Verlagerung des Betriebes usw.

Sekundäre Gefühle entstehen, wenn Erfahrungen und Traditionen und andere rationale Faktoren hinzukommen. Dann kann man außer Freude auch Schadenfreude oder Nationalstolz verspüren oder als Mischung von Wut und Ekel auch Abneigung oder Fremdenhass.[145]

145 http://www.emotionale-kompetenz-seidel.de/Emotionspsychologie/Emotionen/emotionen.html

16.15 Promiskuität

Promiskuität (von lat. prōmiscuus „gemeinsam", zu miscēre „mischen"), seltener Promiskuitivität, ist die Praxis sexueller Kontakte mit relativ häufig wechselnden verschiedenen Partnern oder parallel mit mehreren Partnern. Das Adjektiv promiskuitiv oder promisk wird auch verwendet für „sexuell freizügig" oder „offenherzig".

Promiskes Verhalten wird im westlichen Kulturkreis als eine Ausprägung der Sexuellen Selbstbestimmung, die als Form der Beziehungsanarchie dem autonomen Sozialverhalten der beteiligten Personen zugerechnet wird, grundsätzlich toleriert. In die Rechtsordnungen der meisten westlichen Demokratien hat sie vor allem durch die Deregulierung der Sexualität Eingang gefunden. In Deutschland geschah dies vor allem durch eine Abschaffung der Strafbarkeit des Ehebruchs sowie eine weitgehende Eingrenzung des Straftatbestandes der Kuppelei. Begründet wird dies nicht zuletzt unter Verweis auf die Verfassungsgüter des Allgemeinen Persönlichkeitsrechts sowie der Allgemeinen Handlungsfreiheit, die vor allem staatliche Eingriffe in die Intimsphäre engen Grenzen unterwerfen. Promiskes Verhalten kann daher zwar aufgrund eventueller Disparität der Erwartungen der Sexualpartner zu einer Missachtung der Selbstbestimmung des jeweils anderen Partners führen. Einer staatlichen Kontrolle ist dies jedoch entzogen.

Bei promiskem Verhalten erhöht sich das Risiko einer Infektion mit sexuell übertragbaren Krankheiten wie HIV, Hepatitis oder Humane Papillomviren, insbesondere wenn kein „Safer Sex" praktiziert wird.

Im Tierreich versteht man unter Promiskuität, dass sich Weibchen und Männchen in einer Saison mit mehr als einem Geschlechtspartner paaren.

Promiskes Verhalten ist in traditionellen Gesellschaften meist unerwünscht, sowohl im auf Monogamie ausgerichteten Christentum als auch in traditionell polygamen Gesellschaften. In letzteren fand Promiskuität im Kontext bestimmter kultischer Praktiken jedoch einen Platz. Mit dem Schwinden religiöser Bindungen nehmen gewöhnlich auch Promiskuität und ihre Akzeptanz zu.

Zur Zeit des Nationalsozialismus wurde erwünschtes promiskes Verhalten explizit gefördert, bei anderen Personenkreisen gezielt (und ggf. sogar mit dem Tode) bestraft (siehe Jugendkonzentrationslager, sexuell verwahrlost). In der Bundesrepublik Deutschland kam es bis in die 1970er Jahre vor, dass insbesondere junge Frauen wegen Abweichungen von sexuellen Normen zur Heimerziehung eingewiesen wurden.

In modernen westlichen Gesellschaften wird promiskes Verhalten aufgrund des Prinzips der sexuellen Selbstbestimmung nur noch selten staatlich sanktioniert. In Deutschland sieht die Bundesprüfstelle für jugendgefährdende Medien die öffentliche „Verherrlichung" von Promiskuität als jugendgefährdend an; entsprechende Medien werden daher indiziert.

Neuere Positionen vertreten, mehrfache sexuelle Beziehungen im Kontext von Ehrlichkeit und der Praxis von Safer Sex zu akzeptieren. Dabei wird das dualistische Konzept, entweder kurzfristige sexuelle Beziehungen oder Liebesbeziehungen haben zu können, zugunsten von Polyamory aufgegeben (wobei Polyamory im engeren Sinne allerdings langfristige mehrfache Beziehungen betont). Lesbische und heterosexuelle nichtmonogam lebende Frauen in Deutschland bezeichneten sich im Rahmen einer politischen Kampagne (Schlampagne) als Schlampen. Diese Verwendung des Wortes stellt eine Neubewertung (reclaiming) eines herabsetzend verwendeten Begriffs dar.

Promiskes Verhalten kann auch ein Symptom der Borderline-Persönlichkeitsstörung oder der Narzisstischen Persönlichkeitsstörung sein. Allerdings reicht dieses Merkmal alleine nicht aus, um eine Diagnose zu begründen. Auch Menschen mit Stimmungsschwankungen oder einer Bipolaren Störung (manisch-depressiv) können sich, wenn sie sich in einem hypomanischen Zustand befinden, entgegen ihren Wertvorstellungen promisk verhalten.[146]

[146] https://de.wikipedia.org/wiki/Promiskuit%C3%A4t

16.16 Protagonist

Der Protagonist (von altgriechisch πρωταγωνιστής protagonistés „Haupt-" oder „Erst-Handelnder", aus πρῶτος prótos „der erste" und ἄγω ágo „ich handle, bewege, führe") bezeichnet in der griechischen Tragödie den Darsteller der ersten Rolle (ggf. vor Deuteragonist und Tritagonist, das heißt zweite und dritte Hauptrolle). Der Gegenspieler eines Protagonisten wird als Antagonist (griech. ἀνταγωνιστής antagonistés, wörtlich „der Gegenhandelnde") bezeichnet.

Heute wird unter Protagonist in Literatur und Film die Hauptfigur, der Held eines Romans, einer Erzählung oder eines anderen literarischen oder filmischen Werkes verstanden oder ganz allgemein der hauptsächlich Ausführende einer Handlung oder Handlungsreihe. Meist ist der Protagonist daran erkennbar, dass er im Verlauf des Stücks eine Wandlung erfährt, sich also durch die Ereignisse und Erfahrungen (meist zum Guten) weiterentwickelt. Der Protagonist muss nicht mit der Titelfigur eines Werkes identisch sein, dies ist jedoch häufig der Fall.

Im übertragenen Sinn steht der Begriff „Protagonist" für einen Vorkämpfer, Ideengeber, Anführer oder einen besonders einflussreichen, bedeutenden und herausragenden Vertreter eines Standpunkts, einer Leitlinie, einer Weltanschauung oder ähnlichen ideellen Sachverhalten.[147]

[147] https://de.wikipedia.org/wiki/Protagonist

16.17 Prüderie

Prüderie bezeichnet eine sehr empfindliche Einstellung und Engherzigkeit gegenüber Sitte und Moral. Pierers Universallexikon von 1861 beschreibt Prüderie als „auf eine übertriebene und affektierte Weise sittsam; scheinspröde, zimperlich".

Im weiteren Sinne bezeichnet Prüderie eine Geisteshaltung, die das Ziel hat, sexuelle Äußerungen jeglicher Art in der Öffentlichkeit und teilweise auch im Privatbereich weitestgehend auszuschließen. Dies betrifft vor allem die Darstellung oder auch nur Andeutung von Erotik in Ton- und Bildform, Mode, Massenmedien, Literatur, historischen Zeugnissen, Konversation.

Der Begriff taucht im 18. Jh. im deutschsprachigen Raum auf und ist eine Entlehnung aus dem Französischen. Dort entstand es aus preux (=tüchtig, tapfer) und entwickelte sich aus dem Altfranzösischen prodefemme (= ehrbare Frau; vergleiche dazu auch Prud'homme).

Gründe für Prüderie liegen häufig in der Sexualethik, oft mit religiösem Hintergrund, der sich aus den Regeln alttestamentlicher, patriarchalischer Stammesgemeinschaften nährt. Da für diese die Nachweisbarkeit der genetischen Herkunft unverzichtbar war, wurde alles Sexuelle tabuisiert oder streng ritualisiert. Dennoch widmet sich im Alten Testament das Hohelied der Liebe zwischen Mann und Frau und pflegt eine sehr körperliche Ausdrucksweise (beispielsweise gibt es mehrere Redewendungen, in denen die „Schenkel" enthalten sind).

Doch ist Prüderie nicht nur ein Merkmal christlicher, islamischer und teilweise jüdischer Traditionen. Auch in anderen Großkulturen ist die enge Reglementierung des Sexuellen bis hin zu dessen Kriminalisierung verbreitet: Die Gesellschaftsnormen der Chinesen, Inder, der arabischen Welt sowie bestimmter Teile der USA sind auf Grund der dortigen Gesetzgebung und ungeschriebener gesellschaftlicher Normen aus mitteleuropäischer Sicht prüde.[148]

16.18 Psychischer Reflexbogen

Als „Psychischen Reflexbogen" bezeichnet Karl Jaspers (1883-1969) eine von der Leistungspsychologie geprägte elementare Betrachtungsweise komplexer seelischer Phänomene. Sie stützt sich auf das Grundschema der Neurologie, wonach einem Organismus Reize zugeleitet werden, auf die er nach innerer Verarbeitung infolge eines Erregungsvorgangs reagiert. Dieses physiologische Schema wird mit dem Begriff des psychischen Reflexbogens vom Rückenmark auf das Gehirn übertragen.

Stellen nervöse Reaktionen psychisch motivierte Antworten dar, so kann es sich dabei um kognitive Fähigkeiten wie Gedächtnisleistungen, Wahrnehmungen sowie um Orientierungsleistungen, aber auch um bestimmte Auffassungen,

---

[148] https://de.wikipedia.org/wiki/Pr%C3%BCderie

Denkakte, Urteilsbildungen sowie um gezielte Bewegungen und um Sprache handeln. Mit der Vorstellung eines „psychischen Reflexbogens" wird das vereinfachende neurologische Schema reizvermittelter Reaktionen auf das Seelenleben ausgedehnt. Der „psychische Reflexbogen" stellt damit einen sog. „höheren" Reflexbogen oberhalb des psychophysischen Niveaus bzw. auf der Höhe des bewussten Wahrnehmens dar. Die Verschaltungen von Nervenbahnen auf der Ebene des Rückenmarks werden durch den Begriff des psychischen Reflexbogens auf das Großhirn übertragen. In anatomischer Hinsicht lassen sich auch gewisse entwicklungsgeschichtlich bedingte Ähnlichkeiten zwischen Großhirn und Rückenmark feststellen, siehe Kap. Neurologisches Grundschema. Höhere Zentren vermögen niedrigere Bahnen zu beeinflussen. Aufgrund dessen ergeben sich neue spezielle Fragestellungen, vor allem lokalhistorischer Art innerhalb des ZNS. Auf diese Fragen können wissenschaftliche Antworten gesucht werden. Jede Annahme vereinfachender Sichtweisen erfordert jedoch auch eine kritische Haltung zu dieser modellhaften Theorie.[149]

16.19 Psychoanalyse

Die Psychoanalyse (von griechisch ψυχή psychḗ ‚Atem, Hauch, Seele' und ἀνάλυσις analysis ‚Zerlegung', im Sinne von „Untersuchung, Enträtselung der Seele") ist eine psychologische Theorie und psychotherapeutische Behandlungsform, die um 1890 von dem Wiener Neurologen Sigmund

[149] https://de.wikipedia.org/wiki/Psychischer_Reflexbogen

Freud begründet wurde. Aus der Psychoanalyse haben sich später die verschiedenen Schulen der Tiefenpsychologie entwickelt.

Der Begriff Psychoanalyse steht sowohl für das auf Freuds Theorien über die Psychodynamik des Unbewussten gegründete Beschreibungs- und Erklärungsmodell der menschlichen Psyche als auch für die analytische Psychotherapie und für die psychoanalytische Methodik, die sich auch mit der Untersuchung kultureller Phänomene beschäftigt. In allen drei Aspekten wird die Psychoanalyse bis heute von Klinikern und Forschern weiterentwickelt und verändert. So ist die Psychoanalyse heute durch einen theoretischen, methodischen und therapeutischen Pluralismus charakterisiert.

Die Psychoanalyse ist eine Theorie über unbewusste psychische Vorgänge. Laut Freud hat sie auch den Anspruch, eine umfassende Konzeption des Mentalen und seiner Verbindungen zu den Bereichen des Körperlichen und des Soziokulturellen darzustellen.

Psychoanalytiker der auf Freud folgenden Generationen haben die Psychoanalyse in vielfältige Richtungen weiterentwickelt, teils mit Freud übereinstimmend, teils weit von ihm abweichend. Diese stetige Differenzierung der psychoanalytischen Theorie und Methodik hat – ergänzt um integrative Bemühungen – zur Entstehung einer Vielzahl von psychoanalytischen Schulen mit unterschiedlichen Konzepten und Schwerpunkten geführt. Dazu zählen z.B. die Ich-Psychologie, die Objektbeziehungstheorie (u.a. Melanie Klein, Donald

Winnicott, Wilfred Bion), die Selbstpsychologie (Heinz Kohut), die Relationale und Intersubjektive Schule der Psychoanalyse sowie die Strukturalistische oder Strukturale Psychoanalyse (Jacques Lacan).

Die Psychoanalyse als psychologisches Theoriegebäude hat außerdem Methoden zur Untersuchung des menschlichen Erlebens, Denkens und Verhaltens – sowohl einzelner Menschen (z.B. Entwicklungspsychologie, Psychopathologie) als auch von Gruppen (Massenpsychologie) und Kulturen (Ethnopsychoanalyse) – hervorgebracht. Leitidee ist, dass sich hinter der wahrnehmbaren „Oberfläche" von Verhaltensweisen (z.B. eines individuellen Verhaltens), aber auch hinter Normen und Werten einer kulturellen Gemeinschaft oft unbewusste, dem Ich nicht ohne Weiteres bewusst zugängliche Bedeutungen verbergen, die sich mit Hilfe der psychoanalytischen Konzepte und Methoden jedoch aufdecken lassen und verständlich werden.

In den Jahrzehnten nach Freud haben andere Psychoanalytiker weitere Methoden entwickelt, so z.B. zur Analyse der Persönlichkeitsstruktur (u.a. Arbeitskreis OPD) oder der Erzählstrukturen (z.B. Boothe: Erzählanalyse JAKOB). Auch Märchen, Mythen und Werke der bildenden Kunst, der Literatur und des Films wurden psychoanalytisch interpretiert.

Im engeren Sinn ist die Psychoanalyse ein psychotherapeutisches Behandlungsverfahren. Im Unterschied zu übenden bzw. trainierenden Verfahren (wie Verhaltenstherapie) zählt sie zu den aufdeckenden Therapien, die versuchen, dem Patienten ein vertieftes Verständnis der ursächlichen (meist unbewussten) Zusammenhänge seines Leidens zu vermitteln – was oft mit dem Begriff der Einsicht verbunden wird. Es wäre jedoch ein Missverständnis, eine rationale Einsicht in die Verursachungszusammenhänge als wesentliches Ziel einer psychoanalytischen Therapie anzusehen. Vielmehr wird eine weitergehende Umstrukturierung der Persönlichkeit und insbesondere des Gefühlslebens in denjenigen Bereichen angestrebt, die zur Aufrechterhaltung psychopathologischer Elemente (Symptome, Persönlichkeitseigenschaften) beitragen.

Die klassische Psychoanalyse findet in drei bis fünf einstündigen Sitzungen pro Woche statt, oft über mehrere Jahre. Der Patient („Analysand") liegt auf einer Couch und sagt möglichst unzensiert alles, was ihn gerade bewegt bzw. ihm durch den Sinn geht (freies Assoziieren). Der Analytiker sitzt hinter ihm, hört mit einer Haltung „gleichschwebender Aufmerksamkeit" zu und teilt dem Analysanden die während des psychoanalytischen Prozesses gewonnenen Erkenntnisse mit („Deutung"), wann immer er es für günstig hält. Insbesondere bemüht sich der Analytiker, die sich in der Beziehung zu ihm einstellenden Übertragungen typischer emotionaler Muster bzw. Motive des Analysanden aufzuspüren, und ihre Bedeutung innerhalb der Psychodynamik des Analysanden zu interpretieren, um sie einer Veränderung zugänglich zu machen („Übertragungsanalyse"). Auch die Traumanalyse kommt während der analytischen Behandlung zur Anwendung.

Neben der „großen" psychoanalytischen Therapie mit bis zu 300 (von der gesetzlichen Krankenversicherung übernommenen) Sitzungen sind heute kürzer dauernde tiefenpsychologische Therapieformen weit verbreitet (siehe unter anderem analytische Psychotherapie und tiefenpsychologisch fundierte Psychotherapie), bei denen sich Analytiker und Analysand gegenübersitzen und sich ein- bis zweimal wöchentlich treffen. Erwähnenswert sind noch die psychoanalytischen Fokaltherapien und Kurzzeittherapien, bei denen versucht wird, ein zentrales, mehr oder weniger klar umschriebenes Problem in insgesamt ca. 20 bis 30 Sitzungen zu behandeln, sowie die „niederfrequente psychoanalytische Psychotherapie", mit ein bis zwei Sitzungen wöchentlich.

Es wurden Methoden entwickelt, die besonders für die Behandlung von spezifischen psychischen Störungen geeignet sind.

Die Psychoanalyse findet Anwendung bei Erwachsenen sowie bei Kindern und Jugendlichen. Zudem gibt es psychoanalytische Paar- und Familientherapie, Gruppenanalyse, stationäre psychodynamische Therapie und psychoanalytisch orientierte Supervision.

Die Grundzüge der Psychoanalyse als erste umfassende Theorie des Mentalen unter besonderer Berücksichtigung unbewusster Prozesse wurden Ende des 19. und Anfang des 20. Jahrhunderts von dem Wiener Neurologen Sigmund Freud – anfangs in intensiver Zusammenarbeit mit dem bekannten Wiener Arzt und Begründer der kathartischen Methode, Josef Breuer – entwickelt. Die Auseinandersetzung mit der menschlichen Psyche und auch dem Unbewussten ist freilich älter und kann bis zur Antiken Philosophie zurückverfolgt werden. Als unmittelbare Vorgänger Freuds gelten der Naturwissenschaftler Carl Gustav Carus (1789–1869), die Philosophen Johann Friedrich Herbart (1776–1804), Arthur Schopenhauer (1788–1860) und Friedrich Nietzsche (1844–1900), aber auch in den Werken bedeutender Dichter wie Johann Wolfgang von Goethe und Arthur Schnitzler, besonders aber Fjodor Michailowitsch Dostojewski können literarische Analogien psychoanalytischer Theorien gefunden werden.

Der Begriff „Unbewusstes" taucht in einer noch unscharfen Form erstmals bei Eduard von Hartmann 1869 in Philosophie des Unbewussten auf. Freud kommt so gesehen nicht das Verdienst zu, das Unbewusste entdeckt, sondern als Erster eine Methode zu seiner wissenschaftlichen Untersuchung gefunden zu haben. Hierfür entwickelte er insbesondere die Methoden der freien Assoziation, der Traumdeutung und der Analyse von Fehlleistungen.

Durch die langjährige Auseinandersetzung mit den Ergebnissen aus seinen Behandlungen theoretisierte er schließlich ein aus drei Instanzen gebildetes Strukturmodell der Psyche. Freud ging davon aus, dass Triebe in der Psyche von der frühen Kindheit an eine Dynamik in Gang setzten, die bestimmend für das weitere Leben ist. Auf der Grundlage dieser Konzepte war es ihm möglich, Erklärungen für pathologische Abweichungen zu finden, die er in seiner spezifischen Therapieform, der Psychoanalyse, anwenden konnte, um Patienten zu behandeln.

Weiterhin untersuchte Freud auch Alltagsphänomene wie Mythen, Bräuche, Witze und die sogar nach ihm benannten „Freud'schen Fehlleistungen", welche – wie die Träume – zuvor bei der Wissenschaft kaum Interesse erregt hatten.

Bei jeder Darstellung der Grundlagen von Freuds Theorien – und so auch besonders in Hinblick auf die letztgenannten psychoanalytischen Annahmen – muss zweierlei vorweggeschickt werden:

1. dass Freuds Ansichten und Annahmen nicht in geschlossener Form vorliegen, weil er selbst fast alle seiner früheren Thesen nach und nach revidierte, weiterentwickelte oder gar verwarf, wenn sich ihm neue Erkenntnisse aufgedrängt hatten, und die späteren ohne Kenntnis der früheren unverständlich bleiben.

2. dass die Psychoanalytiker der nachfolgenden Generationen diese Theorien vielfach weiterentwickelten, ergänzten oder gänzlich neue Konzepte und Theorien eingeführt haben, sodass die Psychoanalyse in ihrer zeitgenössischen Form keineswegs mit dem Werk Freuds gleichgesetzt werden darf.

Bei der Weiterentwicklung der Psychoanalyse war ein wichtiger theoretischer Schritt der von einer „one-body psychology", wie Michael Balint die klassische, Freud'sche Psychoanalyse bezeichnete, zu einer Mehr-Personen-Psychologie. Freuds Triebtheorie war sehr stark an dem mechanistischen Weltbild seiner Zeit orientiert. Triebe liefern hierbei die Energie, die einen komplexen psychischen Apparat in Gang setzen. Störungen entstehen durch die Fixierung der Triebenergie auf frühen Entwicklungsstufen.

Hierbei übernimmt die Umwelt des Individuums eine eher untergeordnete Rolle. Nach der Abkehr Freuds von seiner Traumatheorie stand für lange Zeit fest, dass eher unbewusste Phantasien als reale Erfahrungen die Ursachen für pathologische Entwicklungen darstellen. Die Objekte, also die Personen der Außenwelt, werden mit Triebenergie besetzt, was den eigentlichen Grund für die Aufnahme jeglicher Beziehungen darstellt.

Diese Einstellung änderte sich erst allmählich. Heute betrachtet die Psychoanalyse viel eher die Beziehungen, in die ein Mensch eingebettet ist. Sie betrachtet seine Entwicklung und Reifung immer in Wechselwirkung mit seiner Umwelt. Hierbei stehen die Beziehungen des Menschen zu seinen engsten Bezugspersonen von seiner frühesten Kindheit an im Vordergrund. Die Psychoanalyse untersucht, wie er sich an diese frühen Beziehungen erinnert und diese in seiner Psyche repräsentiert. Auch betont die Psychoanalyse viel eher die realen Umweltbedingungen, in denen ein Mensch lebt und aufwächst, und betrachtet, wie er auf diese Bedingungen reagiert.

Heute existieren vier Hauptrichtungen der Psychoanalyse, die sich gegenseitig beeinflussen und ergänzen, einander teilweise aber auch widersprechen. Die Triebtheorie, die von Sigmund Freud begründet wurde; die Ich-Psychologie, die auf Heinz Hartmann zurückgeht; die Objektbeziehungstheorie, die von unterschiedlichen Autoren eingeführt wurde, und die Selbstpsychologie von Heinz Kohut. Einige Autoren, insbesondere Selbstpsychologen, plädieren dafür, die Triebtheorie endgültig aufzugeben, andere Autoren halten sie jedoch noch für nützlich.[150]

16.20 Psychoonkologie

Psychoonkologie (aus Psychologie und Onkologie) bezeichnet die psychologische Betreuung von Krebspatienten. Eine weitere Bezeichnung ist Psychosoziale Onkologie. Die Psychoonkologie ist damit eine interdisziplinäre Form der Psychotherapie beziehungsweise der klinischen Psychologie, die sich mit den psychischen, sozialen und sozialrechtlichen Bedingungen, Folgen und Begleiterscheinungen einer Krebserkrankung befasst.

Die Psychoonkologie als Wissenschaft begann in den 1970er-Jahren zunächst mit der Untersuchung von psychosozialen Faktoren, die für die Entstehung einer Krebserkrankungen mitverantwortlich sein sollten (Psychoimmunologie). Bekannt geworden ist in diesem Kontext die in den 1980er Jahren postulierte Behauptung, der zufolge das Krebsrisiko

[150] https://de.wikipedia.org/wiki/Psychoanalyse

hoch mit bestimmten Persönlichkeitszügen korreliere, die sich im „Persönlichkeitstyp C" verdichten. Der „Typ C" repräsentiert unselbständige und überangepasste Menschen, die antriebsgehemmt, defensiv und depressiv erscheinen und nicht in der Lage sind, ihre Gefühle angemessen auszudrücken. Inzwischen ist das Konstrukt der „Krebspersönlichkeit" von der Wissenschaft weitgehend verworfen.

Die eigene Lebensführung, beispielsweise Tabakrauchen, kann allerdings entscheidend zur Krebsentstehung beitragen und den Krankheitsverlauf beeinflussen. Da Verhalten durch psychische Zustände mit bedingt werden kann, könnten bestimmte Persönlichkeitsmerkmale die Entstehung von Krebs begünstigen, auch wenn das Konzept einer „Krebspersönlichkeit" vereinfachend ist. Das Konzept erfreut sich aber dennoch im Alltagsdenken recht großer Popularität und wird nach wie vor auch von einzelnen Wissenschaftlern verfochten – zumeist ohne fundierte systematische Belege.

Seit den 1990er Jahren wird zunehmend die Frage diskutiert, welche psychischen Belastungen oder manifesten Störungen sich infolge einer Krebserkrankung entwickeln können und in welcher Form diese sich auf die Lebensqualität der Betroffenen oder auf medizinisch-klinische Aspekte auswirken können. Ein wichtiger Aspekt hierbei betrifft die Konstruktion und Anwendung valider und krebsspezifischer Messinstrumente zur Erfassung der psychischen Komorbidität. Damit im Zusammenhang steht die Suche nach Faktoren, welche eine psychische Begleiterkrankung möglichst sicher prognostizieren können – was im Umkehrschluss die

Möglichkeit eröffnet, sie rasch und frühzeitig psychosozial zu versorgen.

Einige Autoren gehen davon aus, dass bei etwa einem Drittel aller Krebspatienten infolge der schweren psychischen Belastung durch die Grundkrankheit auch eine psychische Störung im Sinne einer Komorbidität auftritt.[151]

16.21 Psychoneuroimmunologie

Die Psychoneuroimmunologie (PNI) oder Psychoimmunologie ist ein interdisziplinäres Forschungsgebiet, das sich mit der Wechselwirkung der Psyche, des Nervensystems und des Immunsystems beschäftigt. Ein Nachbargebiet ist die Psychoneuroendokrinologie, das außerdem die Wechselwirkungen des Hormonsystems mit einbezieht.

Das Forschungsgebiet wurde etabliert, nachdem der amerikanische Psychologe Robert Ader (1932–2011) 1974 experimentell nachwies, dass das Immunsystem mit dem zentralen Nervensystem zusammenarbeitet und lernen kann. Seitdem ist es zu einem der bedeutendsten Gebiete moderner medizinischer Forschung geworden.

Eine Grundlage ist die Erkenntnis, dass Botenstoffe des Nervensystems auf das Immunsystem und Botenstoffe des Immunsystems auf das Nervensystem wirken. Schnittstellen der Regelkreise sind das Gehirn mit der Hirnanhangdrüse,

[151] https://de.wikipedia.org/wiki/Psychoonkologie

die Nebennieren und die Immunzellen. Beispielsweise besitzen Neuropeptide die Eigenschaft, an Immunzellen anzudocken und z.B. sowohl die Geschwindigkeit als auch die Bewegungsrichtung von Makrophagen zu beeinflussen.

Durch diese Grundlage werden Erklärungen möglich, warum psychologische und psychotherapeutische Prozesse sich nachweisbar auf körperliche Funktionen auswirken (Psychosomatik). Im Mittelpunkt steht die Wirkung der Psyche auf das Immunsystem, z.B. warum Stress Immunfaktoren negativ beeinflussen kann.

Erste Hinweise auf psychoneuroimmunologische Wechselwirkungen wurden bereits 1878 von Louis Pasteur vermutet. Er stellte fest, dass Hühner unter Stressbelastung eine höhere Infektionsanfälligkeit aufweisen.

Im Jahr 1957 wies Rasmussen nach, dass Stress bei Mäusen die Anfälligkeit für Infektionen mit Herpes simplex erhöht.

1975 entdeckte der US-amerikanische Psychologe Robert Ader zusammen mit dem Immunologen Nicholas Cohen von der University of Rochester (US-Bundesstaat New York) die klassisch-konditionierte immunsuppressive Wirkung von Cyclophosphamid. Ihre Arbeit kann als die Geburtsstunde der PNI angesehen werden.

In den 1980er Jahren wurden die meisten der am Immunsystem beteiligten Zellen erstmals beschrieben. Die Kenntnis über die Kommunikation der Immunzellen untereinander sowie die Steuerung und Regulierung der Immunantwort legte die Basis dafür, dass auch neurologische Steuerungsmechanismen des Immunsystems genauer erforscht werden konnten.

Bis heute gibt es jedoch noch eine Fülle von Funktionen und Interaktionen bei den Immunzellen, die noch nicht vollständig erforscht sind. Insofern befindet sich auch die PNI noch im Stadium der Grundlagenforschung.[152]

16.22 Psychopathie

Unter einer Psychopathie (Kunstwort aus griechisch ψυχή, psychḗ, „Seele" und πάθος, páthos, „Leiden"; jeweils altgriechische Aussprache) wird in der forensischen Psychologie und Psychiatrie eine schwere Form der antisozialen (dissozialen) Persönlichkeitsstörung verstanden, die in ihrer Ausprägung die genannte Persönlichkeitsstörung übertrifft. In den Klassifikationssystemen DSM-5 und ICD-10 ist diese Diagnose nicht enthalten.

Psychopathie bezeichnet eine schwere Persönlichkeitsstörung, die bei den Betroffenen mit dem weitgehenden oder völligen Fehlen von Empathie, sozialer Verantwortung und Gewissen einhergeht. Psychopathen sind auf den ersten Blick mitunter charmant, sie verstehen es, oberflächliche Beziehungen herzustellen. Dabei können sie sehr manipulativ sein, um ihre Ziele zu erreichen. Oft mangelt es Psychopat-

[152] https://de.wikipedia.org/wiki/Psychoneuroimmunologie

hen an langfristigen Zielen, sie sind impulsiv und verantwortungslos. Psychopathie geht mit antisozialen Verhaltensweisen einher, so dass oft die Diagnose einer dissozialen/antisozialen Persönlichkeitsstörung gestellt werden kann.

Die Erstbeschreibung des modernen Psychopathiebegriffs wird Hervey M. Cleckley zugeschrieben, der 1941 in seinem Buch „The Mask of Sanity" eine differenzierte Beschreibung des Störungsbildes vorlegte. Die Weiterentwicklung wurde vor allem von Robert D. Hare vorangetrieben, der auch das heute am meisten verwandte Diagnoseverfahren der Psychopathie-Checkliste (PCL-R) entwickelte.

Die Vorstellung der Psychopathie umfasst spezifische Persönlichkeitszüge und antisoziale Verhaltensweisen, wohingegen die der antisozialen Persönlichkeitsstörung nur letztere beinhaltet. Ein Anteil von 50% bis 80% unter Häftlingen weist eine antisoziale Persönlichkeitsstörung auf, wohingegen weniger als 15% als psychopathisch klassifiziert werden können.

Für die Psychopathie konnte nachgewiesen werden, dass verschiedene Hirnregionen ein Struktur- oder Funktionsdefizit aufweisen. Die Gehirnmasse in der präfrontalen und orbitofrontalen Großhirnrinde ist reduziert. Dies ist u.a. assoziiert mit mangelhaftem sozialem Normverständnis und dem Fehlen von Schuldbewusstsein. Des Weiteren wurde eine Dysregulation der Amygdala-Funktion beschrieben. Man vermutet, dass dadurch wichtige soziale Lernfunktionen beeinträchtigt sind. Außerdem konnte auch eine Hippocampus-Dysfunktion belegt werden. Diese wird in Verbindung mit mangelhafter Angst-Konditionierung und Affekt-Regulierung gebracht. Weitere Hirnregionen sind – vermutlich als Folge der beschriebenen Defekte – ebenfalls betroffen. Über Fehlregulationen der Verbindungsstrukturen der betroffenen Regionen wird spekuliert.

Bei Psychopathen wurden erhöhte Dopamin- und niedrige Serotonin-Spiegel beobachtet. Dies führt möglicherweise zur Enthemmung aggressiver Impulse. Verminderte Cortisol-Spiegel wurden ebenfalls beobachtet. Über eine Störung des Testosteron-Haushaltes liegen dagegen keine eindeutigen Daten vor.

Es wird vermutet, dass die Dysfunktionen und Fehlregulationen bereits in früher Kindheit angelegt sind.

Es wird diskutiert, ob eine Behandlung von Psychopathen sinnvoll ist. In der Regel findet sie im Strafvollzug statt, in Deutschland in entsprechenden sozialtherapeutischen Einrichtungen. Die meisten Therapieprogramme sind heutzutage verhaltenstherapeutisch und kognitiv-behavioral ausgerichtet. Es wird darüber berichtet, dass Psychopathen unterschiedlich gut auf Therapie ansprechen. Teilweise wird auch eine erhöhte Rezidivrate nach Therapie berichtet. Generell gilt, dass Psychopathen schwerer zu therapieren sind als nichtpsychopathische Straftäter. Aus neurobiologischer

Sicht werden die transkranielle Magnetstimulation und pharmakologische Methoden vorgeschlagen, wenngleich beide Methoden noch nicht näher erforscht worden sind.[153]

16.23 Psychopathologie

Der Begriff Psychopathologie (von ψυχή psyché „Hauch", „Seele", „Gemüt" und πάθος, páthos „Leiden[schaft], Sucht, Pathos" und logos „Wort, Vernunft, Sinn, Lehre") bedeutet: die Lehre von den psychischen Erkrankungen. Der Begriff wurde im 19. Jahrhundert geprägt vom Freiburger Psychiater Hermann Emminghaus.

Die Psychopathologie ist ein Teilbereich der Psychiatrie und der Klinischen Psychologie. Sie beschäftigt sich mit den Formen eines krankhaft veränderten Bewusstseins, Erinnerungsvermögens und Gefühls- bzw. Seelenlebens. Sie beschreibt Symptome psychischer Störungen, die in ihrer Komplexität dann als Erscheinungsformen psychischer Erkrankungen benannt werden.

Psychopathologie wird als Teilgebiet der Psychiatrie an medizinischen Fakultäten sowie an einigen Universitäten als Teilgebiet der Klinischen Psychologie unterrichtet.

In der modernen Psychiatrie und Psychotherapie wird an der Stelle von Krankheit von Störung (untergliedert in Psychische Störung und Verhaltensstörung) gesprochen, da das

[153] https://de.wikipedia.org/wiki/Psychopathie

Wort Krankheit stigmatisieren kann. Das Wort wäre nur korrekt, wenn Symptommuster, Verlauf, Behandlung etc. bekannt und eindeutig wären. Zur Annäherung an eine Definition werden folgende Punkte untersucht: statistische Seltenheit, inadäquate Reaktionen, Leidensdruck, Verletzung der sozialen Norm etc. Sind einige der genannten Kriterien erfüllt, kann eine psychische Störung oder eine Verhaltensstörung angenommen werden. Zur Diagnose bedarf es jedoch einer detaillierten Anamnese (Erforschung der Krankengeschichte) und Differenzialdiagnostik (Abgrenzung von anderen Störungs- bzw. Krankheitsbildern). Nach der genauen Exploration (weiteren Erkundung) von möglichen Krankheitssymptomen wird mit Hilfe eines Klassifikationssystems (ICD-10 oder DSM-IV) die passende Diagnose erstellt. Eine Diagnose dient der Auswahl von Therapiemethoden.

Während Pathologie (Pathologische Anatomie) die körperlichen Aspekte von Kranksein und Krankheit untersucht, befasst sich die Psychopathologie mit deren psychischen Bedingungen. Da Psychopathologie auch die körperlichen Auswirkungen auf seelisches Befinden umfasst, ist eines ihrer Hauptgebiete die psychophysische Korrelation, d.h. der Zusammenhang von körperlicher und seelischer Auffälligkeit. Es besteht auch heute noch in der Medizin eine Konkurrenz verschiedener Theorien, die sich aus dem dialektisch seit über 2000 Jahren ungeklärten Leib-Seele-Problem ergibt. Der historisch bedeutsamste Zusammenhang ist der von Psychopathologie und Neurologie. Hieraus entwickelten sich die historisch bedeutsamen Positionen der Somatiker.

Aus der Kenntnis neurologischer Gesetzmäßigkeiten haben sich bedeutende Fortschritte der Psychopathologie ergeben, z.B. auf dem Gebiet der Leistungspsychologie unter Zugrundelegung des Reflexbogens. Therapeutisch konnten sich diese Vorstellungen als lerntheoretische Grundlage der Verhaltenstherapie bewähren (Pawlow). Umgekehrt haben die Ergebnisse psychopathologischer Untersuchungen auch die Entwicklung der herkömmlichen (körperlichen) Medizin begünstigt (Psychosomatische Medizin). Methodische Unterschiede bestehen z.B. in den gegensätzlichen Sichtweisen des Aufwärts- und Abwärtseffekts für die Entstehung von Krankheiten. Aufwärtseffekt bedeutet die Verursachung von Krankheiten durch körperliche Veränderungen, Abwärtseffekt heißt Krankheitsentwicklung durch seelische Auffälligkeiten. Dieses Konzept vertritt das Prinzip der Wechselwirkungen zwischen Leib und Seele, was heute als am wahrscheinlichsten gilt (Schischkoff 1982). Pathologie und Psychopathologie konnten beide wesentliche Beiträge zur Nosologie (Krankheitslehre) erbringen. Die Abgrenzung beider Gebiete erbrachte also deutliche Vorteile für beide.

Als nachteilig ist die Überbewertung einer von beiden Disziplinen anzusehen. Dies wäre auf der einen Seite der Standpunkt des Materialismus, der in der Krankheitslehre begrifflich als Maschinenparadigma bekannt geworden ist, andererseits die Haltung des Psychologismus, die hauptsächlich zur Zeit der Romantik aufkam. Medizingeschichtlich sind in dieser Zeit auch die Standpunkte als die der Psychiker und Somatiker bedeutsam geworden. Allerdings dürfen die Psychiker nicht mit den psychologisierenden Theoretikern des Psychologismus verwechselt werden. Sie vertraten ein eher erzieherisches Konzept. Als Neurologisierung wäre die Überbetonung neurologischer Aspekte für die Psychopathologie zu nennen, wie sie z.B. von Wilhelm Griesinger (1817–1868) vertreten wurde mit seinem Fazit: „Geisteskrankheiten sind Gehirnkrankheiten" (Peters 1984). Sein Standpunkt wäre demnach als der eines Somatikers zu bezeichnen.

Die Geschichte der Psychopathologie ist eng mit der Geschichte der Psychiatrie verbunden. Die Anfänge der Psychopathologie können schon in der Antike, z.B. in Aristoteles Werk „de anima" veranschlagt werden.

Die neuere Psychopathologie hat ihren Anfang im 19. Jahrhundert. Systematisch wurde die Psychopathologie von Karl Jaspers aufbereitet. Eine Studie von Sigmund Freud behandelt die "Psychopathologie des Alltagslebens". Die zunehmend wissenschaftlich fundierte Ausgestaltung der Krankheitsklassifikationssysteme ICD (International Classification of Diseases der WHO) und DSM (Diagnostic and Statistical Manual of Mental Disorders der American Psychiatric Association) ist Spiegelbild der neuesten Entwicklungen der Psychopathologie soweit diese die Krankheitsdiagnosen betrifft.[154]

---

[154] https://de.wikipedia.org/wiki/Psychopathologie

16.24 Psychose

Als Psychose bezeichnet man eine schwere psychische Störung, die mit einem zeitweiligen weitgehenden Verlust des Realitätsbezugs einhergeht.

Der Begriff wurde 1845 von Ernst von Feuchtersleben erstmals verwendet. Das Wort Psychose kam ins Deutsche nach Art französischer Fachwörter mit französischer Endung von altgriechisch ψύχωσις psýchōsis, ursprünglich „Beseeltheit", von ψυχή, psychē, „Seele", „Geist" und Endung -οσις, -osis, „[krankhafter] Zustand".

Die häufige synonyme Verwendung mit Schizophrenie oder der schizophrenen Störung ist nicht richtig. Psychose als Überbegriff umfasst auch die organischen und die affektiven Psychosen ebenso wie einzelne psychotische Episoden, die nicht chronifizieren. Im allgemeinen Sprachgebrauch steht das Wort Schizophrenie also für eine chronische Form der psychotischen Störung mit starker sozialer Beeinträchtigung, wobei Ursache und Wirkung aufgrund der vielfältigen Ausprägung der Krankheit nicht klar zu differenzieren sind.

Der Begriff wird üblicherweise als Abgrenzung zum Begriff Neurose verwendet, und zwar für psychische Störungen, die schwer sind und sich nicht ohne Weiteres aus einem lebensgeschichtlichen Kontext heraus ableiten lassen. Vor allem die letzte Aussage zeigt allerdings deutlich die Theoriegebundenheit des Begriffs.

In den Klassifikationssystemen ICD-10 wie auch DSM-IV wird der Begriff Psychose nur eingeschränkt verwendet. Die unter diesem Überbegriff zusammengefassten psychischen Störungen finden sich stattdessen unter verschiedenen Kapiteln: F00 bis F09 fasst organische psychische Störungen zusammen, von denen sich manche allerdings nicht ohne Weiteres dem Begriff Psychose unterordnen lassen; F20 beschreibt die psychotischen Störungen aus dem schizophrenen Formenkreis; F30 beschreibt die Manien, F31 den Wechsel zwischen Manien und Depressionen und F32 die reinen Depressionen, von denen allerdings die leichten und mittelschweren Formen eindeutig nicht den Psychosen zugeordnet sind. Erst unter der Kodierung F32.3 findet sich der Begriff „Psychose" wieder.

Grundsätzlich sind die Ursachen der nichtorganischen Psychosen bis heute nicht bekannt. Familiäre Häufungen (über 50% Wahrscheinlichkeit, an einer schizophrenen Psychose zu erkranken, wenn beide Eltern erkrankt sind) könnten für genetische Faktoren sprechen, die Wirksamkeit von Auslösern im Verhalten kranker Eltern ist aber nicht auszuschließen. Nicht wissenschaftlich nachgewiesen ist auch die Gegenposition, die eine genetische Disposition in Abrede stellt und ausschließlich sogenannte frühe Störungen in der Kindheit als Grund ansieht. Immerhin geben neuere Untersuchungen Hinweise auf eine tatsächliche frühe Schädigung, allerdings früher als bisher angenommen, nämlich im ersten Drittel der Schwangerschaft. Danach erhöht beispielsweise der Tod eines nahen Angehörigen der Mutter im ersten Trimenon das Risiko des Ungeborenen, später an Schizophrenie zu erkranken, signifikant. In den beiden späteren

Schwangerschaftsdritteln auftretender Stress scheint dagegen keine Auswirkungen auf dieses Risiko zu haben.

Die aktuell gebräuchlichste Arbeitshypothese ist das Vulnerabilitäts-Stress-Modell, das bei vorhandener (genetischer oder vorgeburtlich entstandener) Disposition aktuellen Stress als Auslöser annimmt.

Eindeutiger sind die Ursachen bei organischen Psychosen, die sich auf der Grundlage einer Hirnerkrankung bilden, beispielsweise bei einer (Alters-)Demenz. Schließlich können bestimmte Medikamente, etwa Cortison und Drogen, eine Psychose auslösen: Für Cannabis war dies lange Zeit nicht gesichert, alternativ wurde ein häufiger Cannabiskonsum bei Personen im Frühstadium einer Psychose diskutiert, mit dem Ziel der Beruhigung. Eine neue Hypothese belegt jedoch die Gefahr, eine bereits vorhandene Psychose durch Cannabis zum Ausbruch zu bringen.

Bei der Manifestation einer Psychose spielen offensichtlich Neurotransmitter eine wichtige Rolle, wobei die Aufmerksamkeit vor allem dem Dopamin gilt: Stress verursacht eine Fehlproduktion im Gehirn, welche die psychotischen Symptome bedingt, dies beschreiben verschiedene Studien. Stress ist hier nicht nur als eine rein psychische Überbelastung gemeint, sondern kann auch als körperlich bedingte Reizüberflutung angesehen werden. Psychosen können aber auch durch die Zuführung bestimmter Substanzen hervorgerufen werden, die das Neurotransmittergleichgewicht stören.

➢ Organische Psychosen

- aufgrund von Hirnerkrankungen (Demenz, raumfordernde Prozesse)
- aufgrund von Hirnverletzungen (Schädel-Hirn-Trauma)
- aufgrund von Autoimmunerkrankungen (Lupus erythematodes)
- aufgrund von exogen zugeführten Substanzen (Medikamente, Drogen)

Die Ursachen bei den organischen Psychosen werden unterschieden in:

- primäre: das Gehirn direkt schädigende (Epilepsie, Gehirntumor, Störungen des Neurotransmitterhaushalts)
- sekundäre: das Gehirn indirekt schädigende (Stoffwechselkrankheiten-Diabetes, Intoxikationen durch schädigende Substanzen wie Alkohol, Medikamente, Drogen; organische Schäden an Leber, Nieren)

Unterscheidung von

- akuten organischen Psychosen: die Symptomatik bei den akuten organischen Psychosen verschwindet mit der Behebung (Heilung) der zu Grunde liegenden verursachenden Schädigung.

- chronischen organischen Psychosen: bei den chronischen organischen Psychosen bleibt die Symptomatik auch nach Behebung der zu Grunde liegenden Ursache (Schädigung) weiterbestehen.

➢ **Nichtorganische Psychosen**

- Psychosen des schizophrenen Formenkreises (aufgrund der Vielfalt der hier zu beobachtenden Symptomatik wird diese Formulierung heute üblicherweise anstelle des Begriffs Schizophrenie verwendet)

- affektive Psychosen (hierunter fallen der Wechsel zwischen Manie und Depression (bipolare Störung) und oft auch Depressionen)

- die Mischform der sogenannten schizo-affektiven Psychose.[155]

[155] https://de.wikipedia.org/wiki/Psychose

16.25 Psychosomatik

Mit Psychosomatik (altgr. ψυχή psyché für Atem, Hauch und Seele und σῶμα soma für Körper, Leib und Leben) wird in der Medizin die Betrachtungsweise und Lehre bezeichnet, in der die psychischen Fähigkeiten und Reaktionsweisen von Menschen in Gesundheit und Krankheit in ihrer Eigenart und Verflechtung mit körperlichen Vorgängen und sozialen Lebensbedingungen in Betracht gezogen werden. Ihre Erforschung und Umsetzung in der Krankenbehandlung erfolgt in der Psychosomatischen Medizin. Die theoretischen Modelle zur Erklärung der dabei festgestellten Zusammenhänge variierten seit der Begründung der wissenschaftlichen Medizin durch Hippokrates von Kos um 400 v. Chr. zeit- und wissensbedingt erheblich.

Komplementär zur Psychosomatik ist die Somatopsychologie, welche die Auswirkungen von körperlichen Erkrankungen auf emotionale und kognitive Prozesse untersucht.

Zum klinischen Bereich der psychosomatischen Medizin zählen:

- körperliche Erkrankungen mit ihren biopsychosozialen Aspekten (z.B. Krebskrankheiten und ihre Bewältigung; siehe auch Psychoonkologie)
- physiologisch-funktionelle Störungen als Begleiterscheinungen von Emotionen und Konflikten sowie als direkte oder indirekte Reaktion auf psychische oder

physische Traumata; siehe auch Posttraumatische Belastungsstörung und Anpassungsstörungen.

- Konversionsstörungen: körperliche Symptome, die auf unbewusste Konflikte zurückgehen

- Hypochondrie: die Überzeugung, an einer Krankheit zu leiden und krankhaftes Interesse an Gesundheit und Beschwerde

- seelische Störungen, die mit körperlichen Missempfindungen einhergehen: Depressionen, Angststörungen, Persönlichkeitsstörungen.

- seelische Erkrankungen, die körperliche Auswirkungen haben: Essstörungen.

- Folgen verantwortungslosen Umgangs mit der eigenen Gesundheit (z.B. Konsum gesundheitsschädlicher suchterzeugender Genussmittel und Drogen)

Die psychosomatische Medizin beschäftigt sich auch mit somatoformen Störungen als Sonderformen psychosomatischen Geschehens, bei denen kein organischer Befund nachweisbar ist und psychische Faktoren bei der Entstehung und Aufrechterhaltung der Symptome eine bedeutsame Rolle spielen.

Häufig vorkommende Beschwerden, die dieser Gruppe zugeordnet werden, sind u.a. Schmerzen und funktionelle Beschwerden des Herz-Kreislauf-Systems, Magen-Darm-Bereiches und des Skelett- und Muskelsystems.

Ein Beispiel für einen psychophysiologischen Zusammenhang: Angst führt dazu, dass die Nebennieren Adrenalin ausschütten, wodurch über das vegetative Nervensystem u.a. die Magen-Darm-Peristaltik gehemmt wird, was bei längerer Einwirkung zu Verdauungsstörungen führen kann.

In vielen Redewendungen des Alltags ist dieser Zusammenhang impliziert: Etwas liegt einem „schwer im Magen", eine Sache geht einem „an die Nieren", der Schreck „fährt einem in die Glieder", jemandem ist eine „Laus über die Leber gelaufen". Zudem leitet sich das Wort Hypochonder vom Hypochondrium, der beidseits der Magengrube gelegenen Bauchregion unterhalb der Rippenbögen ab.

Ein anderes Beispiel könnte die Gewohnheit sein, abends vor dem Fernseher einzuschlafen und die damit einhergehende Schädigung des natürlichen Schlafverhaltens, die als eine der Ursachen für psychisch bedingte Schlafstörungen angesehen werden kann.

Die Ursprünge der Psychosomatik lassen sich bis an die Anfänge der Medizin zurückverfolgen. In der Philosophiegeschichte gilt die Auseinandersetzung um das Leib-Seele-Problem seit der Antike als eine zentrale Frage; Schipperges verwies auf die Ursprünge dieser Auseinandersetzung in den mesopotamischen Hochkulturen.

Auch schon im Buch der Sprüche Salomos im Alten Testament wird die Psychosomatik kurz erwähnt: „Ein fröhliches Herz bringt gute Besserung, aber ein zerschlagener Geist vertrocknet das Gebein." (Spr. 17, 22; Elberfelder Bibel 1871). Nach den Aufzeichnungen seines Sekretärs Dschuzdschani diagnostizierte auch Avicenna im 11. Jahrhundert in Kurganag bei Buchara psychische Gründe für somatische Beschwerden eines seiner Patienten.

Der Begriff Psychosomatik wurde vermutlich erstmals 1818 von Johann Christian August Heinroth (1773–1843) benutzt. Heinroth versuchte als „Psychiker", jedes Krankheitsgeschehen in seinen psychischen wie somatischen und lebensgeschichtlichen Gesamtzusammenhängen zu verstehen. Dabei lag er mit seiner moralistischen Deutung von Krankheit (jede „Seelenstörung" beschrieb er als Abfall von Gott und der „heiligen Vernunft", als das Böse und Teuflische schlechthin) allerdings nahe an mittelalterlichen religiös geprägten Krankheitskonzepten.

Starken Einfluss übte eine Generation später Pierre Janet's Hysterieforschung in Deutschland aus (1853–1947). Janet legte erkenntnismäßige Grundlagen, die in der heutigen Psychoneuroimmunologie (PNI) ihre Bestätigung finden.

Missionarisch ähnlich eifrig, aber mit völlig entgegengesetzter Tendenz, war ein Jahrhundert später Georg Groddeck. In einem von ihm in Baden-Baden gegründeten Sanatorium ergänzte er die Massagen des Körpers durch „Lockerungen von Seelenverkrampfungen" mit Hilfe der Psychoanalyse. In seinem populärsten Werk, dem 1923 erschienenen „Buch vom Es" verstand er die physischen Symptome von Krankheiten als Symbole, mit denen sich die von der öffentlichen Moral verdrängte und unterdrückte Macht des Lebens, das „Es", Ausdruck verschafft.

Groddeck radikalisierte damit den Ansatz von Sigmund Freud in dessen Studien über Hysterie 1895: „Psychische Erregung, die nicht adäquat verarbeitet oder abgeführt werden kann, ‚springt' in einen Körperteil, wird also umgewandelt (Konversion)". Das körperliche Leiden ist in dieser Vorstellung Symbol des unbewussten Konflikts bzw. Traumas.

Ein Schüler Sigmund Freuds war Wilhelm Reich, der nach den körperlichen Wirkkräften suchte, die eine Widerspiegelung von Freuds Triebmodell sein sollten. Seine Arbeit führte später zur Entwicklung der Bioenergetik und der modernen körperpsychotherapeutischen Schulen, die sich auf die Behandlung psychosomatischer Leiden spezialisiert haben. Das psychoanalytische Erklärungsmodell wurde (mit späteren teilweise erheblichen Modifikationen, z.B. durch Felix Deutsch, Otto Fenichel, Harald Schultz-Hencke, Franz Alexander, Max Schur, Arthur Jores, Alexander Mitscherlich u.a.) bestimmend für einen bis heute verbreiteten Zweig der psychosomatischen Medizin.

Weitere Impulse kamen aus den anderen tiefenpsychologischen Schulen, aus philosophisch-anthropologischen Ansätzen (z.B. Ludolf von Krehl: „Einheit der Persönlichkeit", Viktor von Weizsäcker: „Einführung des Subjekts in die Heilkunde", Wolfgang Jacob: „Kranksein und Krankheit", Medard

Boss: „Daseinsanalyse"), aus psychobiologischen (z.B. Flanders Dunbar) und psychophysiologischen Entwürfen (z.B. Walter Cannon: Affekte als Auslöser vegetativer Veränderungen; Iwan Petrowitsch Pawlow: bedingte Reflexe, Hans Selye: psychophysiologisches Stressmodell), aus der Weiterentwicklung der Psychophysiologie (Psychoneuroendokrinologie und Psychoneuroimmunologie) und der Systemtheorie (z.B. Thure von Uexküll und Wolfgang Wesiak: „dynamisches bio-psycho-soziales Modell", Herbert Weiner: „integratives (salutogenetisches) Modell von Gesundheit, Krankheit und Kranksein", George L. Engel: „biopsychosoziales Modell"). Der in der Psychosomatik häufig verwendete Begriff der funktionellen Syndrome hat Anlass zu einem Umdenken in der Medizin und auch zur praktischen Anwendung von verschiedenen neuen und älteren Krankheitskonzepten geführt.

Diese Vielzahl von theoretischen Konzepten kann als ein Ausdruck der lange Zeit nicht widerspruchsfrei beantworteten Fragen nach den Mechanismen gesehen werden, durch die Psychisches und Somatisches kausal miteinander verknüpft sind. Die neueren systemtheoretisch fundierten Modelle verzichten auf die Suche nach einfachen Ursache-Wirkungs-Ketten. Damit wird die Vorstellung aus der Pionierzeit aufgegeben, dass man bestimmte „psychosomatische Krankheiten" oder „Psychosomatosen" von den übrigen Erkrankungen abgrenzen könne.

Axel Schweickhardt definierte 2005:

> „Psychosomatik bedeutet, dass Körper und Seele zwei untrennbar miteinander verbundene Aspekte des Menschen sind, die nur aus methodischen Gründen oder zum besseren Verständnis unterschieden werden. Dies bedingt keine »lineare« Kausalität in dem Sinne, dass psychische Störungen körperliche Krankheiten verursachen. Solches würde zu einem Dualismus führen, bei dem es Krankheiten mit psychischer Genese und Krankheiten mit somatischer Genese gäbe. (...) Ein einheitliches Modell für die Wechselwirkungen zwischen Körper, psychischen Prozessen und Umwelt existiert nicht. Meist werden Teilaspekte beschrieben, die von unterschiedlichen Theorien aufgenommen werden."

Konversionsmodell: Dieses wurde von Sigmund Freud entwickelt, der es in seinen Studien zur Hysterie beschrieben hat. Grundannahme ist, dass die Erregungssumme einer uns Lust bereitenden Vorstellung ins Körperliche umgesetzt wird, um diese unschädlich zu machen.

De- und Resomatisierung: Dieses Modell wurde von Schur 1955 entwickelt. Es bezieht sich auf die in der Psychoanalyse beschriebenen leiblichen und seelischen, topischen und genetischen Progressionen sowie Regressionen. Hier wird angenommen, dass psychische Probleme durch den Körper ausgedrückt werden (Resomatisierung). Es wird ebenfalls angenommen, dass dies auch in der frühen Kindheit geschieht, wenn das Kind noch keine Möglichkeit hat, mit psychischen Problemen umgehen zu können.

Die biografische Medizin eröffnet einen weiteren Zugang zur Psychosomatik. Sie konzentriert sich auf den zeitlichen Zusammenhang der Symptome mit einem ungelösten, verdrängten und aktualisierten Konflikt. Sie geht davon aus, dass sich in der Anamnese, die sich am subjektiven biografischen Kalender des Patienten orientiert (Karl Friedrich Masuhr), Erinnerungsspuren (Sigmund Freud) finden, die exakt die Erstmanifestation körperlicher und psychischer Symptome aufzeigen. Denn im lebensgeschichtlichen Kontext (Viktor von Weizsäcker: Warum gerade jetzt?) erscheinen die Phänomene vor dem Hintergrund persönlich wichtiger Daten (Jahrestage). Betrachtet man aus der Sicht der biographischen Medizin also nicht nur den Querschnitt der Symptome (das Was), sondern auch den Schnittpunkt von persönlicher Biografie und Krankengeschichte (das Wann), so zeigt sich das Krankwerden in der biografischen Situation, die wiederum stark von einer äußeren Krise beeinflusst sein kann. Die dreidimensionale Sicht einer Krise ist der Blick auf den Schnittpunkt von Krankengeschichte, Lebensgeschichte und Zeitgeschichte.

Als Vermittler und neurobiologische Schnittstellen zwischen seelischen und leiblichen Vorgängen spielen das limbische System, der Thalamus als sensorisches Zentrum, das vegetative Nervensystem sowie die endokrinen Drüsen, die vom vegetativen Nervensystem Impulse für die Ausschüttung von Neurotransmittern und Hormonen erhalten, eine wichtige Rolle. Diese Zusammenhänge und deren Wirkmechanismen gehören zu den Forschungsgebieten der Psychoneuroimmunologie und Psychoneuroendokrinologie.

Das neurophysiologische Modell: Seine Grundlagen wurden von Matthews und Mathews nach 2005 gelegt. Sie besagen, dass es ein neurologisches Areal gibt, in dem sich eine veränderte Wahrnehmung des eigenen Leibes niederschlägt, die sog. Körperkarte. (Joraschky, Loew, Röhricht: Körpererleben und Körperbild, Stuttgart 2009) Veränderungen dieser Karte sind u.a. wesentlich für die verbreiteten Essstörungen und bei Störungen der Selbstwahrnehmung (Dissoziationen).

Die Forschungen von Ronald Grossarth-Maticek beschäftigen sich mit den Wechselwirkungen zwischen physischen, biografischen und psychischen Faktoren. Umfassende Erkenntnisse und Fortschritte auf dem Gebiet der psychosomatischen Medizin sind außerdem dem Neurobiologen und Arzt Joachim Bauer zu verdanken.

An dieser Stelle soll auch nicht vergessen werden, dass alle Toxine direkt oder indirekt auf die Psyche und den Körper wirken. Die bekanntesten Toxine sind da Alkohol, Tabak und Stoffe die als Drogen bezeichnet werden. Psychosomatische Auswirkungen sind bei einer Kontamination je nach Konstitution des Belasteten, Stärke des Toxins, Menge des Toxins und Länge der Verweildauer nachweisbar.[156]

[156] https://de.wikipedia.org/wiki/Psychosomatik

16.26 Psychotherapie

Psychotherapie kann einerseits als die Tätigkeit zur Feststellung, Heilung oder Linderung von psychischen Störungen mit Krankheitswert beschrieben werden (von griechisch ψυχή psychḗ ‚Atem, Hauch, Seele' und θεραπεύειν therapeúein ‚pflegen, sorgen'), andererseits ist Psychotherapie ein Synonym für die Lehre von der psychotherapeutischen Behandlung bzw. Heilung des erkrankten Menschen (aus altgriechisch θεραπεία therapeia „Heilung" in Zusammensetzung mit ψυχή psychē). Sie wird von Psychotherapeuten und von Heilpraktikern ausgeübt mit dem Ziel, mittels bestimmter Verfahren, Methoden und Techniken die Gesundheit der Patienten bzw. der unter Leidensdruck stehenden Klienten wiederherzustellen. Das Fachgebiet der Psychotherapie umfasst auch die Psychotherapieforschung.

Die Kulturgeschichte kennt als eines der ältesten „psychotherapeutischen Verfahren" die Hypnose. Aus der Psychoanalyse Sigmund Freuds haben sich die verschiedenen tiefenpsychologischen Lang- und Kurzzeit-Therapieformen entwickelt, zu denen auch die Hypnosepsychotherapie gehört (siehe auch Analytische Psychotherapie, tiefenpsychologisch fundierte Psychotherapie, Fokaltherapie). Daneben ist die Verhaltenstherapie als Methode mit ihren verschiedenen Formen entstanden, bei denen im Gegensatz zu den tiefenpsychologischen Therapieformen keine Ursachen-Behandlung und Selbsterkenntnis, sondern bloße Symptom-Behandlung zentral sind (siehe unter anderem Kognitive Verhaltenstherapie, Paartherapie, Familientherapie). Die wissenschaftliche Psychotherapie bedient sich nicht nur bestimmter Grundlagen aus Psychologie, Psychiatrie und Biologie, sondern sie kooperiert auch mit diesen Disziplinen und daran angrenzenden Forschungsgebieten wie der relativ jungen Psychoneuroimmunologie.

Psychotherapie wurde früher auch die Lehre von der Heilung der erkrankten Seele genannt, um sie von einer Psychologie als Lehre von der gesunden Seele und einer Psychiatrie als Lehre von der erkrankten Seele abzugrenzen. Heute wird die psychotherapeutische Behandlung bzw. Heilung im Zusammenhang mit Körper und Seele eines ganzheitlich gesehenen Menschen verstanden und erklärt. Davon zu unterscheiden ist die beratende Psychologie, die sich mit allgemeinen Problemen der Lebensführung befasst.

Die Zulassung zur beruflichen Ausübung von Psychotherapie ist international unterschiedlich geregelt. Eine gesetzliche Regelung gibt es innerhalb der EU nur in elf von 28 Staaten.

Rechtliche Regelungen des Begriffs Psychotherapie finden sich im Psychotherapeutengesetz und in der Psychotherapie-Richtlinie. In beiden Fällen wird jedoch nicht geregelt, was unter Psychotherapie rechtlich zu verstehen ist, sondern nur in welcher eingeschränkten Form Psychotherapie unter das Psychotherapeutengesetz oder unter die Psychotherapie-Richtlinie fällt.

Das Psychotherapeutengesetz regelt, wer heilkundliche Psychotherapie unter der Berufsbezeichnung „Psychotherapeut" ausüben darf. Unter das Psychotherapeutengesetz fällt somit nicht Psychotherapie, die von Psychologen oder Heilpraktikern im Rahmen des Heilpraktikergesetzes durchgeführt wird. Psychotherapie, die unter der Berufsbezeichnung Psychotherapeut angewendet werden darf, ist „jede mittels wissenschaftlich anerkannter psychotherapeutischer Verfahren vorgenommene Tätigkeit zur Feststellung, Heilung oder Linderung von Störungen mit Krankheitswert, bei denen Psychotherapie indiziert ist."

Psychotherapie, die gemäß Psychotherapie-Richtlinie über die gesetzlichen Krankenkassen abrechnungsfähig ist, „(...) wendet methodisch definierte Interventionen an, die auf als Krankheit diagnostizierte seelische Störungen einen systematisch verändernden Einfluss nehmen und Bewältigungsfähigkeiten des Individuums aufbauen." „Psychotherapie, als Behandlung seelischer Krankheiten (...), setzt voraus, dass das Krankheitsgeschehen als ein ursächlich bestimmter Prozess verstanden wird, der mit wissenschaftlich begründeten Methoden untersucht und in einem Theoriesystem mit einer Krankheitslehre definitorisch erfasst ist. Nach dem Psychotherapeutengesetz ist der Wissenschaftliche Beirat Psychotherapie zuständig für die Anerkennung von Therapieverfahren."

Berechtigt zur Ausübung von Psychotherapie im Sinne der Heilkunde sind für Erwachsene

- ärztliche Psychotherapeuten (approbierte Ärzte mit zusätzlicher Psychotherapieweiterbildung)
- Fachärzte für Psychosomatische Medizin und Psychiatrie und Psychotherapie
- Psychologische Psychotherapeuten (Diplom- bzw. Master Psychologen mit psychotherapeutischer Weiterbildung und Approbation)
- Heilpraktiker für Psychotherapie (Heilpraktiker beschränkt auf das Gebiet der Psychotherapie)

und für Kinder und Jugendliche

- Fachärzte für Kinder- und Jugendpsychiatrie und Psychotherapie
- Kinder- und Jugendlichenpsychotherapeuten

Es gibt eine Vielzahl von Schulen und Methoden der Psychotherapie, von denen einige nur noch historisch bedeutsam sind, aber kaum noch angewandt werden. Bei vielen Methoden handelt es sich um Weiterentwicklungen, Spezialisierungen oder Abspaltungen. Nicht alle Ansätze nehmen in Anspruch, zur Heilung psychischer Störungen beitragen zu können. Einige Methoden wurden nicht für die Psychotherapie konzipiert, sondern für Beratung oder als Selbsterfahrungstechnik. Die Rolle der einzelnen Methoden im Gesundheitswesen der deutschsprachigen Länder ist sehr unterschiedlich.[157]

16.27 Pubertät

Unter Pubertät (von lat. pubertas „Geschlechtsreife") versteht man etwa seit dem 16. Jahrhundert den Teil der Adoleszenz, in welchem der entwicklungsphysiologische Verlauf der Geschlechtsreifung als Ziel die Geschlechtsreife im Sinne von Fortpflanzungsfähigkeit erreicht und im weiteren Verlauf auch zu einem ausgewachsenen Körper führt. Dieser Abschnitt des Lebens beginnt, wenn die Hirnanhangdrüse ein hormonelles Signal an den Körper sendet, in bestimmten Organen verstärkt Geschlechtshormone herzustellen und ebenfalls in das Blut auszuschütten. Bei Jungen ist es in erster Linie das Testosteron, bei Mädchen das Östrogen.

Im Normalfall wird die Pubertät bei Mädchen zwischen dem zehnten und 18. Lebensjahr und bei Jungen zwischen dem zwölften und 21. Lebensjahr durchlaufen. In dieser Zeitspanne kommt es unter der deutlich erhöhten Konzentration der Geschlechtshormone, dann bei beiden Geschlechtern zur vollständigen Ausprägung der sekundären Geschlechtsmerkmale, wie etwa der geschlechtsspezifischen Körperbehaarung.

[157] https://de.wikipedia.org/wiki/Psychotherapie

Bei Mädchen beginnt in der Pubertät die Menstruation (Menarche) und kurz danach die Bildung von befruchtungsfähigen Eizellen (Ovulation) in den Eierstöcken, bei den Jungen die Spermienproduktion in den Hoden (Spermarche).

Der Beginn und der Verlauf der Pubertät werden nach neuesten Kenntnissen in erster Linie genetisch gesteuert, wobei den Pubertätsgenen KiSS1 und KiSS1R (ehemals GPR 54) eine besondere Bedeutung zukommt.

Während man früher annahm, dass sich die Sexualität des Menschen erst mit der Pubertät entwickelt, gilt es heute als anerkannt, dass der Mensch schon als Kind sexuelle Regungen hat.

Unabhängig vom Geschlecht findet bei Kindern auch schon lange vor der Pubertät eine gleichzeitige, doch im Vergleich zum Lebensabschnitt der Geschlechtsreifung geringfügige Produktion von Östrogenen und Androgenen wie beispielsweise Testosteron statt, allerdings bei Jungen und Mädchen in jeweils verschiedenen Mengenanteilen. Da bei Mädchen deutlich mehr Östrogene und bei Jungen mehr Androgene hergestellt und ausgeschüttet werden, bezeichnet man Östrogene als weibliche und Androgene als männliche Geschlechtshormone.

Die Pubertät hat nicht nur körperliche Veränderungen zur Folge, sondern sie beeinflusst auch den emotionalen Zustand und das Sozialverhalten der Jugendlichen.

Wurden Stimmungsschwankungen während der Pubertät früher häufig auf ein erhöhtes Hormonniveau zurückgeführt, so ist inzwischen geklärt, dass diese Beziehung zwar besteht, jedoch nicht so stark ist wie angenommen. Vielmehr ist eine Kombination von hormonellen und situativen Faktoren für die Stimmungsschwankungen und Launenhaftigkeiten verantwortlich. Die Heranwachsenden kommen während der Pubertät vermehrt in problembelastete Situationen, vor allem wenn diese Situationen von Erwachsenen strukturiert werden (Unterricht, Arbeit, Familienaktivitäten). Durch die vermehrte Hormonausschüttung wird auf diese Situationen mit stärkeren Gefühlen reagiert.

Während der Pubertät berichten sowohl Eltern als auch Jugendliche, dass sie sich einander nicht mehr so nahe fühlen. Ein Grund für die auftretenden Probleme zwischen Kind und Eltern kann die verbesserte Urteilsfähigkeit des Kindes sein, wodurch das Handeln der Eltern eher in Frage gestellt und kritisiert wird.

Zusätzlich verändern sich mit der körperlichen Reife auch die Rollen der Jugendlichen in ihrem Leben und sie wollen dementsprechend als Erwachsene behandelt werden. Die Heranwachsenden wollen auch für ihren Freizeitbereich mehr Verantwortung übernehmen. Die Eltern wollen ihre Kinder jedoch vor Schaden bewahren und nehmen so eine Gegenposition ein. Die meisten dieser Streitereien sind nur von oberflächlicher Natur und gefährden nicht die schützenden Familienbande. Die Jugendlichen streiten sich auch öfter mit ihren Geschwistern. Häufig wird die Pubertät wegen der Streitereien auch „zweite Trotzphase" genannt.

Vor allem verantwortungsbewusste, praktisch tätige Mediziner, Sexualtherapeuten, forschende und lehrende Sexualwissenschaftler und auch Pädagogen, die sich auch oder besonders mit dem Bereich Körper und Sexualität befassen, geben Eltern oder anderen Erziehungsberechtigten immer wieder den nachdrücklichen Rat, rechtzeitig vor Beginn der durch die Geschlechtsreifung ausgelösten körperlichen Veränderungen die betreffenden Kinder oder Jugendlichen altersgemäß mit sachlicher Genauigkeit, aber möglichst einfachen Worten über diese Vorgänge persönlich aufzuklären. Ein möglichst unverklemmtes, freundliches und auch unter Respektierung der Intimsphäre des Heranwachsenden dennoch vertrauliches Gespräch ist beispielsweise durch eine bloße Überlassung von Aufklärungsliteratur letztlich nicht zu ersetzen. Ohne jede sachgerecht persönliche Aufklärung besteht die Gefahr, dass entweder große oder völlige Unwissenheit von anderen zum Nachteil der Pubertierenden ausgenutzt wird oder falsche Informationen allgemeine Unsicherheit, vielleicht sogar Ängste auslösen und verfestigen können. Andererseits besteht die Gefahr einer unangebrachten Sorglosigkeit, so dass ein unbemerkt geschlechtsreif gewordenes Mädchen gegebenenfalls ungewollt schwanger und der mitbeteiligte, vielleicht ebenfalls unbemerkt geschlechtsreif gewordene Junge für eine solche Schwangerschaft mitverantwortlich wird.[158]

[158] https://de.wikipedia.org/wiki/Pubert%C3%A4t

Index

Empfehlungen des Verlags

Thomas A. M. Windelschmidt

Das wichtigste Wort zum gesund & glücklich sein: Danke!

Mit Vorworten von Claudia Appel und Richard Neubersch

Das "Danke" ist nach Einschätzung des Autors das wichtigste Wort zum gesund und glücklich sein. Diese Aussage begründet der Autor nachvollziehbar im vorliegenden Buch.

Das Unterbewusste (Unterbewusstsein) steuert nicht nur das vegetative Nervensystem und fast alle Körperfunktionen, sondern es greift massiv in das Denken, Fühlen und Erleben des Menschen ein. Das Bewusstsein ist mit der Spitze eines Eisbergs vergleichbar, auch wenn man als Mensch „glaubt", alles mit dem Ego „im Griff zu haben". Wenn man weiß, wie man das Unterbewusste zielorientiert positiv beeinflussen kann, ist es möglich, das eigene Erleben, also sein Schicksal, unter einem neuen Blickwinkel zu sehen und das Leben als Geschenk anzunehmen. Warum hierfür das Wort „Danke" ein zentraler Baustein ist und wie man seinen eigenen Weg in eine positive Lebenseinstellung finden kann, erläutert der Autor in diesem MUTMACHBUCH.

Weitere Infos: seelencoaching.de und omniavision.de

ISBN Hardcover	978-3-96565-000-8	€ 24,99
ISBN Paperback	978-3-96565-001-5	€ 17,99
ISBN Epub	978-3-96565-002-2	€ 14,99
ISBN Mobi	978-3-96565-003-9	€ 14,99

Thomas A. M. Windelschmidt

Die Wahrheit über Ihre innere Macht: SUM ERGO CREO

Halten Sie es für möglich, dass man als Mensch schöpferisch tätig ist, egal ob man es weiß oder nicht? Oder ist für Sie der "Stand der Wissenschaft" in Stein gemeißelt und das heutige Wissen "unantastbar"? Man sollte sich in jedem Fall klarmachen, dass das, was die "offizielle" Wissenschaft sagt, bereits seit der Antike einem stetigen Wandel unterzogen war. Das, was zu Zeiten von Sokrates und Plato Stand der Wissenschaft war, galt nur eine bestimmte Zeit, genauso wie das "Wissen" der Physiker und Mediziner z.B. zu Beginn des 20. Jahrhunderts. Auch das, was heute zu Beginn des 21. Jahrhunderts als "Wissen" proklamiert wird, wird in weniger als 100 Jahren "neuem Wissen" gewichen sein. Und genau darum hält es der Autor mit Sokrates, der sagte: "Ich weiß, dass ich nicht weiß!"

Eventuell wird die Vorstellung des Autors "SUM ERGO CREO = Ich bin, also erschaffe ich" irgendwann überholt sein, aber Stand heute ist der Autor davon überzeugt, dass es sich für Sie lohnen kann, diese Idee auf den Prüfstand zu stellen.

Weitere Infos: sum-ergo-creo.de und omniavision.de

ISBN Hardcover	978-3-96565-004-6	€ 24,99
ISBN Paperback	978-3-96565-005-3	€ 17,99
ISBN Epub	978-3-96565-006-0	€ 14,99
ISBN Mobi	978-3-96565-007-7	€ 14,99

Thomas A. M. Windelschmidt
Claudia Appel

Reframingcoaching
Unterbewusstes bewusst auflösen

Mit einem Vorwort von Andreas Winter

Leiden Sie unter Krankheiten, Erfolgsblockaden oder "falschen" Glaubenssätzen? Sind Sie auf der Suche nach sich selbst, Ihrer Persönlichkeit, Ihrer Berufung, Ihrem Lebenssinn? Erleben Sie immer die gleichen (meist als unangenehm empfundenen) Situationen? Machen Sie fortwährend ähnliche negative Erfahrungen in Ihrer Partnerschaft, im Beruf, im Freundeskreis, ohne zu wissen, warum Sie evtl. immer die gleichen Fehler machen und sich ungewollte Erfahrungen (z.B. Geldverlust, Geldmangel, falsche Freunde) wiederholen? Mit dem Reframingcoaching können Sie eine Herangehensweise kennenlernen, mit der es möglich ist, im Unterbewusstsein verankerte Strukturen, die zu Symptomen, Krankheiten und immer gleichen Erfahrungen führen können, zu erkennen und aufzulösen. Es darf Sie nicht überraschen, wenn sich Ihr Leben sehr stark ändert und Ihnen neue Türen offenstehen.

Weitere Infos: reframingcoaching.de und omniavision.de

ISBN Hardcover	978-3-96565-008-4	€ 29,99
ISBN Paperback	978-3-96565-009-1	€ 21,99
ISBN Epub	978-3-96565-010-7	€ 17,99
ISBN Mobi	978-3-96565-011-4	€ 17,99

Thomas A. M. Windelschmidt

Omniatherapie
Gesundheit & Glück durch
Verstehen & Versöhnung Bd. I

Mit einem Vorwort von
Vera Brandes und Dieter Broers

Das Reframingcoaching konnte vielen Menschen helfen, Dinge aufzulösen, die im Hier und Jetzt belastend waren und zu Konsequenzen (Symptomen) geführt haben. Im Laufe der Zeit haben komplexere „Herausforderungen" dazu geführt, dass eine Ergänzung des Konzepts zielführend war. Wenn z.B. eine Frau nicht schwanger wird, kann man überlegen, dass psychische Blockaden eine Rolle spielen. Und wenn z.B. ein Missbrauch in der Familie vorliegt, dann verlangt dies nach Erfahrung des Autors zu einer Analyse der Familienkonstellation und einer liebevollen Auflösung der belastenden Energien.

Band I: Medizinische Historie, physische und psychische Heilansätze, physikalische und biologische Hintergründe, Betrachtung von Gesundheit, Krankheit und Symptomen, die Trinität von Körper, Geist und Seele, die Psyche, Bewusstsein und Unterbewusstes, sowie Traumata.

Weitere Infos: omniatherapie.de und omniavision.de

ISBN Hardcover	978-3-96565-012-1	€ 24,99
ISBN Paperback	978-3-96565-013-8	€ 17,99
ISBN Epub	978-3-96565-014-5	€ 14,99
ISBN Mobi	978-3-96565-015-2	€ 14,99

Thomas A. M. Windelschmidt

Omniatherapie
Gesundheit & Glück durch
Verstehen & Versöhnung Bd. II

In drei Bänden finden Sie eine Herleitung des Konzepts der Omniatherapie. Dem Autor ist es wichtig, dass er die Herangehensweise und die Entwicklung seiner Vorgehensweise dezidiert herleitet und erläutert, damit die Omniatherapie für Sie „greifbar" wird.

Band II: Was sind Denken, Fühlen, Glauben und Vertrauen, Angst und das Gegenteil von Angst, Schuld und Verantwortung, Trauer und die große Traurigkeit, Glaubenssätze und das Gesetz der Resonanz, Wünsche, Zufriedenheit und Glück, Liebe, Vertrauen und Vergebung, sowie Schlaf und Träume.

Weitere Infos: www.omniatherapie.de und omniavision.de

ISBN Hardcover	978-3-96565-016-9	€ 24,99
ISBN Paperback	978-3-96565-017-6	€ 17,99
ISBN Epub	978-3-96565-018-3	€ 14,99
ISBN Mobi	978-3-96565-019-0	€ 14,99

Thomas A. M. Windelschmidt

Omniatherapie
Gesundheit & Glück durch
Verstehen & Versöhnung Bd. III

In drei Bänden finden Sie eine Herleitung des Konzepts der Omniatherapie. Dem Autor ist es wichtig, dass er die Herangehensweise und die Entwicklung seiner Vorgehensweise dezidiert herleitet und erläutert, damit die Omniatherapie für Sie „greifbar" wird.

Band III: Religion, Glaube und Vertrauen, Leben und Tod, Karma, Beten, systemische Hintergründe, Affirmationen und Suggestionen, Hypnose und Trance, Reframing in der Omniatherapie, Voraussetzungen, die 30 Stufen der Omniatherapie, technische Hilfsmittel und Anwendungsgebiete

Weitere Infos: omniatherapie.de und omniavision.de

ISBN Hardcover	978-3-99072-020-2	€ 24,99
ISBN Paperback	978-3-96565-021-3	€ 17,99
ISBN Epub	978-3-99072-022-6	€ 14,99
ISBN Mobi	978-3-99072-023-3	€ 14,99

Thomas A. M. Windelschmidt

Siegersystem
Gewinnen ist Bauchsache
Bd I: Theoretische Hintergründe

Mit Vorworten von Andreas Lorenz und Thorsten Schulte

Können Sie sich vorstellen, dass Sie – wie man es so oft hört – Ihres Glückes Schmied sind und zu 100% verantwortlich für alles, was in Ihrem Leben passiert?

Der Nachteil dieser „Erkenntnis" ist, dass Sie sich nie wieder als Opfer darstellen „dürfen/können", z.B. um Mitgefühl oder sogar Mitleid zu „erhaschen". Der große Vorteil dieses „Wissens" ist allerdings, dass Sie sich der „Herrschaft über Ihr Leben" bewusst sind, alles zielgerichtet beeinflussen können und die Freiheit haben, Ihre Vorstellungen zu manifestieren. Das Siegersystem-Konzept ist eine Lebenseinstellung. Im Fokus steht, sich selbst als Gewinner zu sehen und zu fühlen, das eigene Leben als Gewinn anzusehen und als Geschenk anzunehmen, indem man die positiven und schönen Aspekte in den Mittelpunkt des eigenen Denkens und Fühlens rückt. Und zwar immer, ganz unabhängig von bisher als negativ angesehenen Begleiterscheinungen.

Weitere Infos: siegersystem.de und omniavision.de

ISBN Hardcover	978-3-96565-024-4	€ 24,99
ISBN Paperback	978-3-96565-025-1	€ 17,99
ISBN Epub	978-3-96565-026-8	€ 14,99
ISBN Mobi	978-3-96565-027-5	€ 14,99

Thomas A. M. Windelschmidt

Siegersystem
Gewinnen ist Bauchsache
Bd II: Anwendung & Umsetzung

Während in Band I zum Siegersystem einige theoretische Hintergründe erläutert wurden, erfährt der Leser in Band II, wie die 66 Schritte des Siegersystems aussehen und welche technischen Hilfsmittel eingesetzt werden können, um den "eigenen" Weg zu finden und zu gehen. Konkrete Tipps und Empfehlungen helfen dem Leser, nicht nur den ersten Schritt zu unternehmen, sondern sich sukzessive seiner "eigenen Meisterschaft" anzunähern.

Denn denken Sie immer daran: Sie sind Ihres Glückes Schmied, Sie sind "Chef" Ihres Lebens, Sie ganz allein können für sich entscheiden, zu den "Gewinnern" zu gehören und Ihr Leben als Geschenk zu erkennen und anzunehmen. Jetzt in diesem Moment, in welchem Sie diese Zeilen lesen, haben Sie die Chance, Ihre Lebenskarten neu zu mischen und ab sofort das Leben zu führen, das Sie schon immer führen wollten. Sie ganz allein sind verantwortlich für Ihr Leben.

Weitere Infos: siegersystem.de und omniavision.de

ISBN Hardcover	978-3-96565-028-2	€ 24,99
ISBN Paperback	978-3-96565-029-9	€ 17,99
ISBN Epub	978-3-96565-030-5	€ 14,99
ISBN Mobi	978-3-96565-031-2	€ 14,99

Thomas A. M. Windelschmidt

"Der Counselor"
Programmierung des Unterbewussten zur positiven Zielorientierung Bd. I

Mit Vorworten von Martin Limbeck und Markus Euler

Ihr wirkliches Ziel mit Ihnen zu erreichen, ist die "Der Counselor"-Aufgabe! Mit der Klärung von drei Anfangsfragen ist es leichter, den richtigen Weg zu Ihrem Ziel, z.B. zum gewünschten Erfolg, zu finden und zu gehen.

- Was ist Ihre Motivation? Was ist Ihr Warum?
- Was wollen Sie wirklich-wirklich-wirklich?
- Was ist Ihre Bestimmung bzw. Ihre Lebensaufgabe?

"Der Counselor" versteht sich als Ihr Werkzeug, um unterbewusste Blockaden aufzulösen und „falsche" Glaubenssätze, die oftmals in der Kindheit „angelegt" wurden, auszuräumen und mit zielführenden Glaubenssätzen zu substituieren. Das Ziel ist es, Ihre unbewusste (intrinsische) Motivation herauszufinden und Ihr maximales Leistungsvermögen, egal ob im Sport oder im Beruf, hervorzurufen und Ihren Weg zu Ihrem persönlichen Erfolg zu beschleunigen und zu optimieren.

Weitere Infos: der-counselor.de und omniavision.de

ISBN Hardcover	978-3-96565-032-9	€ 24,99
ISBN Paperback	978-3-96565-033-6	€ 17,99
ISBN Epub	978-3-96565-034-3	€ 14,99
ISBN Mobi	978-3-96565-035-0	€ 14,99

Thomas A. M. Windelschmidt

"Der Counselor"
Programmierung des Unterbewussten zur positiven Zielorientierung Bd. II

In Band I zu "Programmierung des Unterbewussten zur positiven Zielorientierung" wurde folgende Kernaussage hergeleitet und erläutert:

- "Du bist, was Du denkst, also denke doch, was Du willst!"

In Band II kommen Menschen zu Wort, die in ihrem Bereich besonders erfolgreich waren oder sind. Die Gesprächspartner haben z.T. sehr unterschiedliche Historien und waren oder sind in verschiedenen Bereichen erfolgreich, z.T. im Sport, z.T. Im Geschäftsleben, aber auch in den Bereichen Wissenschaft, Kunst oder Kultur.

Diese Menschen, die im vorliegenden Buch zu Wort kommen, kennenzulernen und ihr "Warum?" und ihre intrinsische Motivation kennenlernen, war eine große Freude.

Weitere Infos: der-counselor.de und omniavision.de

ISBN Hardcover	978-3-96565-036-7	€ 24,99
ISBN Paperback	978-3-96565-037-4	€ 17,99
ISBN Epub	978-3-96565-038-1	€ 14,99
ISBN Mobi	978-3-96565-039-8	€ 14,99

Thomas A. M. Windelschmidt

Submediation
Konflikte "über" das Unterbewusste lösen

Mit einem Vorwort von Hans-Joachim Pohlmann

Unter Mediation versteht man eine Vermittlung zwischen Parteien mit Hilfe eines Mediators, um Meinungsverschiedenheiten, Streitigkeiten oder Konflikte zu lösen. Eine "übliche" Mediation versucht auf der Verstandesebene (Ratio) zu einer Win-Win-Lösung zu kommen. Demgegenüber strebt die Submediation (Subconscious-Mediation) eine grundsätzliche Lösung über das Unterbewusste der Beteiligten an, d.h. es werden auf der Ebene des Unterbewussten die wahren, verborgenen Hintergründe von Dissonanzen und Problemen gesucht und analysiert, um sie gemeinsam mit der jeweiligen Person zu erkennen, zu verstehen und aufzulösen. Der herausragende Vorteil der Submediation liegt darin, dass man nicht versucht, durch „noch akzeptable" Kompromisse eine „Muss"-Einigung zu erreichen, sondern dass man über das „Dürfen" zu einem „Wollen" findet, d.h. das Unterbewusste (emotionale Muster, Blockaden, Glaubenssätze) steht nicht mehr im Weg.

Weitere Infos: submediation.de und omniavision.de

ISBN Hardcover	978-3-96565-040-4	€ 29,99
ISBN Paperback	978-3-96565-041-1	€ 21,99
ISBN Epub	978-3-96565-042-8	€ 17,99
ISBN Mobi	978-3-96565-043-5	€ 17,99

Thomas A. M. Windelschmidt

Wörterbuch 1: A-J

Dieses Wörterbuch enthält Inhalte aus Fachbüchern und dem Internet zur Erläuterung von Begriffen aus den Bereichen Medizin, Psychologie, Physik, Medizin und Biologie u.a. in folgenden Büchern

- ✓ Das wichtigste Wort zum gesund & glücklich sein: Danke!
- ✓ Die Wahrheit über Ihre innere Macht: SUM ERGO CREO
- ✓ Reframingcoaching: Unterbewusstes bewusst auflösen
- ✓ Omniatherapie: Gesundheit & Glück durch Verstehen & Versöhnung
- ✓ Siegersystem: Gewinnen ist Bauchsache
- ✓ "Der Counselor": Programmierung des Unterbewussten zur positiven Zielorientierung
- ✓ Submediation: Konflikte „über" das Unterbewusste lösen

Das Buch wird vom Autor subventioniert und als pdf-Download sogar kostenlos angeboten., siehe omniatherapie.de und omniavision.de.

Weitere Infos::omniatherapie.de und omniavision.de

ISBN Hardcover	978-3-96565-044-2	€ 15,99
ISBN Paperback	978-3-96565-045-9	€ 9,99
ISBN Epub	978-3-96565-046-6	€ 4,99
ISBN Mobi	978-3-96565-047-3	€ 4,99

Thomas A. M. Windelschmidt

Wörterbuch 2: K-P

Dieses Wörterbuch enthält Inhalte aus Fachbüchern und dem Internet zur Erläuterung von Begriffen aus den Bereichen Medizin, Psychologie, Physik, Medizin und Biologie u.a. in folgenden Büchern

- ✓ Das wichtigste Wort zum gesund & glücklich sein: Danke!
- ✓ Die Wahrheit über Ihre innere Macht: SUM ERGO CREO
- ✓ Reframingcoaching: Unterbewusstes bewusst auflösen
- ✓ Omniatherapie: Gesundheit & Glück durch Verstehen & Versöhnung
- ✓ Siegersystem: Gewinnen ist Bauchsache
- ✓ "Der Counselor": Programmierung des Unterbewussten zur positiven Zielorientierung
- ✓ Submediation: Konflikte „über" das Unterbewusste lösen

Das Buch wird vom Autor subventioniert und als pdf-Download sogar kostenlos angeboten., siehe omniatherapie.de und omniavision.de.

Weitere Infos::omniatherapie.de und omniavision.de

ISBN Hardcover	978-3-96565-048-0	€ 15,99
ISBN Paperback	978-3-96565-049-7	€ 9,99
ISBN Epub	978-3-96565-050-3	€ 4,99
ISBN Mobi	978-3-96565-051-0	€ 4,99

Thomas A. M. Windelschmidt

Wörterbuch 3: Q-Z

Dieses Wörterbuch enthält Inhalte aus Fachbüchern und dem Internet zur Erläuterung von Begriffen aus den Bereichen Medizin, Psychologie, Physik, Medizin und Biologie u.a. in folgenden Büchern

- ✓ Reframingcoaching: Unterbewusstes bewusst auflösen
- ✓ Omniatherapie: Gesundheit & Glück durch Verstehen & Versöhnung
- ✓ Siegersystem: Gewinnen ist Bauchsache
- ✓ Programmierung des Unterbewussten zur positiven Zielorientierung
- ✓ Das wichtigste Wort zum gesund & glücklich sein: Danke!
- ✓ Submediation: Konflikte „über" das Unterbewusste lösen
- ✓ Die Wahrheit über Ihre innere Macht: SUM ERGO CREO

Das Buch wird vom Autor subventioniert und als pdf-Download sogar kostenlos angeboten., siehe omniatherapie.de und omniavision.de.

Weitere Infos::omniatherapie.de und omniavision.de

ISBN Hardcover	978-3-96565-052-7	€ 15,99
ISBN Paperback	978-3-96565-053-4	€ 9,99
ISBN Epub	978-3-96565-054-1	€ 4,99
ISBN Mobi	978-3-96565-055-8	€ 4,99

Thomas A. M. Windelschmidt

GELD: Historie, Probleme im Status quo und Lösungsansätze

Mit Vorworten von Andreas Popp, Helmut Creutz und Prof. Dr. Hans J. Bocker

Jeder denkt zu wissen, was „Geld" ist. Fast jeder meint, eine Ahnung zu haben, wie das Geldsystem funktioniert. Und einige sind sich sicher, zu wissen, wie das Finanz- und Wirtschaftssystem aufgebaut ist, wer es steuert und wie es beeinflusst werden kann. Aber stimmt das?

Warum gibt es dann Wirtschaftskrisen? Warum geht die Schere zwischen arm und reich auseinander? Warum gibt es wenige Familien, die 80% des weltweit verfügbaren Kapitals beherrschen, und viele Menschen, die an der Armutsgrenze leben? Warum muss immer mehr produziert werden, nur um bestehende Schulden abzutragen? Wie ist es erklärbar, dass sich ein Staat in seiner eigenen Währung verschulden kann/muss?

Dem Autor gelingt es mit diesem Buch, etwas Licht ins Dunkel zu bringen und komplizierte Sachverhalte in einfachen Worten nachvollziehbar darzustellen, warum "Geld", so wie es konzipiert ist, auf Dauer gar nicht funktionieren „kann".

ISBN Hardcover	978-3-96565-056-5	€ 29,99
ISBN Paperback	978-3-96565-057-2	€ 21,99
ISBN Epub	978-3-96565-058-9	€ 17,99
ISBN Mobi	978-3-96565-059-6	€ 17,99

Thomas A. M. Windelschmidt

MONEY: History, Beliefs, Facts and Solutions

With forwords by Andreas Popp, Helmut Creutz and Prof. Dr. Hans J. Bocker

Everyone believes to know what "this" is. Almost everyone thinks they know how the money system works. And some are even sure they know how the financial and economic system is structured, who controls it and how is value can be influenced. But is it really so?

Why are there so many economic crises? Why is the gap between rich and poor widening? Why are there a few families that control 80% of the world's available capital and so many people living on or below the poverty line? And why must more and more be produced just to pay off past debts? What explains why countries established their own currency?

With this book, the author sheds light on complicated facts and puts them into simple terms. With all the flaws in the current money system and the fundamental errors and mistakes that were made when it was construed, it is of essential importance to comprehend why it cannot be sustained in the current status quo.

ISBN Hardcover	978-3-96565-060-2	€ 29,99
ISBN Paperback	978-3-96565-061-9	€ 21,99
ISBN Epub	978-3-96565-062-6	€ 17,99
ISBN Mobi	978-3-96565-063-3	€ 17,99

Thomas A. M. Windelschmidt

Innovative ways forward on the German financial market

Financial markets are in a state of upheaval. The "old school" mechanisms which have worked in the past decades, have become obsolete in today's economic reality. The past strategies have to be reconsidered and replaced by new concepts and understandings. The conditions of life on earth have changed dramatically, the political and economic arenas are not the same any longer the enormously technical developments have contributed to this development. The globalization of communication triggered by Internet and smartphone technologies, social networks and artificial intelligence require a rethink. Market transparency is no longer fiction - portals like check24 are enabling consumers to become professional buying experts furthering developments of new fee-based advice services. Shedding a bright light onto the problems of the existing monetary and financial system, the author presents a layout for alternative solutions. A precious read for the times ahead.

Nur auf Anfrage direkt beim Autor für € 149,-- erhältlich.

Thomas A. M. Windelschmidt

Space Commercialization

Since Jules Verne published his novel "De la Terre à la Lune" in 1965, people are dreaming of entering space. Yuri Alexeyevich Gagarin was the first man in orbit on 12 April 1961 - according to official statements - and Neil Alden Armstrong is said to have been the first person to set foot on the moon on July 21, 1969. Since then, technical development has brought rapid progress. Rumors are spreading about secret technologies enabling man to even visit Mars. Space travelling fueled the genre of science fiction films and has since been the dream of many. Plans exist to make them come true and to enable earthlings to morph into real world space explorers. The commercialization of space is no longer a future vision, but an up and coming industry with non-fictious potentials. In addition to the US American NASA and the European ESA, other countries and private companies are pursuing ambitious goals. Creating a legal base for these adventurous endeavours was a mandatory step, resulting into agreements like the Moon Treaty. In this book, the author presents the historicalprocess, delivers explanations in regards to the status quo and dares to look into the future. Let yourself be carried away into a time that can offer a lot of excitement and let your imagination run wild. The future is just around the corner.

Nur auf Anfrage direkt beim Autor für € 149,-- erhältlich.